好的投资理念和投资策略，其最终解释权一定不在于你，而在于天道。天道即规律。我眼中的投资规律，就是自然规律和社会规律的结合体，并且不以任何个人意志为转移。做投资一手抓自然规律，即抓住了绝对正确的运算法则、概率论与数理统计；另一手抓社会规律，即抓住人心。当人心在绝对符合自然规律的投资环境中运行时，投资逻辑才是真正意义上符合投资规律的。这样的投资者才是认知觉醒的投资者，这样的投资才能达到"天人合一"的最高境界！

投资之韧

让规律绽放价值

姚忠震 著

经济管理出版社

图书在版编目（CIP）数据

投资之韧：让规律绽放价值/姚忠震著 .—北京：经济管理出版社，2023.10
ISBN 978-7-5096-9312-4

Ⅰ.①投⋯　Ⅱ.①姚⋯　Ⅲ.①股票投资—研究　Ⅳ.①F830.91

中国国家版本馆 CIP 数据核字（2023）第 179629 号

责任编辑：陈　力　梁植睿
责任印制：许　艳
责任校对：王淑卿

出版发行：经济管理出版社
　　　　　（北京市海淀区北蜂窝 8 号中雅大厦 A 座 11 层　100038）
网　　址：www.E-mp.com.cn
电　　话：（010）51915602
印　　刷：唐山昊达印刷有限公司
经　　销：新华书店
开　　本：720mm×1000mm/16
印　　张：22
字　　数：317 千字
版　　次：2023 年 10 月第 1 版　2023 年 10 月第 1 次印刷
书　　号：ISBN 978-7-5096-9312-4
定　　价：68.00 元

·版权所有　翻印必究·

凡购本社图书，如有印装错误，由本社发行部负责调换。
联系地址：北京市海淀区北蜂窝 8 号中雅大厦 11 层
电话：（010）68022974　　邮编：100038

为什么要写这本书？

从小时候起，我时常会说一些年少轻狂的话。话里话外，都关乎着我的理想和未来。大概从3岁开始，我的理想就是要"当老板"。那时候"大哥大"刚开始流行，幼小的我天真地以为，只有当上了老板，才能用上"大哥大"，而用"大哥大"很威风，所以当老板就是威风的象征。

到了五六岁，我开始迷恋少林武功，那时的理想，又成了"剃光头当和尚"，还要母亲给我做和尚穿的粗布麻衣。等上了小学，我期待着长大后当一名数学家。再后来，父母接触股票后，几乎家里所有存款都打了水漂，从小就不服输的我，发誓要帮他们把本钱都捞回来。大学四年，我一心扑向炒股。那个时候，我最大的理想就是当上基金经理，并希望有朝一日，能亲手改变中国的基金业！

那还是在十多年前，中国股市生态很不好，我的一位班主任因为某只股票退市，本钱悉数打了水漂，从此绝口不提股市。彼时的基金业以公募为主，"老鼠仓"是个经常被谈论但是一提及就令人咬牙切齿的话题。

当时的私募基金行业更是乱象丛生，因为彼时私募基金还没有实行牌照化运营，所以大都是"地下作坊式"的存在。远看，它很神圣；近看，它又实在是掺杂了太多复杂的因素。

正是在这种背景下，我找到了属于自己的事业理想。然而，那时候除了表达强烈的不满外，我亦无能为力，只能抓紧时间学习，让自己迅速成长。大学期间，学校所有的金融课程我都没有落下，并且一有时间就去图书馆大量阅读。当时的网络资讯还不够发达，很多疑惑只能从书籍中寻找答案。在从国外引进翻译出版的一些财经书籍中，我了解到，20世纪二三十年代，美国股市内幕交易丛生、生态环境恶劣，后来才逐渐培育出与其相匹配的制度健全的股市环境。

同样地，中国股市并不缺乏成长机会，只是需要更多时间。不过，探索行业发展可以通过阅读，但想做投资有所大成的话，在当年就只能靠自己摸索前进了。

我是个很较真的人，曾一度认为，刚刚20岁出头的我，在当时只是有些急躁，而不是浮躁，因为我是可以沉下心去学习并且踏实耐心做一些具体事情的，比如我组织了一次"寝室集体会议"，将所有室友的钱都汇集到我这里来，由我统一进行股票操作，赚了钱就一起出去消费。当时我做得很认真，每天撰写投资札记，并记录资产变动情况。这便成了我操盘基金的雏形。

直到今天，我还是会收到比"浮躁"更严厉的批评，如"急功近利"，甚至被抨击与辱骂。我想，这些"存在即合理"的另类声音，只是凌驾于市场之上的，而不是凌驾于我个人之上的。也就是说，这些声音在股市中泛滥，不一定是说我变了，而是整个市场随着时代发生了巨变，变得更加急功近利，随之也涌现出了一大批想要"割韭菜"的资本玩家。

幸运的是，我的事业理想从大学时代起便开始生根发芽，至今风雨未改。毕业之后，我连做梦都想加入一家基金公司，可现实情况却是四处碰壁。即便我愿意从交易员这类基层岗位做起，可还是得不到一次机会。在面试时，对方一听说我没有基金公司工作的经历，便以没经验为由拒绝了我。再次参加面试时，我又竭尽所能地展示自己很懂股票，可是对方又以想要招聘"一张白纸"从而方便培养为由拒绝了我。

经历了无数次挫折，我的确也失落过、动摇过、无助过、逃避过——干脆就不要做基金了，未来要面对的条条框框的束缚那么多，哪有自己炒股自在呀？但在做了很长一段时间的自由投资人之后，我认为这并不是我想要的自由。

好在终究有一天，那些曾经读过的书、经历过的事情、思考过的问题，令我重拾了一身的傲骨，重塑了自己的理想。我那刻进骨子里的"骑士精神"，也跟着回来了。我满怀信心地驶入了下一段旅程——在坚持经营财经类自媒体三年之后，我毅然决然地开启了基金创业之路，选择自己发行私募基金。

作为一名基金经理，我要做好基金管理；作为公司掌舵人，我也要做好公司管理。在公司初创期，我还同时兼任着业务总监、交易总监、品牌总监等职务，这些职责虽然带给了我巨大的压力，但也给予了我无穷的动力。直至做了基金一两年后，其间还经历过股市的几段大起大落，我才发现，原来做基金可以让人成长得更快。基金的硬性约束条件，其实是在帮助你磨去不必要的棱角，可以更好地塑造出一个更规范的自己。更规范，就会越加接近规律；越接近规律式的成长，便能够将"道"与"术"融合得越好，基金自然就越做越成功。

如此来看，做基金这件事，于我而言已是一种修行。而当初竟然动了害怕做基金的念头，如今想来实则是懦弱的表现，还是那时的自己不够强大。从无知到自信，人将越混越落魄；而从自知到自信，人便拥有了魄力与实力。哪怕在这条路上，你是孤独且困苦的勇士，但你依然有权利享受鲜花和掌声。

"金融大鳄"乔治·索罗斯（George Soros）是成功的，他写的《金融炼金术》（*The Alchemy of Finance*）便成了世界名著。在我来看，《金融炼金术》这本书，其实就是他的基金生涯的投资笔记，索罗斯将他当时所处的环境，以及他的想法和操作都记录了下来。这些笔记本身是很稀松平常的记录，但因为索罗斯取得了巨大的成功，所以他的投资笔记便被全球投资者奉为圭臬。

若以实际用途而论，我认为《金融炼金术》的内容并不符合中国的国情，因而作用极其有限。但是，这本书给予了我很大启示，我也有意将自己一路操盘基金的感悟和收获都一一记录下来。那些顿悟的瞬间，令我快速变得更强大的历练，还有我整个投资体系的完善（包括投资理念的升华，以及一些重大投资逻辑上的转变、操作系统上的一些微调等），居然有那么多的经验和解读，被自己亲手推翻，还有那么多的心路历程，被我融入在投资理念和操作系统之中。总而言之，投资的细微之处往往可见真章，本书对于普通投资者投资心理的刻画，不仅入木三分，而且对于投资矛盾之处及矛盾心理，均给出了解决方案。

这便是这本书的由来，我亦对此书寄予了厚望。对于日渐低迷的图书市场我还抱有几分期许，我不接受偌大的财经市场已经浮躁到了"财经大V"越来越多，却没有几个人愿意沉下心来，真真正正地分享出一些好东西的程度。

我希望这本书能够被流传下去，让越来越多年轻的投资人早日读到，争取早些受益。对一个投资者影响最大的必然是他/她的第一位投资老师。如果你没有这方面的良师益友，那么你最早读到的投资类书籍对你的影响肯定是最深远的。我希望未来有很多年轻人最先读到的是《投资之韧：让规律绽放价值》这一本投资启蒙书。投资人需要"开窍"，才能取得良好的长期投资回报，而无惧一时之失败。

我认为，写书要趁早，哪怕还没有取得所谓多大的成就。如果真等到那天再动笔，我很可能会被贴上"幸存者偏差"的标签，那么我写书的说服力也就大打折扣了。因此，我将从业以来的所思所想所得全部汇集在这本书中，但愿可以如同《百年孤独》中开篇的"羊皮卷"一样，能够给人以启迪。

我一定要写这本书的原因，其实隐藏在我的工作和生活中。自从过了而立之年，我就逐步退出了"打工人"的行列，而是一心只为活出自己的人生色彩而努力。我的生活几乎至简，没有很多朋友，也不喜欢将时间浪费在交通上。我很少参加社交活动，需要曲意逢迎的人和事就更少了。我始终认同一种说法：一个人越自律，才能越自由。我喜欢股票，也喜欢阅读，这样一来每天的生活和工作几乎就合二为一了，除了吃饭睡觉，就是看看大盘、读读书、写写东西、听听歌……

我写过一部长篇小说，也想写些剧本和歌词。除此之外，《投资之韧：让规律绽放价值》就是一直藏在我心中的一团火焰。只要我有了点新想法，我就会思考这个想法应该出现在这本书的哪篇章节里才好。用心至此，我敢于告诉天下所有股民——这本书最神奇的地方在于：全书虽然找不到几张K线图，但是却教给了你最靠谱的技术。当你通读了本书，也许你已经掌握并可以运用某些思维方式和技术手段了，但是可能你却不自知。至少在我来看，在我读过的那么多教人炒股的书里，这是逻辑性和实操性结合得最到位的一本。

本书为中国股民带来了新的"火种"。在所有人都在教你认知市场、认知股票的时候，本书先教你打破认知闭环，科学地认知自己，再用逻辑打破技术派和价投派之间的藩篱，揭示投机与投资的本质差别。本书成功地在此类社会科学理论中融入并转化成了一套数理化公式，以及便于理解、实现长久复利的终极投资奥秘，更是为个人开辟出了一条特立独行的且永不过时的学习成长路径。

凡是你认为会过时的，就不是股市规律，之所以你学过的很多技术在过去有效，如今却失效了，那是因为它们只是接近规律而已。那规律到底是什么？只有将底层逻辑自上而下逐层剖析透彻了，你才能把握规律的本质。总而言之，你的投资须与时俱进，就永远要依靠这些不会过时的普适性规律。同样地，逻辑分析也是不会过时的。

逻辑分析，把握的是"术"与"道"的权衡统一。"术"是具体的方法论，"道"是越来越抽象的规律。要想"道"与"术"相结合，即是抽象的规律与具体的方法论的结合。与此同时，规律越顶级，就越简单，你能悟出的"大道"也就越抽象。若想悟出"大道"，还想"道"与"术"结合得好，仅凭逻辑分析是不太够的。那靠什么？我认为，一定要靠深厚的阅历，靠不断地阅读。我的生活和工作就是因此而走向统一的。我会自然而然地阅读历史和哲学，以及能接触到的各种书籍，而不仅是阅读财经新闻、财报。最后读出来的，我认为是视野，也是人生的境界。在人生的境界里，自然也包含了投资的各种境界。

南怀瑾在其"人生最高境界"中讲道："佛为心，道为骨，儒为表，大度看世界。技在手，能在身，思在脑，从容过生活。三千年读史，不外功名利禄；九万里悟道，终归诗酒田园。"思之至今，我们做投资的心路历程和终极目标，也都在这三千年的历史里了。思接千载，视通万里。我们悟出来的，不是技，也不是能，它终究是大度而从容的心态。我们悟出来的是生活本身，而生活已蕴含了一切。

目 录

001 / 导言　股票投资从何学起

001 / 股票投资少走弯路的真相

006 / 我的核心投资理念

基础理论篇 ｜ 挣脱思维的枷锁

013 / 第一章　认知决定未来

016 / 认知"认知"，认知自己

018 / 自我认知：做股票需要高智商和高情商吗

019 / 如何摆脱"幸存者偏差"：改变自身脆弱属性

022 / 认知投资

024 / 认知投资系统

027 / 认知对手

028 / 职业投资人 VS 业余选手

031 / "知行不合一"是假象

034 / 股市的真谛

036 / 市场是否永远正确

041 / 股市是经济的"晴雨表"吗

043 / 误区：趋势不等同于惯性

045 / "顺势而为"是伪命题

054 / 第二章　技术分析的真相

055 / "价值鄙视链"缘何存在

057 / 真价投+真技术

059 / 投资方法的核心：逻辑分析

062 / 技术分析的有效性

065 / 技术分析的"体"和"用"

070 / 如何学习技术分析

073 / 技术分析并不代表投机

076 / 学技术≠"抄底"和"逃顶"

079 / 正确使用技术指标

081 / 技术指标永远滞后吗？不！

082 / 我眼中的"走势终完美"

目 录

085 / 第三章　投资风险的核心命门

　087 / 投资股票为什么有风险

　088 / 风险和收益是否永远成正比

　089 / 投资人的"死穴"

　093 / 研究亏钱，才是赚钱的门道

　097 / 股票投资的核心风险

　106 / 抓住核心风险，做好风险管理

备战动员篇｜打好系统根基

119 / 第四章　炒股制胜的第一法则

　121 / 唯一忠告：抓核心，找确定，坚决执行

　125 / 压缩重复性质的无效损耗：三位朋友的故事

　129 / "十字制胜法则"的关键：找确定

　136 / 新手入门的确定性方法论

143 / 第五章　股票和指数的科学辩证观

　144 / 股票和指数之间具有反身性

　146 / 股票和指数之间的辩证关系

151 / 如何赚取市场中波动的钱

152 / 择股、择时和投资策略

157 / 深度分析上市公司

160 / 企业估值的适用方法

163 / 如何判断企业是高估还是低估

165 / 好股票为何也会"跌跌不休"

167 / 在个股与大势间做抉择：预测+操作

173 / "去强留弱"还是"去弱留强"

176 / 将持仓成本做到零有何秘诀

实战操练篇 | 庖丁解"股市"

183 / 第六章　投资心理建设与行为指导

184 / 普通工薪阶层的炒股"逆袭"之路

186 / 如何压制住投机心理

189 / 散户该如何扬长避短

195 / 达不到做空门槛之思

198 / 如何选择好的基金

201 / 定投赚钱的秘笈

204 / 被套牢之后如何改善心态

206 / 长期稳定盈利的交易心理

214 / 第七章　投资习惯决定最终成败

215 / 哪些捷径会破坏投资好习惯

216 / 哪类捷径有益于培养投资好习惯

220 / 为什么不能融资炒股票

222 / 绝不能追着题材股跑

224 / 是否应该频繁做短线预测

225 / 如何克服"一有现金就想买股票"的心理

227 / 总想操作短线该如何克制

229 / 总喜欢频繁撤单怎么办

230 / 不必唯"资金流向"马首是瞻

232 / 如何理解价量涨跌关系

233 / 投资好习惯有哪些

239 / 选股的经验和技巧

243 / 第八章　判别操作系统

244 / 不要花钱买战法

246 / 为什么要拥有个人操作系统

248 / 个人操作系统为何难以建立

249 / 建立操作系统须引入"假想敌"

251 / 系统性建立投资组合

254 / 巧用开盘价和收盘价做策略交易

257 / 谈谈投资周期

260 / 不"抄底逃顶"却总能创新高的秘密

263 / 满仓操作的注意事项

265 / 自定一套清仓标准

267 / 重仓股连续杀跌总想"割肉"怎么办

269 / 如何破解总是补仓在"半山腰"

272 / "低买高卖"的原则是否永不可破

价值拓展篇｜与价值共生共舞

277 / 第九章　价值投资之道

278 / 重解价值投资的"价值"

目 录

285 / 价值投资的发展路径

288 / 核心资产是炒作还是真实存在

291 / 100倍PE如何存在价值投资

294 / 遇上阶段性高点该不该卖出

298 / 如何领悟投资这门艺术

302 / 第十章　复利的秘密

302 / 探索复利的起源

306 / 如何获取高确定的复利乘数

310 / 投资复利的持续和终结

313 / 终章：中国股市发展预测和展望

314 / 中国股市的民众意识

316 / 中国股市的重大政策

318 / 技术层面的分析

321 / 从股票和房子看金融和经济

324 / 牛市即将到来的确定性特征

330 / 后　记

导言　股票投资从何学起

我时常会陷入思考：学炒股真的能速成吗？如今市面上教人炒股的书籍层出不穷，若炒股真能速成，我认为一本书就足以讲清所有的投资门道。

事实上，没有一本股票书能称得上"洛阳纸贵"。学炒股并无速成之法。就拿那么多经验丰富的财经作者来举例，他们的长期投资业绩是怎样的呢？很难筛选出几位合格的实践结果能匹配上其投资理论的优胜者。这足以说明股票投资之难。写投资书的基金经理很多，然而拉长周期一看，业绩却并非突出——巴菲特因此彰显了其价值投资的伟大。做价值投资到底是不靠谱，还是不好学？

我认为，价值投资难在价值投资人的心气和眼界上。心气一高，眼界就难以向下看，若是过分在意"投资出身"，纵是拥有高智商、高学历和广泛的交际圈，懂的也多，投资阅历也很丰富，可一旦涉及具体投资，投资智慧便总是难以落地，投资经验亦随之捉襟见肘……

价值投资其实并不复杂，就跟传统的技术分析一样，它们之间并不存在不可逾越的鸿沟。也就是说，你都有机会做成功。然而，不同的成功投资模式，看似不搭界，若将时间周期拉到足够长，就会发现在它们各自长期稳定的收益率曲线下，其实暗藏并联结着一条共同的致富前提，即时刻遵循不可忽视且扎实的投资底层逻辑，重视投资的本质。

▌股票投资少走弯路的真相

既然是追求长期稳定的收益率曲线，那这对"炒股速成"同样是一次直接暴击。假使你都没有经历过一条长期稳定的收益率曲线，那又何谈炒股成功、何谈炒股速成呢？

  在我看来，学炒股最大的速成之路就是少走弯路。运气好的，在重重弯路中，误入"正途"；运气不好的，可能一辈子都走不出投资的迷宫。所谓的价值投资，因其天然具备"道法自然"价值规律的属性和框架，这与投资的本质契合度是相对较高的，所以相较于普遍已"被幻化成了玄学"的技术分析，价值投资似乎弯路更少，抵抗人性的根基只因有了价值规律的加持而显得更加稳固。

  传统技术派之所以比价值投资人更难取得较为长久的成功、更大的投资成就，是因为技术分析比价值投资更容易忽略掉价值规律的威力，甚而常常忘乎了投资的本质。正是因为脱离了本质，才有了以讹传讹、将技术分析幻化成玄学的愈演愈烈之势。

  技术分析越玄，信众却不减反增，一是因为人性天然喜好短平快的投机；二是股市特别善于通过奖励短期的错误，以达到长期严惩的目的。又或是说，假如你分析的东西越来越不着边际，那么不用谈分析结果，这种行为本身，就已经是走在弯路上了。

  对于价值投资和技术分析的比较，你可以这样理解：做真正的价值投资更容易取得成功，但这种成功其实是遵循了价值规律的结果。言下之意，就算有人"挂着价值投资的羊头，卖的却是不遵循价值规律的投机狗肉"，对价值投资叶公好龙，同样是会招致失败的。技术分析与价值规律并不存在切身的关联，因而技术分析容易学跑偏。但是，一旦将学成的有用的技术分析与价值规律和投资的本质紧密联系起来，那这样跑出来的长期收益率曲线，会比纯粹的价值投资更好更稳当。

  当然，知易行难。无论何种投资模式，都需要与人性做抗争。价值投资自有一套价值规律可遵循，相当于是借助了天然的外力作用，请到的是十分靠谱的"外援"，并且没什么额外的成本。而传统的技术分析模式，要与人性做对抗，就复杂多了，只要你抛弃了价值规律，就要靠自己另生造出一套对抗工具。此类工具普遍存在成本高、不够稳定的特点。

除此之外，有一点特别值得我们每一个搞技术分析的人深思——我们用自己生造的或者挑拣来的一套模式来对抗自己，这等于是用提出问题的方式来解决问题本身，我相信这种处理方式只能短暂地压制问题，而不能永久地解决问题。所以我认为，技术分析要想永久成功，与时俱进不一定是最重要的，严格遵循价值规律和投资本质才是最重要的。做价值投资也是同理。

以上，揭示的就是股票投资少走弯路的一部分真相。

尽管价值投资天然具备价值规律的属性，但是放眼于现实世界来看，做价值投资的成功概率，照样是低得惊人。我认为，这是人性自然选择的结果。在人的主观世界里，不仅是"胆大包天"，胆大只是人性一个极小的侧面，实则是"人性包天"。

在人性面前，价值规律极易被人忽视，最重要的底层投资逻辑，轻易就被抛到了九霄云外。而大众关乎股票、股票市场及自身投资行为之本质上的思考，因为从来都没有在意过，所以重视投资本质也就无从谈起。那么，如此做投资的结果，只能如同聚沙成塔那般，即使做再多最后都是无用功。

由于疏于对本质性问题的思考，绝大多数人将精力都花费在了研究世界经济、积累专业知识、打探个股消息、探索新的技术以及钻研各指数的过去和未来等一系列浩繁冗余的事情上。我还是不禁要问，这样就能炒好股票吗？积极上各种培训班，花钱看一堆收费文章，又或是要来一串牛股代码，就能靠股票实现财富人生吗？

我始终都坚持一点，学好投资并不在于你上了谁的课、看了哪些书，而只在于一个"悟"字。自悟，是个人认知水平提升的唯一有效方式。个人认知境界有没有可能突然进阶呢？我认为是可能的，但是平日里的投资实践要足够，投资感悟的积累也要足够，于是才有可能通过某一阶段的"顿悟"，让个人认知在短时间内跨上一个台阶。

总之，自悟造就强者，强者造就强势学习路径，与之对应的是精神上的弱势群体。弱者没有成型的学习路径可言，因此弱势群体如果不能自悟，学习再多亦不能有效吸收，他们学习的主要目标，从来都离不开主动依附和索取。

论及强者和弱者之间的本质差别，我认为强者将自己当成了投资主体中的一个重要组成部分，他们学习的方式是主动思辨，去粗留精，不仅培养了自己的辩证法和辩证观，而且吸收了为我所用的知识，最终转化成自己的智慧和力量。从表面上看，弱者是投资主体中的参与者，实际上是沦为了投资事件中可有可无的配角。

弱者参与投资的形态是扭曲的，加上认知缺陷，更加会放大他们人性中的弱点。就算弱势文化群体被机械式地填入再多炒股知识，人性的诸多软肋还是会被形而上学的无数知识点所打败。因此，弱者很难跃迁到更高的投资认知层面，更无从领略到投资这门艺术。自己悟到并能长期实践出来的既符合投资价值规律、又不完全循规蹈矩，并且鲜为他人所知所用的更高层级的投资技术，在我看来，便是成就了一门投资艺术。然而，我能感受到的投资艺术是极其稀缺的，见到的投资伪艺术却比比皆是。比如说，我最害怕前来探讨股市的是那类将任何经济、政治话题都能跟你上天入地侃上一通的炒股杂家。

真正的投资艺术，必须要先起底于最基础的投资规律，也就是先要深入吃透最底层的投资逻辑。一如达·芬奇在学习绘画之初，先画了六年的鸡蛋。我教人炒股票就是这样，在这点上我与那些开炒股速成培训班的人或是在其他投资书籍里所讲的方法，有本质上的区别。

接下来，就是我要揭示的股票投资少走弯路的另一部分真相。

我们不妨从股市对于普通投资者的本质说起。对于不同对象，股市存在的方式和价值完全不同。对于一级市场上的融资者来说，股市就是提前预支未来若干年的收入的大平台；对于国家而言，股市就是撮合投融资交易的大平台，国家保证股市平台正常运转。

但对于二级市场上的普通投资者，股市到底意味着什么？现在我就站在投资者的角度，以便做出准确且最具实用性的表述：我们的股市，就是一个专门攻击人类弱点的大数据库，只要你在市场上做了些连你自己都没有把握的投机操作，只要你破坏了基本投资规律，市场就一定能找到你的破绽，然后无情地碾压你、打败你，直至逼迫你主动离开。

股票的本质又是什么？其实用一句话就可以说明：除去股票内在价值的部分，股票的溢价全都是可有可无的泡沫。泡沫的大小有无，看似有许多经济模型可以作为参考，其实这些模型都是在人性的基础上建立起来的。

股票本就是虚拟经济的代表，股票溢价的高低，最终取决于人的阶段性的意识形态。群体性的意识形态不够稳定，易随环境发生改变，兼具一定的反身性①和后知后觉。如此一番解释，才算点到了股票总是暴涨暴跌的正题。就算是最纯正的价值投资人，在无法掌控的股票溢价泡沫面前，也经常会感觉到无所适从。

限于篇幅，关于投资规律一切细节上的本质探究，这里我们统统略去。此刻，我们重点引出的是"炒股的本质是什么？"搞清楚了这一点，炒股就算是正式入门了，就算炒股不能速成，至少也是走在未来可期的投资正道上了。

就实而论，我们做股票投资既不是为了当经济学家，也不是为了追时事潮流，当行业专家或股评专家也并非大众化的需求。我们普遍只有一个目的，直白点说就是想在股市中赚一点钱，实现财富的保值增值，仅此而已。于是再结合股票的本质，我们完全可自行推导出炒股的实质，它并不是一门简单的经济学课程，或是某个具体的产业学科、技术分析学科。

在上这些课程之前，我们先要彻底搞清楚，无论你是何门何派，所有投资者其实炒的都是股票的盈亏概率，你想赚的钱均来自你的交

---

① 反身性，就是相互决定性。它表示参与者的思想和他们所参与的事态因为人类获得知识的局限性和认识上的偏见都不具有完全的独立性，二者之间不但相互作用，而且相互决定，不存在任何对称或对应。

易对手。由此可得，对于你而言最重要的基础课程其实是概率论与数理统计，其次是心理学的相关课程。上述那些专业学科，仅能为你的投资思维锦上添花，是做不到雪中送炭的。

我教人炒股票，从来都是在给对方讲清楚了上述本质性问题之后，先教人以概率统计的方式，以相对保守的风格在股市中学会立足、赚钱，哪怕只能赚来一些小钱，这就是作为一名新的投资人所取得的巨大进步。因为炒股的首要目的就是赚钱，就像一名体育运动员，如果不能赢得比赛，那么再高超的技艺都将无济于事。

我的教学方法很直接，先让学员学会"一招鲜，吃遍天"的赚钱本领。然后再以此为主干，在其后的日常学习感悟中，不断地为主干添砖加瓦，进行盈利模式的微调。路要一步一步地走，饭要一口一口地吃。炒股票也是如此，先学会稳定地赚些小钱，然后再慢慢放大你认知以内也就是你认知到的风险敞口，以逐步训练赚到更大的钱。

这样学炒股的好处是显而易见的，可以让人不忘初心、不好高骛远，又能用不同阶段的盈利能力来衡量你的真实炒股水平和进步情况。相比之下，这总要比那些侃侃而谈经济或技术，但就是不会赚钱的炒股人高出好几个段位，尽管掌握这种方法的人可能还是个"新手"。

▎我的核心投资理念

做投资，就是要在理解投资本质的基础上，努力提升个人的投资综合认知能力，因为投资最大的不确定性来源于我们的判断和操作，而并非客观存在的投资风险。在股市这一心理竞技场，真正的投资风险其实源于我们每个人的主观认知，也就是说，真正的风险发生对于我们每个人而言都是主观的不同的概率——就同一件事，其发生概率因每个人信念、掌握信息的不同而各有差别（符合"贝叶斯公式"①）。

---

① 贝叶斯公式有别于传统的概率计算，它计算的是主观概率。

你认知不到的风险，才是核心风险真正的隐患所在。对于你能认知到的风险，才会有能力进行自我规避。因此提升个人投资的综合认知能力，重点就要放在认知自己的无知和片面性，以及个人认知风险的能力有限上。我们必须要借助外力来帮助我们规避核心风险，而坦然面对人力所不能及的各种意外。不是所有的意外都是风险，意外也是可以被加以利用的。

借助外力最有效的方式就是借助投资规律，来帮助我们提升投资成功率和反脆弱属性。投资规律包括自然规律和社会规律，而社会规律又必然服从于自然规律，两者缺一不可。

巴菲特谈到的最朴实无华的赚钱秘诀——低买高卖，其实就符合自然规律。上述的概率论与数理统计也是符合自然规律的，无论你将涵盖所有人性的社会规律琢磨得多么透彻，一旦破除了此等自然规律，你的投资就必然招致失败。因为客观的自然规律有一个隐藏的秘密，比如你有10000元，涨10%就成了11000元，再跌10%却成了9900元。这就是自然的"反复利"效应，所有投资人无一例外都必须接受这一自然规律的"压迫"。

社会规律的第一性表现就是人性。由于你相信股票投资在市场基本面有保证的条件下，且在无数市场参与者人性的带动下，将长期符合投资盈亏上的相对论，即市场总是从大部分人亏钱波动到大部分人赚钱，然后再波动至大部分人亏钱，如此循环往复。也就是说，股市的周期性表现应将人性周期放在第一位，其次才是经济周期，但是包括行业专家在内的大部分人都不会这么做。

总之，只有将自然规律和社会规律相结合（价值规律就是两种规律的结合），才能发现最确定的投资机会。找到最大确定性，才是我们必须把握的第一原则。都不妨看看，既要高确定性，又要高概率，因为短期内的股价不可能完全准确预测，而中长期的股价与股票内在价值紧密相关，所以我们不应忽视股票的长期价值。

我认为的投资核心是：买低估值股票才是王道，兼顾股票的成长性。既然买的是股票的未来，则说明产业趋势比图形趋势更重要，另外还得吃透股票本质与股票价值的秘密。如此，才能在股价无序且大幅的波动面前，压制住人性的弱点，尽可能地将主动权掌握在自己手中——显而易见的是，你的投资成本越低，你就越能掌握该投资的主动权，特别是针对长期投资而言。

一名成熟且成功的投资人，其投资方法一定是保守且足够稳健的。为了在复杂的股市中尽可能地掌握主动，不断寻求自己的高确定性机会。我们一定要做投资组合，千万不要忘记的是：现金也是其中的一个重要组成部分。做投资一定不要融资，也不要为了做空而做空。在实际操作中，要形成一套个人专属的并且熟练掌握的交易策略。

切忌总是对股市和持仓个股抱有各种不切实际的幻想，总喜欢用"这次不一样"来安慰或激励自己，乃至进行一场豪赌。保守的投资方法同样能赢得超额收益，它一方面来源于利用市场的无序波动，做好投资策略；另一方面是利用逆向投资的原则，能够在大众投资者被重大意外迫害的时候，展现出超强的投资智慧和韧性，进而继续运用好投资策略，勇夺低成本投资的良机，以获取超额收益。

综上所述，我对股票投资的真实态度始终是介于保守和稳健之间，而偏向于中庸之道的。在思考投资之道时，我们要时刻谨记自己才是投资中最大的风险因素，在交易时，我们又要时常忽略自己的想法。言下之意，我们既要有自己独到的投资观点，又必须要时时刻刻与自己的观点保持适度的距离，然后将投资规律夹在中间，充当着那位永远的"和事佬"，或是签上一份"尤利西斯契约"[①]。

做投资是门追求收益和风险相互平衡的艺术。多数人终其一生，都平衡不了风险和收益，关键在于对股票认知的起点就发生了偏差。

[①] "尤利西斯契约"来源于希腊神话故事。在心理学中，它被解释为一种承诺装置，是一种行为流派的心理学技术，即通过设置外部约束让我们做出有利于未来的决策。

我们认知任何系统性事物，一定是建立在若干不证自明的基础之上的。比如说，炒股通过"低买高卖"便可赚钱，这条公理无需证明，如果连这都是错的，那么所有人的投资体系都将面临崩溃。既然我们每个人的投资系统的根基是不证自明的，它就必定具备极强的稳定性、持续性，也就是说它的规律性是牢不可破的。可是多少人的投资体系却是建立在连对自我的认知都是不完善的基础之上的啊！

正所谓"失之毫厘，差之千里"，你的起点就决定了你的终点在哪里，这才是所有人都必须正视的问题。你对自我的认知决定了你对股票的认知，你对股票的认知决定了你的投资系统的根基是什么、稳不稳？同时，你对股票的认知决定了你的投资性格、投资习惯，以及投资风格会是怎样的。

总之，你的认知决定了你的未来，但愿各位读者朋友们能通过本书开悟，收获上述所讲问题的所有答案，从而获得长期复利投资的本领。

基础理论篇

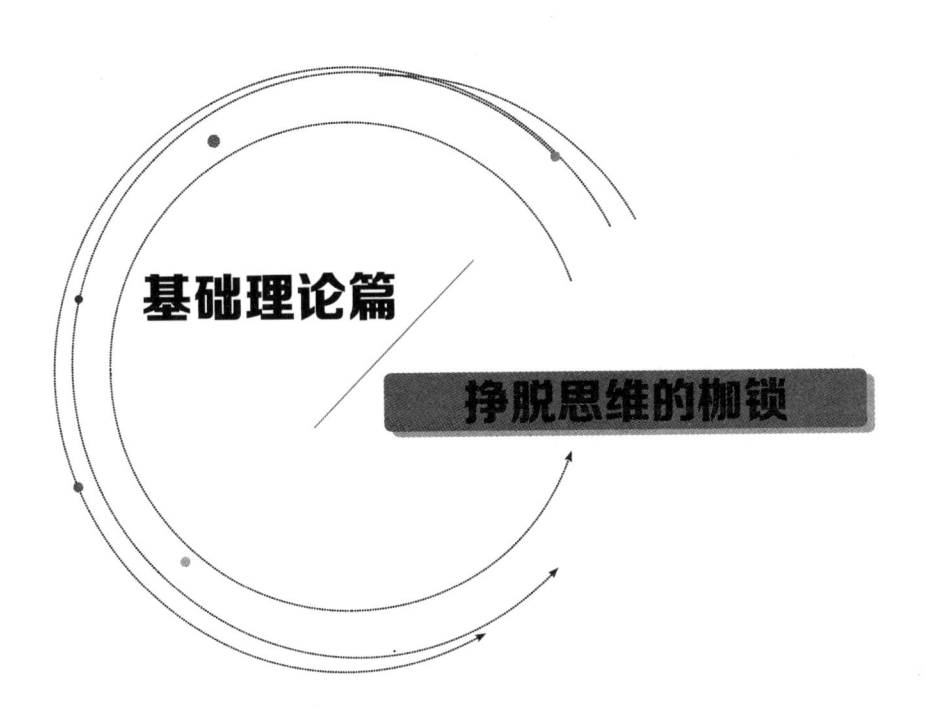

挣脱思维的枷锁

第一章　认知决定未来

每位热衷于参与股市的投资者，应该都听说过这样一句话："炒股是个人认知的变现，我们都无法赚到认知以外的钱。"这是投资人都信奉的一句"警世名言"。如果你连这句话都表示怀疑，那么首先我恭喜你勇气可嘉，你的怀疑精神是值得称赞的。因为在认知事物之初，便拥有怀疑和批判精神，你的认知本能必定具有得天独厚的优势。但是在认知自己的问题上，至少于投资领域而言，仅有怀疑精神是远远不够的。怀疑可以借助感性，但批判一定要回归理性。至于批判是否有理有据，在进退有度的同时，又能明示正理，这非常考验一个人的综合认知。

说回那句名言，绝大部分人也只是"信奉"而已，并不会为此做出任何改变。由于这是一代代投资人通过投资实践、反复验证过的观点，因此允许投资新手适度怀疑，但若始终无法从怀疑中跳脱出来，那就大错特错了，这必然是个人的综合认知体系出现了重大纰漏。这里所谓的"综合认知"，基本囊括了所有与投资息息相关的重要认知对象，不仅包括认知自己和其他市场参与者，还涵盖了诸如认知"认知"本身、认知市场、认知股票、认知技术、认知趋势、认知风险、认知投资方法策略等一系列认知上的问题。这里面的任何环节，都可能会出现或大或小的问题，进而引发"多米诺骨牌"效应，以致你的整个投资体系，俨如沦为了"时间的敌人"，也就是将长期面临前面所说的"反复利"效应。

一个在综合认知上有极大局限的人，是不可能一次性向上跨越好几个级别，去看懂更高认知程度的人是如何做投资取得成功的。于是在冥冥之中，就暗示了另一种结果：你判断对方投资水平的程度，除了最具说服力的投资结果外，只取决于你自己投资水平的高度。

比如，在"如何看待A股市场"这一问题上，你认为它是"赌场"，它就是"赌场"；你认为它适合做价值投资，它就适合做。总之，你认为市场是什么，它就是什么。不仅因为市场是一个很抽象的概念，从根由上来讲，这是每个人对市场的印象和经历的总体反馈所决定的。这既是认知市场的问题，同时也是如何认知自己的问题。你之所以认为它是"赌场"，这是由你的经历所决定的，别人认为适合做价值投资，这同样也是别人的，而且是由成功的经历所决定的。

然而，经历并不代表真相，可能各自均存在"盲人摸象"的可能性。所以，最正确的认知市场的态度，必然是将这二者合二为一，辩证来看待，这才是最接近于真实市场的看法。实际上，作为"90后"的A股市场，历来都被看作弱有效市场，并被写进了投资分析类的教科书里。

顾名思义，弱有效市场可能在很长一段时间内都无法准确体现企业价值。这导致股价之于企业价值的偏离度过大，波动也必然加大。因此，面对同一现状，认知程度高的投资人就能做到趋利避害、扬长避短，因而可以赚到比之于成熟市场更多的钱；而认知存在极大局限的投资人，将无法做到趋利避害，并且由于始终没能认识到人性的弱点，于是总在怨天尤人和抱怨市场中屡吞失败的苦果。

兜兜转转多少年，也许你才能深刻意识到，股票市场到底是什么？提升个人的综合认知水平，才是学习股票市场的根本目的。因为整个市场参与者的认知水平，与赚钱者的分布是保持高度一致的，都像是一个"宝盖头"而非标准的金字塔状（见图1-1）。也就是说，绝大多数人的认知水平和赚钱能力都差不多。再说得直白些，如果一个人认知水平有限，那么他的赚钱能力肯定不行。这时候，按照投资相对论的原理，只要你的综合认知能力比市场平均水平高上那么一点点，你就具备了在市场上赚钱的先决条件；认知水平再高上一个段位，你就具备了赚大钱的能力；认知水平要是再高出一截，那么你便具备了长期持续赚大钱的实力。

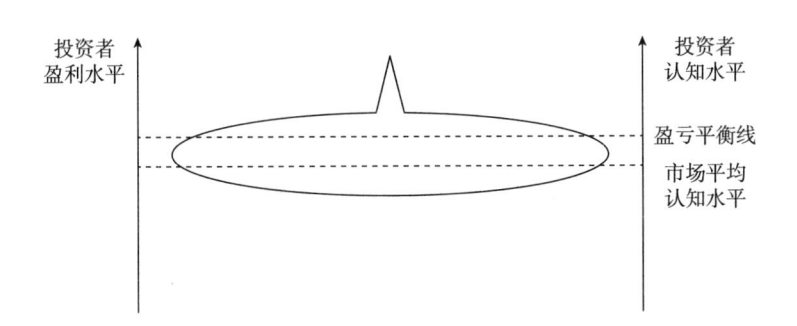

图 1-1　投资者的认知水平与盈利水平分布情况

　　明白这一点，是开启万里长征的第一步。走到最后，每一位历经千锤百炼、获投资大成者，均成了像关汉卿所说的"蒸不烂、煮不熟、捶不扁、炒不爆、响当当的一粒铜豌豆"。要做这粒铜豌豆，着实有些不简单！只要你还想在股市里多待一天，就一天不能停下学习的脚步。也不要因为遇到困难就选择逃避，或是想方设法走捷径。同时，也不要害怕无法达到学习的彼岸，不学的话又怎么知道自己不行呢？饭要一口一口地吃，不能一时贪多，也不能一时贪快，这毕竟是个循序渐进的过程。认知的阶层，亦是无法实现一次性跨越到位的。

　　可是，在经过坚持不懈、日复一日、年复一年的历练之后，你终究会明白，时间是长在投资者身上的一朵玫瑰。认知积累的过程，本身就是感受复利的全程体验。在此学习过程中，你所有经历的艰难困苦，一旦度过去了，它也不尽然是苦的，除了能获得巨额财富外，"投资生意经"里也蕴藏着无穷的智慧，它也会有令人觉得妙趣横生的一面。

　　股市到底是什么？我们又该如何认知关于市场的一切重要因素？为一探究竟，还是让我们从认知自己开始说起，开启我们的认知成长之路。

认知"认知",认知自己

认知是无形的主观存在,它根植于每个人的意识形态之中。"认知"不等同于"认识"。认识是同等级别的了解,认识积累到一定程度,才成为个人评判世界的主观认知。不过,认知可不只是"认识"和"知道"那么简单,认知是随着了解程度的加深和积累,继而由量变引发质变的最终结果。认知与认识最大的区别之处在于:认知一个事物一定是降维的多方位的了解。多方位准确地"认"和"识",才称得上是"认知"。

相传,在罗马古城的城门上,曾刻着这样一句话:"认识你自己!"春秋时期的老子,则在《道德经》中写道:"知人者智,自知者明。胜人者有力,自胜者强。"老子的话,向我们揭示了认知自我的重要意义。唯有了解自己的人,才是真正的聪明。能战胜别人,固然是有力的;能克服掉自己的弱点,战胜自己的人,才算刚强。

换言之,我们对生活和生命的全部注解,就是个人的世界观和价值观的综合体现。然而,认知也有好坏之分。好的认知,是对一个人的"加冕",但这只是相对而言的。通常情况下,认知给予每个人的,更像是"观音菩萨给孙悟空戴上的紧箍咒",只是每个人的"紧箍咒"仍有所不同,有的是开口的,有的是闭环的。

这里,我要用到一个词,叫作"认知闭环"。为什么大部分人炒股总是亏钱?正是因为个人的综合认知过早形成了闭环,无法再向外延展了。按照爱因斯坦的说法,你的知识边界越是向外拓展,你所感知的未知世界才会越大,你才会愈加勤奋地去探索求知。这个"知",既是知识,也是认知。

诚然,很多人的"元认知"过早进入了封闭状态。那"元认知"又是什么?其实就是不知道自己不知道。人的认知上限一旦被自己无情地封堵之后,任凭再怎么努力,都将徒劳无功。这是绝大多数人

"沉浸式"参与股市,却终是落得伤痕累累的下场的最重要原因。为什么多数人"不知道自己不知道",元认知提前进入了闭环,而少数人又能"知道自己不知道",进而通过学习迈上不断进步的台阶呢?

我认为,学习方法有误是一大诱因,然而最符合群体性特征的可能是,人的欲望总是野蛮膨胀,便压制了对认知提升的渴求。当对财富的欲望超过了现有的认知水平,而又忽视了提升认知这一当务之急,那么赚钱的本领就难以摆脱掉低级的趣味。于是,亏钱就会变得越来越容易,越来越如常。心中无认知,则眼中无规律,赚钱一如逆水行舟。

每位资深股民身边,一定有这样的朋友——乐此不疲地炒了很多年股,却总是亏钱,"大喜"过后总是"大悲",年复一年,没有丝毫进展,能将本钱全捞回来,就谢天谢地了。这令我想起十多年前在证券公司给老股民讲课的时候,看到台下有不少白发苍苍的老人,用颤抖的手,握笔认真记着些什么。一问炒股业绩,没几个是尽如人意的。我不禁感慨,这哪里是股龄超过十年的老股民?他们只是将一年的炒股经验,不厌其烦地用了十年而已。

虽然他们那时经历的行情比较多,可是认知却提前进入到了闭环状态。赚钱的欲望不减,而认知水平则原地踏步,甚至不进则退,这样是绝对炒不好股票的。根据我的经验,一定要惯于不断尝试,突破瓶颈,不惜一次次试错,在自我否定后,又重新尝试其他可能性,直至达到理想的效果。通过日复一日的积累和坚持,每隔几个月,我都能在回顾总结中,感受到自身的成长变化。这种精神和做法,所带来的肉眼可见的成长速度,是非常值得大家借鉴的。

一旦进入股票市场,务必要时刻保持在求知方面的饥饿感,绝不能以"头痛医头、脚痛医脚"的方式来解决问题。这样只会制造出更多的问题,而最终什么都解决不了。

自我认知：做股票需要高智商和高情商吗

我们先来讨论智商。

有很多人说，炒股跟文化程度关系不大。但在我看来，许多高学历、高智商的人，在股市面前同样栽了大跟头，这说明，智商不是做股票最重要的因素。我认为，只要智商达到平均水平，就具备了基础条件。与解数学题相比，炒股需要用到的数理知识普遍比较简单，即使太过于深入的计算，所带来的投资附加值往往也并不显著。但这并不代表说，做股票就比解数学题简单。会做数学分析，其实只是多掌握了一个炒股工具，它无须人人会论证，会改造升级，只要会用就行了。这套工具的难度系数很低，对于智力正常的人来说，均易于掌握。

炒股票难就难在，彼此用的工具大同小异，唯有使用工具的人，才是你真正的对手。可以这样来理解——市场上的散户，几乎都拿着差不多的"刀枪棍棒"，但是最后的生死存亡差别巨大。这绝不是输在了各自的武器上，而是输在了对对手的了解，以及对自我认知的把握上。

我认为，炒股需要了解别人，是为了将别人的钱赚进自己的口袋。但这钱只是暂存在了你这儿，还不能算是你的钱；你只有进一步了解你自己，然后才能在炒股中学会如何将赚到的钱变成你自己的钱，而不再当"学费"给交出去。

然而，深度了解对手，做到知己知彼，可不是一件容易的事。这需要一定的情商，但一味追求高情商，也是无济于事的。因为一个人的性格，对于投资成败的决定性影响，远高于情商。

我甚至觉得，可以通过个人理性与感性之间的差异让自己扬长避短，来练就在股市中的"高情商"的生存之道。如果一个人在生活中情商表现一般，但是他投资性格却很好，人非常理性，也很善于运用数理化分析工具。于是，在左右投资的很多感性的关键时点上，也许他当时并没有吃透主力和其他散户的意图，但却能理性坚定运用策略，压倒感性，从而获得越来越稳定、自信和从容的胜利。

与股票相处的过程，并不像想象中那样简单。一个善于与股票交朋友的人，一定是控制情绪的高手。在他感到恐惧或悲伤的时候，幽默和智慧就是他内心的护城河；在他感到兴奋或躁动的时候，从他体内能立刻跳出另一个自己，竭力劝告自己：一定要保持冷静，理性看待已经或即将发生的一切。

综合考量下来，股票投资能获得长期成功的人，智商和情商都不一定是最拔尖的，但是所衍生出来的财商相信一定非常高。成功的投资，加上很高的财商，又将在未来反身性分别作用于智商和情商，最终形成正向反馈。当一个人的认知被打开了闭环之后，其智商和情商均将水涨船高。

如何摆脱"幸存者偏差"：改变自身脆弱属性

"幸存者"可能只是"幸运者"。我们总是乐于模仿"幸存者"的做法，却往往忽视了"幸存者"自身因运气、资讯或特定环境所带来的结果偏差。也就是说，"幸存者"自身并不具备获得成功的全部条件，只因一些特定的有利因素，包括纯粹的运气成分，帮助"幸存者"在某一阶段内，获取了超出自身真实水平的成绩。这些成绩，别人不可复制，就连他自己都是无法复制的。这就是"幸存者"所带来的偏差。

在证券市场，"幸存者"毕竟只是极少数，我们无法确保自己就是其中的一员。如果确定要扎根于股市，想要成就一番作为，那就没有别的路可走，就只能靠自己努力，做真正的投资实力派。

做投资，若想摆脱掉"幸存者偏差"，唯一的学习途径，即从了解自己、改变自己开始学起，更确切地说，改变的是自己的根本属性。只是重塑自我的这一过程，是通过认知的不断提升实现的。提升认知的过程，需要用逻辑串联个人经历和经验。黑格尔曾说，逻辑是一切思考的基础。如果认知人和事物不讲究逻辑，只通过现象加以联想，则纯粹的经验主义并无多大的现实意义。

为何要改变自身属性？就好比一只玻璃杯，它的本质是脆弱的易碎品，无论你多么注重风险，将玻璃杯放在最安全的地方，但由于其属性没有变，可能当你拿起杯子时一不小心，就会将其摔碎。如果将普通玻璃杯换成钢化玻璃杯，问题便不复存在了。同样的道理，若将人之本性长期置于股市当中，是经不起时间消耗的，时间耗得越久，你就会亏得越惨。因此根本问题不在股市本身如何，不在于你买不买得到牛股，而在于你能否改变自己的脆弱属性，以对抗天然的反复利效应，让时间变成你在投资猎场中的有价值的资产。

那么问题来了，你如何知道自己是普通玻璃杯，还是已经进化成了钢化玻璃杯？这就需要你拥有足够的能力去认知风险，主动环抱整个充满了风险的投资环境。这是必须要付出的试错成本，如果你只是一味地排斥、躲避风险，则无任何意义。一方面，完全理想的投资环境并不存在；另一方面，假定它存在，你会失败得更彻底。

投资风险是客观存在的，认知风险却是个人的主观意识的体现，这说明自我认知与风险认知密切相关。更确切地讲，自我认知是认知风险的前提，倘若没有足够的自我认知，哪些风险是随机的，哪些风险是可控的，该如何控制风险，甚或哪些根本就不是风险，人们都无从分辨清楚。就拿我们亲眼目睹的市场来说，那些经常将"割肉""止损""避险"等词汇挂在嘴边的人，我似乎从没见过谁，因真正做到了避险而登上了"福布斯排行榜"。但凡是经不起风险频繁打击的投资，无异于一次次投机，其结果必然是不成功的。

回顾过去，正是那些阶段性出现的近似无风险环境（可仅限于某些行业或个股），才让那么多存在"幸存者偏差"的投资人，有了些许骄傲的资本。但当风险急如暴风骤雨般降临，这些"幸存者"随时都有可能落得一地鸡毛。唯有努力做到"反脆弱",让自己尽早变成一只钢化玻璃杯,这样的你是早晚会成功的——这才是摆脱了"幸存者偏差"的成功,而与股市行情的好坏无关。

在大自然面前,我们人类生而脆弱,这与天生就反脆弱的市场则有天壤之别。我们的股市尽管还不够成熟,但在任何时候都具有很强的韧性,任谁对它都击不垮也灭不掉,金融危机也打不垮它,这就是市场反脆弱的真实体现。谁若想长期挑战市场,首先,就必须提升个人反脆弱的认知,将自己练就成反脆弱的属性。唯有如此,才能与同样反脆弱的市场进行匹配,你便因此有了竞争条件。然后才是进一步提升自我认知,包括对市场的和对投资等一系列的综合认知,务求要让个人的投资韧性赶上市场自身的韧性,你才有机会挑战成功。换言之,即能持续不断地跑赢指数,创造复利效应。

个人从脆弱走向反脆弱,再从反脆弱迈向强韧性,是没有捷径可走的。没有谁天生就经得起重重逆境的摧残和考验,唯有日复一日,亲身经历那些生活中的磨难、投资中的痛苦与彷徨,历经人世间的沧桑变幻,才有可能通过千锤百炼,锻造出优良的个人品性。做人如此,做投资亦是如此。成功的投资者,正因为具备优良的品性,遵从德和道,所以做人通常也都是很成功的。

然而,没有一个大获成功的投资人,未经历过股市的艰难困苦,也没有一个取得过巨大成就的投资人,未在困境中狠狠地亏过钱。但由于他们皆具备足够的投资常识和经验,同时遵从投资之道和做人之道,对自己符合规律的强韧性的投资方法深信不疑,而他们唯独不相信的是人性中的反复无常,因而这种过人的胆识和过往成功的经验,足以令他们对股市中出现的所有困难照单全收。

总而言之,只要你个人的投资属性是反脆弱的,便赋予了你的投资方式很强的韧性。你的强韧性会帮助你找到具有类似属性的投资标的,或是帮助你进一步稳固投资思维和方法。而且由于你的投资水准是强韧的,哪怕是你找的投资标的欠缺了一点火候,也总是能通过自己强韧的投资策略和操作加以补救，那么最终你的投资，自然就摆脱掉了"幸存者偏差"的强势结果。

认知投资

认知自己是认知投资的前提。因为投资不是一种单一的行为，是无法孤立存在的事件，它必定涉及谁给谁投钱，其次涉及如何投，以及如何退的问题。前一个"谁"，就是每一个想要做好投资的你，所以在认知自己之后，你才有条件去认知投资标的，这才是认知第二个"谁"。

连接这两个"谁"的，是投资行为本身。认知投资行为，亦是件相当耗费心血的事情，可却被绝大部分人给忽略掉了，这其中包括相当一部分的职业投资人。只要是这类人写的投资书，一上来就给你讲投资的定义，讲投资跟投机的区别，有的甚至干脆直接讲哪些才是值得投资的好企业。

殊不知，一旦跳过了认知自己，这样的投资行为是不完整的，亦是无法扎根的无本之木。因为失去了对自我认知的基本判断，你眼中的"投资"和"投机"将不再有本质区别。如果有，也一定是不准确的判断。同时，你如何看待投资标的的问题，也将被自己不够成熟的心智所干扰；关于如何投以及如何退，才能达到收益最大化的问题，也一定会被你忽略掉。

只有对自我认知足够，你才能认知投资的本质、认知投资的诸多风险表现。很多人总以为股价或指数波动、下跌就是风险，其实这是不对的。也总是有人在自己根本就无法掌控的风险上，空耗大量的时间和精力，而忽视了研究投资标的的重要性，毕竟除了认知"你"以外，投资标的才是那第二个"谁"。唯其如此，投资行为才会在你的主导下，焕发出生命力。无论成败，它才会变成一场双向奔赴。没有"你"，投资只能是一次又一次的"单相思"。做真正的投资，就像谈恋爱才对。你的眼中不仅要有"恋爱对象",你也时刻不能忘了自己是谁。

可谈恋爱很少有只谈一次或约会几次就能修成正果的。最后即便是结了婚,也需要在经营婚姻的过程中用心磨合。做投资也是一样的,需要不断试错,同样也要消耗大量时间和金钱,但是时间和金钱都不会白白浪费掉,谈恋爱可以磨炼一个人的心智,炒股票亦然。只是炒股成功的概率,比谈恋爱、结婚要低太多了。

关于如何学做投资,我有一个非常重要的观点:在学做投资的过程中,大家必然会遇到各种问题。有些问题好理解,有些问题不经历足够多的历练是不可能理解透彻的。所以,当有问题亟待解决的时候,哪怕经人点拨后,你还是理解不了,但只要能解决问题,我们就应该把解决问题看得比理解问题更重要。道理其实很简单:你理解得不一定对,也就不一定能解决问题。但是只要你解决了问题,你就迟早能理解问题,因为解决问题为你带来了全新的看待问题的角度。这就是投资认知晋级的真相!你以为是通过理解、积累慢慢得到提升的,其实很可能是偶然一次解决了问题,为你带来了理解上的新思路、新观点、新认知,然后让你的投资认知突然向前迈了一大步。

假如我们把股市比作生存环境,投资认知的提升就相当于是在努力适应这一生存环境。认知提升靠的同样是类似于"基因突变"的概念,只是我们的突变是思维上的。若思维认知不变,或是指望日积月累慢慢改变,最后都会成为股市中的"牺牲品"。因为他们理解不了思维上的突变,只能顽固地等,等待自己有一天终能理解。

当你理解了下面这个问答,你就理解了股市残忍的真相。同时,这句回答也揭示出了我们认知投资的路径和方式:

问:为什么他们做不到……?

答:因为他们从来没有做到过。

想想,是不是很多炒股失败的例子,都可以往这个问题上套——

问:为什么你在一只股票上赚不到1倍以上?

答：因为你从来没有赚到过。

看似是一句废话，其实道尽了股市里的真相！

认知投资系统

认知投资，实则是认知一个完整的系统。人类认知的系统有很多，但我们认知事物的方式均大同小异。比如认知数学体系，我们是从"1+1=2"开始起步的。在此基础上，我们可以做出千变万化的运算，但是都不会打破"1+1=2"。也就是说，数学中的很多定理，我们都可以给出证明，而正是由那些我们证明不了的"定理的定理"，才构成了数学系统的根基。

那么，我们如何知道"定理的定理"一定是正确的呢？其实靠的就是人类自古以来的生活经验，我们凭经验去做归纳和演绎，只要有足够的"大数据"认为这件事没有错，那我们就默认这件事是正确的。最典型的例子就是：我们用今天的眼光再度审视牛顿的经典力学，凭我们的主观经验去做归纳和演绎，当时间是个常量，空间仍是不变的，在此基础上建立起来的牛顿三大定律，无论怎么做实验都能得出正确的结论。

爱因斯坦之所以能打破牛顿经典力学的传统，通过发表的狭义相对论和广义相对论，从而让时间和空间，质量和能量达成了统一和互化，正是因为他破除了牛顿经典力学的根基之局限。当光速成了一个恒量，时间成了一个变量，空间和质量也都是可变的之后，"牛顿三大定律"便不再有效了。由此可见，假如将你研究的系统看成一座高楼大厦，你的系统最终能建成什么样子，完全取决于你将根基建成了什么样子。

研究股市，构建股票操作系统，其实比研究物理系统更为复杂，不然牛顿不会在炒股失败后大发感慨："我可以计算出天体运行的轨迹，却计算不出人们内心的疯狂。"这是因为股市掺杂最多的是人性因素，与整个物理世界不同。牛顿进入和退出南海股票的时间点如图 1-2 所示。

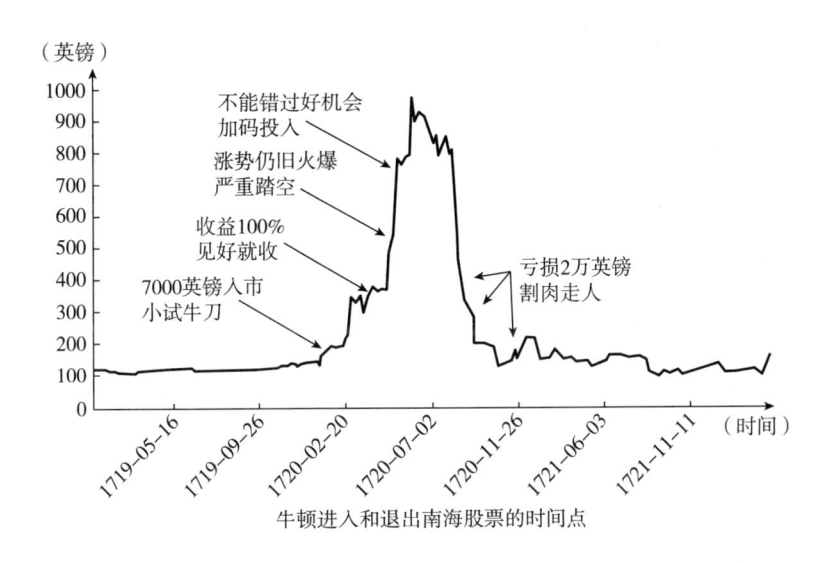

图 1-2　牛顿在英国"南海泡沫"中的投资表现

资料来源：Marc Faber, Editor and Publisher of "The Gloom, Boom & Doom Report".

研究股票系统的另一个难点在于，人们在根据主观经验做归纳和演绎的时候，如果你想设置一个除了某一点以外，其他条件都一样的参考系，其实是不可能做到的。做物理实验或数学实验都可以，但做股票实验就不行，因此绝大部分股票理论都很难证伪。而按照波普尔的证伪理论所言，科学的理论或命题不可能被经验证实，只能被经验证伪。反过来理解，不能被证伪的科学理论，都可以被看作伪科学。

简单来说，就是你不能因为见过一万只白天鹅，就说全天下的天鹅都是白的。你的理论尽管是错的，但是理论却很清晰，至少给了我一个证伪的机会。这样一来，你的理论依然是科学的归纳方式，只不过是后来被证明了是存在缺陷的科学理论。这就跟牛顿经典力学如出一辙！

许多人的股票理论，要么掺杂太多玄之又玄的技术，要么掺杂太多的经济因素,而这两类理论同样是很难被证伪的,所以导致了很多人的股票理论连证伪的机会都不给你。我就是想告诉大家,再遇到这一类股票理论,请务必绕道而行。

能被证伪的股票理论,只是证明它是科学的,但不代表科学的就一定正确。在前面我已然讲到了,股票系统由于剥离不开人性因素,所以构建股票操作系统的根基,不仅要纳入绝对正确的自然规律(天之道),还要融合人性规律(人之道)于其中。总之,你的投资系统的高楼大厦要想建得比别人高(别忘了股票投资是相对论),那么你的根基就要挖得比别人深,砌得比别人稳。

如图 1-3 所示,假设我们的投资体系是一个圆,我们所建的根基只有一个支点,那么我们的投资体系肯定是稳不住的。任何单一的、片面的、多动的支点,都无法组成一个稳定结构。我们只有一手抓自然规律,一手抓人性规律,将单一支点变成若干稳固的、立体的支点,如此一来,我们的投资体系也就跟着稳固了。在稳健中求发展,我们当然还有条件拓展我们的"高楼大厦"。

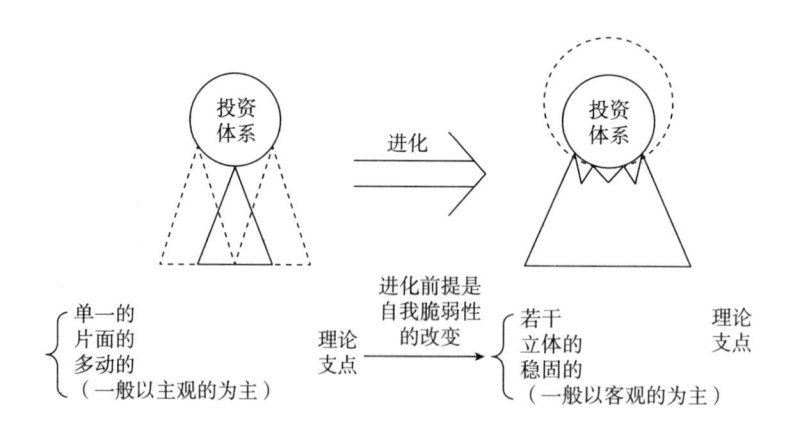

图 1-3 认知投资系统

这多个支点之所以存在,并且能被固定下来,首先是源于我们对人性,亦是对自己的了解和把握;其次是源于我们对于自然规律的不离不弃。自然规律说起来很简单,万变不离"低买高卖",但如果将系统根基看成一个有机整体的话,第四章即将讲到的炒股制胜的第一法则,则是将客观的自然规律和主观的人性规律相结合,从而像爱因斯坦那样让两者达成了有效统一。

最后还是要补充一句,在系统根基部分,一定以客观性的支点为主导,这一点请切记!

认知对手

认知自己,方能认知对手。股票市场,是由无数个对手盘构成的。若想在市场中获取超额收益,即远超市场平均水平的长期投资回报率,那么你的大部分收益,必将来自对手的亏损。

那些来自五湖四海的竞争者,鱼龙混杂,其中亦不乏高明之士,但更多的是无穷无尽的股票"消费者"。最终的差异,只能是认知更胜一筹者获得成功。

都说炒股票难,那是因为它不仅符合"二八定律",就连每年赚钱的"二"的那部分人里,尚具有极大的流动性,再加上一成不亏也不赚的人,所以你在战胜90%以上的对手之外,还得将自己塑造成"铁打的营盘",屹立不倒。但是转念一想,炒股其实又不算太难,因为我们的市场基数非常大,胜率10%意味着在一亿多股民中,你只要持续排在前一千万名,就有你取胜的一席之地。

不知你是否听过"一只大黑熊追赶两名经理"的故事:一名经理对另一名经理说,别跑了吧,反正也跑不赢;另一名经理则说,我确实是跑不过熊,但我能跑赢你就足够了。从这个故事中,我们至少可以明白一个道理:要战胜所有对手,是不可能的。我们只要赢了那些认知低的竞争者,就可以从市场上赚到钱了。

这一方面说明,市场上十之八九的投资者——更准确地说是投机者,在进入股市之初,就忽略了对个人认知的重点培养,正所谓"磨刀不误砍柴工",如果一开始就忽视了最重要的阶段,后面由于思维固化等因素的影响,就很难再补回来了;另一方面又说明了个人认知的重要性,自我认知匮乏的投资者,无异于一只无头苍蝇,但即便是撞进了蜜糖里,也无法更好地在市场上活下去,因为它连"头痛医头,脚痛医脚"的资格都没有了。

职业投资人 VS 业余选手

举"一只大黑熊追赶两名经理"一例,其实是揭示了业余投资者的生存之道。作为业余投资者,无须因自己不是金融科班出身、不是全职做投资而感到慌张失措。既然大家是站在同一起跑线上,于本质而言,都是相互竞争市场上的资源。如此,专业竞争并不是被放在第一位的。取得成功首先不是靠专业,而是靠了解对手。了解对手就必须了解人性,细心体会你跟对手最心灵相通之处,不在于你们的炒股技术是否雷同,而只在于彼此人性相通。在炒股初期,我们应该用心体会自己的本心,即在我们每个人的初心里,实则都含有一颗即将发芽长成"亏钱选手"的种子,就看谁能及时用认知纠偏,谁就赢得了在股市发展壮大的机会。

在投资水平上,若还想向职业投资人迈进,甚至战胜职业投资人,有没有这个可能?其实,我们每个人都只能是暂时压制住了人性中的部分劣根性,而无法完全抛弃人性之恶以做好投资。这就意味着,认知之争是永恒之争。

认知不够的对手,往往经不起时间的摧残。而与优秀的职业投资人之争,则是"知行合一"之争,不仅要在"知"的境界上一较高下,在关乎道与术的"行"上,也必然是持久战。不过我认为,"知"之争才是关键所在,因为争的源头是"知","知"高于"行",这点我们后面再讨论。

上述对自己、对对手和对投资等方面的认知程度,统统不涉及专

第一章 认知决定未来

业水平。抑或是说,涉及的专业知识是少之又少,但只要你洞悉人性,弄清楚了那些投资本质,再做起股票来,就一定能战胜自己的本心,即战胜大部分被人性所拿捏的对手。

有了这些功底,在取得一定的投资成绩之后,你就有了向职业投资人看齐的资本,而且你的努力方向就不易再跑偏了。因为你是在认知正确的方向上一路成长,并获得了好的投资业绩作为正向循环的。在此情形下,只要你的认知没有闭环,哪怕是有瓶颈存在,你都是有机会茁壮成长起来的。

与职业投资人相比,同样是人性的较量当先。压制人性,靠的就是个人认知里的道与术,所以这既为认知的较量,亦是场关乎认知境界之道与术的较量。但往往是,大家勤于较量的是术,结果术的表现都差不多,最终决定权却掌握在道的手中。

勤于较量术,即炒股方法,这其实是比较好理解的。对于炒股票,业余投资人的第一追求,是术。当对术的追求跨过了一定的门槛之后,才能算得上是职业操盘手。这里必须要做个区分,很多职业投资人对术的追求比较漠然,这类投资人的投资方法都是比较粗线条的,易呈现出暴涨暴跌的形态,他们虽然跳过了术,但是对道又有一定的追求,所以就称之为职业投资人,以跟职业操盘手做个区分。

在职业操盘手之间,他们的第一追求就不再是术,而是道了。这里的道,就是规律。大道无形,而又无所遁形、无处不在,体现在追求者自身的认知差别上,主要集中于判断事物本质及发展之大方向、了然于胸的程度不同之差别上。

对于任何行业,得真传之启蒙,可借用相声演员郭德纲的"开窍理论":一名相声演员,只要他开了窍,他站在台上说什么都是对的,观众都会买账。一个开了窍的投资人,大抵也是如此。"行家功夫一出手,就知道有没有。"无论他怎么操作,哪怕是一时失误了,也不会影响他长期向好的投资结果。

我相信,这样的行家里手在实操股票之前,心中早就有了对市场发展的不同方向之预判，以及相应的应对策略。而且，这类人也一定能自圆其说，达到怎么说都对的地步。这绝非贬低之意，而是境界真的达到了，有了可预见又能在未来被正确验证的结果，那么这样的操盘手就算是业余的，也完全可与职业操盘手比肩。

只要投资人开了启蒙，悟出些道行，便有如神助。若细品有道无道之差别，我想借经济学家何帆在《变量》一书中的话，来做个阐释。他说："任何行业专业人士都有很多的预判，围棋高手扫一眼棋盘就对胜负格局了然于胸，有经验的消防队员凭直觉能预感脚下的地板何时塌陷，战场上的老兵能从风中嗅出危险的信号……"深解其意，与《孙子兵法》中的核心思想是保持高度一致的，"先胜而后求战"，绝不心存侥幸。

我甚至认为，各行各业均存在其独特的节奏，且由于行业属性之不同，节奏或隐或显，但是各行各业的专才，都无一例外地保持着各自的节奏，而不凌乱。换言之，各行业内最成功的人士，他们将自己对行业规律的理解，与个人的性格、学识和经验熔为一炉。最终呈现出的杰作，因保持着独特的节奏感，而被打上了个人专属的标签。反言之，没有个人标签的职业人士，一定是在节奏感上出了某些问题，这样的人是不可能登上业内"金字塔"尖的。

由此而见，"有术无道"止于术，这便是业余和专业之间的本质差别。我们身边都存在着"有术无道"或"无术无道"这两类投资人，特别是针对后者，那是业余到迟早要被边缘化的一类人。他们总喜欢把观点包装成事实，又用情绪左右观点，甚至干脆用情绪来指导交易，而他们的情绪又总是与一些K线或消息纠缠不休。这种情绪化的操作毫无章法，是不可能让你感受出有价值的节奏感的。因而，这类惯于不断给自己平添凌乱和制造麻烦的投资人，都不可能是职业的，更不可能是成功的。

职业与非职业操盘手（投资人也可算在内）的最后一个差别，一定是体现在逆境之中。职业操盘手的逆商之高，并不是与生俱来的，而是从过去的那些丰富的成败经验中，早已总结出了高度的规律性，因而在面对未来的每一个困境时，都很容易在过去的成败经验中找到相似的影子，从而优先保证了心态不崩，并坚信历史还会重现，规律永远会起作用。

综上所述，你只要在困境中依然坚持着大道，保持自己的行业节奏，就能率先摆脱掉困境。而且你越是职业化，摆脱困境的经验就越丰富，这些经历都会反身性表现在你的规律性和节奏上，并一如既往地形成良性循环。然而遗憾的是，业余投资爱好者是断然做不到这一点的。

"知行不合一"是假象

业余投资人和职业投资人之间的较量，不仅仅是关于术的较量，那只是在对道的理解和掌握保持在大致相同的水准下，才需要以术来定输赢。但是，道才是更高维度的认知，对于基本规律的认知程度，才是决定你投资水平的关键。

在股市中，几乎所有投资高手都一致认为，决定一个人投资水平高低的，是其知行合一的程度。这是显然有误的观点。我也曾长期秉持过这一观点，直至多次打破认知瓶颈，在投资上屡有更大的斩获和全新的感悟之后，我才发现是被这一通俗说法给误导了。

我再一次重申，投资实则是个不折不扣的相对论。你的投资段位，其实并不完全取决于你，而更主要取决于你的投资环境和对手。因为认知市场必然包含了认知对手，认知对手就是纯粹的相对论，而且是处在变化之中的。唯有你的绝对认知，才取决于你自己。正因如此，我才会选择用那么多篇幅，不厌其烦地谈论认知自己和对手。尽管多数人并没有想要挑战职业投资人的权威的想法，我只是借此想明确一点：任何职业投资人并不代表投资领域的绝对制高点，其实连道与术各自的制高点都算不上。如果你在术上赢不了他们，就努力在道上实现弯道超车吧,不是所有的职业投资人对于道与术的理解都是无懈可击的,这其中夹杂的狭隘的经验主义根深蒂固,并且充满了职业投资人的傲慢与偏见;也不是所有的业余投资人,对于道与术的理解都是不够深入的,他们中亦不乏对规律和实践的孜孜不倦的追求者。

让我们摘掉业余和专业的帽子,共同来深挖道与术的本质。我的具体感悟是,术没有止境,越向下拓展越复杂。这是非常耗费时间和心力的一件事,普通投资者研之太过,心力交瘁却往往事倍功半,这点我是理解的,于是只能另辟蹊径。然而,道是有限度的,道越往上总结越简单。因此,揣摩和延伸投资之"道",便成为非常适合普通投资者深入学习、思考的一个突破口和切入点。

你若在这方面赢了水平不错的职业投资人,即代表你做投资摸对了门路,努力得恰到好处,你也必将成为知行合一的典范。不过难就难在,道因为简单,故而抽象,它不像术那么具体,所以理解起来并不容易。

至此,引申出了我们的核心话题——你若在对道的认知上更胜一筹,因此赢了其他优秀的投资人,那你就成了知行合一的典范。反之,如果你的投资屡屡受挫,我们是否可以直接将原因归咎于知行合一没做到位,因而才导致了投资失败的必然结果?

当我们开始谈论这个连很多职业投资人都没有意识到的问题,本身就意味着业余投资人的成长机会其实并不比职业投资人少。在大家看来,知行合一是做投资成功的充分必要条件。但我想问的是,知行合一就一定能成功吗?不成功,就一定证明了知行不合一吗?

简单来说,你做投资成功,它证明你做到了知行合一。这个论点,本身没毛病,但也仅仅证明了知行合一只是投资成功的充分条件。如果是作为必要条件也得成立的话,在我看来是忽略了一个隐性前提,即做投资不成功,它证明的根本不是你没有做到知行合一,而恰恰证明的是,你的"知"还达不到投资成功的必要高度。也就是说,该隐性前提得先成立,知行合一才算投资成功的充要条件。

第一章 认知决定未来

纯粹只是针对"知行合一"的字面意思而论,我认为世人过分夸大了其难度。在我看来,一个人之于知与行的偏离程度,始终不会太大。针对知和行,我很赞同王阳明在《传习录》中的说法:"知是行之始,行是知之成。"也就是说,知和行是相辅相成的,就算时有误差,大体上也总能做到抱而合一。

若是单纯凭感觉认为没能合一,则说明你的"自知"比之于你的行,必有虚高的成分。言下之意是,你真实的"知"如何?不好直接下判断,因而需要"行"来做辅助判断,一个人真实的知和行是相对统一的,而针对行的判断也更客观准确一些。你以为你知,但如果行表现不出你知的结果,那实际情况很可能是你不知,你高估了自己知的水平。

综合而论,"知行合一"应是一种世间常态。你的知,是牵着你的行往同一方向走的。这便是我在前文中提到的,一个人的知一般略高于行,但知行差距不会太大,一定是在同一维度上的。所以,知行合一从某种程度上来说,就是个伪命题。当知行同处在较高维度上,而"行"只是暂时落后了"知"一些,这时再谈对"行"的磨炼以图知行合一,才具有实际意义。但这应属特殊阶段下才会出现的一些情况,比如真悟到了一些规律,尚缺乏实践证明的阶段。然而,这种状态并不一定具有普适性,因为大众须频频打破认知闭环,拔高自己的思维高度,这实在是太难了。

真正具有普适性的结论是:你若已在投资上大获成功,这不是你知行合一的成功,而是你的知,达到了成功的标准之上;反之,你若投资总是失败,这不是你知行合一的能力不行,而是你的知的水平,还不足以支撑你的成功。

解释了半天,我才敢说:世人将投资失败,均推诿给知行不合一,这就是不对的。知行不合一,其充其量顶多是块投资失败的遮盖布。有了这块布,对于看透其本质的人来说,它就是块"皇帝的新衣"上面的一块布料;对于看不透其本质的人来说,一块布亦经不起市场的反复蹂躏。时间一久，无论你如何看待这块布，现象终究变成了假象，这块布自始至终都无法真正有效地帮你遮挡住关键部位。基于此，每当看到有人在长篇大论如何才能做到知行合一时，我便会在内心反驳说，建立在假象之上的经验探索，能求得真知真相吗？如果硬要我回答，我有且仅有一句话，即通过不断学习，努力提高自己的认知水平，才能求得。

提高个人认知，仅研究"术"是得不偿失的。能使你屹立于投资成功标准之上而不倒的，一定是关于"道"的认知。而且，必须是真的知"道"才行。什么才是真的知"道"？这是相较于不知"道"而言的。知于道，行于术，这是不知"道"；知于道，行于道，这才是真正的知"道"。唯其如此，知和行达标且必合一，投资焉有不成功的"道"理？

股市的真谛

股市就像一场游戏，多少人终其一生，都没能从游戏里的配角混成主角。我们修炼道与术的终极目的，则是希望从游戏中走出来，变成那个真正玩游戏的人。德国作家席勒曾说过："当人游戏时，人才完整；当人完整时，他才游戏。"以此形容股市这场游戏，是再恰当不过了。

只有参与过这个"猫捉老鼠"的全过程的股民，心智才算完整。股民的心智趋于完整时，他才能跳脱出这个"骗人"的游戏，或主动避险，或适时地骗回主力一把。而没有完整经历过这种骗与被骗过程的股民，等于从没有真正参与过炒股游戏，也就体会不到其中的乐趣所在。只尝悲苦，没有真正地乐在其中过，不如不参与；想要永远只尝甜，不尝苦，这是不现实的。

总之，你若有意从游戏中走出来，变成全视角的真正玩家，不妨就抱着归零心态，先从了解游戏规则开始，渐次摸清它持续正常运行的底层逻辑是什么。股市是由无数的参与者共同构建的，就不可避免地沾染人的种种习性，那我们就需要深入了解市场各方面的脾性和特征。你必须花费大量的时间和精力，从头到脚来解构这个市场。只要是关乎市场运行机制和运行规律的逻辑，哪怕再为人所共知，我们也要向下深挖三尺。

初入市场，勤练基本功，弄扎实功底，这是任何行业都讲究的规矩。当我们不断地归纳、演绎，总结经验规律，无论思对想错，这都是自悟的必要环节，只有你自己悟到的，才真正属于你自己。所以悟可能对，不悟一定错。想省脑子，只捡现成的吃，这跟摇尾乞怜、祈求嗟来之食没有任何分别，这样的投资人是不可能成功的。

自悟，已代表了前进的正确方向。如果你挖逻辑挖得对，我们会更加信服别人所讲的道理，当道理消化成自己的洞见之后，亦等同于在未来会更加相信自己；如果你挖出了问题，那就证明可能多数人是错误的，因而获得的反向逻辑便越加珍贵，我们更应重视那些自己总结出来的更底层、更细密的逻辑。同时，我们还得反思，为什么多数人是错的，他们是错在哪里了，这也是探求真知的一个不可多得的良机。不论探索得对不对，均可加深对股市的自我认知。

现如今，我本人已深刻地感受到，有太多盲目的思维不够缜密的投资者，在盲信和盲从方面吃了太多亏而浑然不觉。他们选择轻信一句众所周知的话，并不是因为相信该话自带的逻辑，而只是因为其他人都相信罢了。于是乎，自己跟着信起来，这就大错特错了。殊不知，股市中遍布陷阱。相信别人的前提是，他所讲述的道理的逻辑，的确能让你心悦诚服；否则，往往让你吃了大亏的，都是那些约定俗成的话。

也许那些俗语含有对的成分，但是其中隐含的前提却被简化抹去了，所以才会误导无数投资人，而且一误，就是终生。比如说，"市场永远是对的""股市是经济的晴雨表""炒股一定要顺势而为""风险和收益永远是成正比的"……你相信这些都是绝对正确的吗？

我只想先挑明一个事实：如果你自认为懂得了很多炒股知识，但依然炒不好股票，这只能说明，你了解得还不够深入，抑或你自认为了解的部分，其实并未真正地了解，便已在大方向上出现了较大的偏差。

本人一再强调，股市最核心的要素就是众多参与者，是人。所以，它就一定符合人性的相对论，且符合人性周期。这就意味着，经济周期、数据指标、K线形态与周期，甚至包括股市和个股的基本面等，都是为人性周期服务的。股市总是从大部分人亏钱向大部分人赚钱，再从大部分人赚钱向大部分人亏钱……如此一再循环，反复收割人性及其背后的财富，并最终导致了绝大多数人亏钱离场的结局。

只有当你真正理解了市场运行的背后的底层逻辑之后，你才不会再用"冷峻""孤傲"等词来形容股市了，也不再觉得市场不可捉摸，令人难以接近了。纵观我这些年的思维转变，从前我觉得市场总是一副不可触摸的样子，在摸透了它的习性之后，我又觉得市场其实就是个"调皮捣蛋鬼"，是个凡事都喜欢跟你对着干的小孩子，整天闹哄哄的。可是，你只要时常哄着它，一旦对路了，你就能让你的"小孩子"长成大出息，并护你后半生的周全。

的确，我们的市场还没有成熟，你一定要让自己的成长速度快过于它，才算堪当大用。当成熟稳重的"超我"，以不拘一格的姿态，来严谨地对待尚显稚嫩的市场，最后谁赢谁输，想来也是一目了然了吧！

■ 市场是否永远正确

在读取市场时，第一个常备受争议的问题便劈头盖脸而来——市场先生，永远都是 Mr. Right 吗？

"市场永远是正确的"这句话，向来引起很多争论。其实，这一观点亦对亦错，只是每个人看待对与错的经纬不同、角度不同，因而得出的结论南辕北辙。下面,我们就针对对与错这两种看法,分别进行解析。

首先,我们要搞清楚的是,什么是"市场"?

在我看来,市场不仅包括交易所、证券公司,以及做交易使用到的电子设备等硬件设施,还有最重要因素——人,也就是与证券交易相关的各方参与者。既然市场最重要的组成部分是人,那市场便被赋予了人性。因此,站在人性的角度,只要人会犯错,市场就一定会犯错。只不过,市场跟个人不同,它是一个由无数人组成的超大的人之合集,所以很可能出现的情况是,在一些人犯错的同时,会有另一些人在帮忙纠错。那么你依然可以说,市场永远是能够自我纠错的,所以市场永远是正确的。至于其纠错机制是否永远灵验,请容我稍后再议。

市场具有人性,也必然具有物性。前面讲了,对于人性的部分,市场永远都会犯错,但市场同时又是高于人性的,因为市场不仅是所有投资者的老师,而且是人性的大合集。人性里那些人类的优秀品质,普遍具有显性基因,可以保证这个市场永远向前发展。否则,如果市场被人性里的"贪嗔痴"等劣根性所打败的话,市场早就不存在了。因此,只要市场还完好存在,从长远来看,市场既能永远不停地犯错,也能永远跟随纠错。这时候,如果你只看市场人性部分的某一个时间段,市场很可能就在犯错,但如果你透过市场人性的部分看全局,市场定然是有错必改,成了永远正确的"好学生"。

接下来分析市场的物性。如果我们从极小的角度来看,推动股票涨跌的核心因素只有一个,即资金流。资金流才是最诚实的。在交易盘口,买卖资金会撮合成相应的股价,这都是由计算机精密计算出来的,全部符合最基本的自然运算法则。因此,市场物性方面的最底层逻辑,即运算规律,若从这个最狭隘的角度来观测,市场几乎可说是永远不会犯错。

不过最底层的运算逻辑是我们平时根本不会去留意的事,就好比你平常不会闲得像牛顿那样思考苹果为什么会从树上掉下来。只要炒股软件上显示出一点小异常，你便首先怀疑这个市场是不是弄出了什么岔子。比如2013年的光大证券"乌龙指"事件，沪指被瞬间拉起100多点，当时我的脑子里顿时冒出一个想法，会不会是交易系统出了什么问题，随即跟身边的人激烈探讨，自然也没讨论出个所以然来。那时的市场，在所有正在看盘的股民眼里，就是出了某种错误，尽管这种错误是人为因素造成的，与机器下单——即市场的物性也脱不了干系，但是很快市场走势又回归正常了。在我们眼里，市场拥有自我纠错的意识和手段，于是市场又从错误迈向了正确。

分析过市场的人性和物性后，不难得知：市场的对与错，皆是我们的主观感应或判断，市场的本身是无分对错的。就跟我们称青蛙是"益虫"一样，这是于我们人类而言的。对于蚊子来说，青蛙便成了"害虫"。在很多时候，我们认为市场犯了错，这个错若你认为不存在，于市场而言，它确实不该存在，因为自然运算规律没有犯错机会；但若你认为这个错存在，那是之于你的主观认知所做出的判定，它只跟你判断的主观意图，以及看待问题的时空和角度有关。

分析了半天，结论却很神奇，竟然是讨论市场的对错问题并不重要。可我们毕竟面对的是在投资界传播范围最广的一句口头禅。所以思来想去，我认为要搞清楚大家为什么喜欢说这句话，要用它论证出一个什么问题，这才是最重要的。

如果我们将人性和物性、主观和客观混为一谈，那确实很难搞得清楚。如果我们将"市场永远是正确的"索性换成"市场每时每刻都是正确的"，你再看看，问题是否已迎刃而解？你还认为这话是绝对正确的吗？

一个"每时每刻"，改变了我们思考问题的时间和角度。如果要每时每刻都正确，我们的主观判断肯定是做不到了，只能放低眼界，向下去寻找永远正确的基本规律，那这句话还能照常成立。比如，它的价格呈现机制永不会错。

再比如，有些价值投资大咖特别喜欢用这句观点来教育投资人，这又是何缘由呢？我想，既然价值投资者的主观判断认为这句话是正确的，说明他们看问题还是很长远的，也必定是符合基本规律的，所以他们才敢这么说。只是他们所讲的规律，比底层运算规律要大很多，因而验证周期随之拉长，短周期内的对错将变得不再重要。比如我们最常听到的，价格总是围绕价值上下波动。那么，价值投资者的潜台词便是，价值从长期看是不断增长的，价格也一定是长期朝上的趋势。而短期来看，价格怎么波动都是对的，只要长期价格回归价值就是"市场正确"。

因此，一句"市场永远正确"并无实际用处。至于你如何看待这句话，只要能自圆其说，不留下逻辑障碍，我就能坦然接受。在我看来，此话出现的频次最高，却向大家揭示了另一番道理：不要跟高于人性的市场做对抗，只需跟着市场走，即跟着市场规律走，就能获得投资上的成功。规律的发现与运用，是从主观逐步向客观靠拢的一个过程。越是客观上的正确，哪怕它是模糊的，也越是容易接近永远正确。

之所以说市场高于人性，是因为市场兼容并包了所有的人性因素，所以在针对人性方面所犯下的错误上，市场是具有自我消化功能的。而每个投资者却做不到这一点。换句话说，就算你觉得市场会永远犯错，但是与投资者所犯的错误比起来，市场的错误从来都是反脆弱的，也终被证明是微不足道的。然而每一位投资人，包括投资机构，却永远都是脆弱的个体。

市场所犯下的最经典的错误，也是不能称之为错误的错误，就是在挖掘市场价值规律的过程中，我们常发现市场会冒犯价值规律。坦率地讲，我们的机会，就是来自市场的这种错误，我们需要有一双善于发现错误的慧眼。当价格偏离价值过大时，纠错态度坚决且技艺娴熟的投资人，往往能获得巨大的超额收益。然而，真当市场冒犯了价值规律时，市场上却又开始盛行另外一种观点——

以索罗斯的"追随错误"论为代表。他曾表示，不必因为市场错了就必须站在市场趋势的对立面；恰恰相反，如果能够发现市场错误，对于投资者而言是再好不过的事情，因为在市场仍然沉醉于流行偏见的时候，清醒地认识到流行偏向的问题所在的投资者，已经走在了市场曲线的前面。何况，在羊群齐奔的时候，跟随羊群也是避免自己遭受羊群践踏最为有效的办法。

到底是该"追随羊群"，还是该纠正错误？这两者相互矛盾吗？我认为是可以达成统一认知的，只是观点的立脚点不同，方法论自然有所区别。简单来说，市场行为是人性合力的作用，它更像是一个钟摆，从股票价格的低估摆向高估，又从高估摆向低估，永远循环往复。纠正市场错误的做法，是站在战略的角度考虑问题。股票无论是被高估还是被低估，都终将是要回归价值的。所以，战略的指向性是明确的，且具有唯一性。

只不过，战略需要结合现实。股价的钟摆效应是永远处在动态中的，除了两个极端值，可以保证短期一定做对之外，其他任何时间节点，单看钟摆的静态图（见图 1-4），你都无法明确股价短期波动的方向。最尴尬的是，股价刚好处于估值合理的中间位置。股价未来会如何走，你就不得不在战术层面上追随羊群。

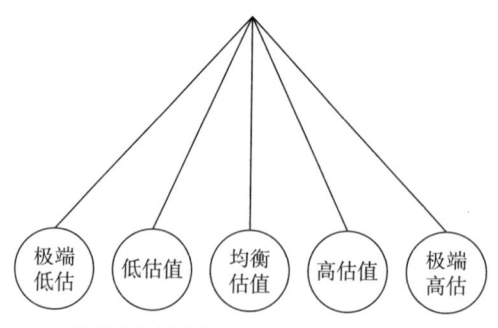

股价离极端估值越近，操作方向越明确。
战略上，以势为中心；战术上，规律优于势。

图 1-4　股价钟摆

在股票估值合理时，这一战术还算胜率比较突出。可一旦钟摆偏离了中间位置过多，再用该战术，失误的可能性就将大大增加。这时，就需要将战略和战术结合起来使用，以战略为主导，该帮市场"纠错"时就先表姿态，用战术细化纠错操作，以打好配合。总结一下就是，在股票低估时陆续买入，在估值合理时顺势而为，在股票高估中，以战术为手段分批卖出。如此操作下来，不仅胜算大大提高了，股市的超额收益也将大幅增加。

诸多投资"大佬"长期在市场获胜，其实运用的就是这种方法。他们之所以能常年跑赢市场，是因为在战略上符合价值规律，长期坚持做正确的事，而无所谓市场是否时时刻刻正确，是否时时刻刻都在顺势而为。由此可见，你越是能总结出高阶且长期正确的规律，并始终跟着这些规律走，而不是被自己的主观臆断牵着走，同时你的眼光又放得足够长远的话，你就一定能成为股市里最好的"学生"。

股市是经济的"晴雨表"吗

股票市场是国家经济的一个重要组成部分，而且还是经济领域的"火车头"，因而股市兼具金融和实体经济属性，的确称得上是经济的"晴雨表"。

"火车跑得快，还得车头带"，表明的是股市的实体经济属性。而在经济领域，"火车头"的燃料就是源源不断的资金——股市作为直接融资的代表，体现的正是股市的金融属性。

必须先有燃料，火车头才能跑起来，继而带动整趟火车。将此理延伸至经济领域，足以证明金融属性才是股市的第一属性，其次才是实体经济属性。同时亦说明了，资金也是股市的"晴雨表"。

在知晓金融是什么之后，我们自然就了解了金融属性。金融即资金融通及衍生出的一系列与之相关的信用行为。资金融通，比资产变现方便多了，所以灵敏度更高。经济由于不仅涉及金融，而且涉及无穷无尽的资产、资源和劳动之间的加工与整合，那么整个国家经济的运转速度，显然是远比不过金融的。

股市因其金融第一属性，反应速度自然快过了整个经济面。而股市和经济对资金流向的反馈，方向都是一致的，只是在反应时间上有先后之分——既然反馈方向一致，股市反应得快，经济反应得慢，所以我们才常说股市是经济的"晴雨表"，现实意义就在这里。

那为什么近些年，大家表示越来越搞不懂股市跟经济的这个"晴雨表"了呢？不仅A股是这样，就连美股也与美国经济完全相背离了，这又该如何解释？

其实还是跟超级"大放水"有关，全世界皆是如此，看看我们每年M2的增长比例就知道了。上述"火车理论"成立的前提是，火车车厢都要靠火车头带才有用。如今是资金蓄水池太大，全世界都在以各种形式"放水"。本来经济是具有周期性的，这当然跟人性密切相关，故而导致了股市也具有类似的周期性。

但是，经济周期被经济环境和社会环境搅乱了，由于股市对资金的灵敏度更高，于是天量资金将股市周期打乱得很彻底。经济和股市周期紊乱，所以才造成了我们经济和股市内部双双失衡的现象。

资金大量涌入股市，必然推高市场整体估值，股市的天平不得不倒向投机属性和融资者；而实体经济发展这些年不如金融业和房地产，也是结构性失衡的典型特征。既然都是失衡的，特别是作为"火车头"的股市，距离成熟市场还有很长的一段路要走，那么靠股市拉动经济的功用，也就被彼此给无限弱化了。

用股市拉动经济，就好比"贪吃蛇"小游戏。假如蛇头就是股市，股市不断地吃资金，蛇身（即经济）也不断被加长，不过蛇身还可以跟着蛇头灵活运动。这时，股市自然是经济的"晴雨表"。但是当吃的资金超量了之后，整条蛇不再正常，蛇身的运动方向也就脱离了蛇头的可掌控范围。

不过，既然"股市是经济的晴雨表"在理论上是成立的，那只要我们依照原理，缩小观察的周期，只看某些局部，抑或是放大整个经济周期，只看中国经济的发展全局，这个"晴雨表"也还是奏效的。比如，某些景气度提升很快的行业，股市一般都会提前反映在股价上，当所有人都知道行业利润暴增之时，股价早就过高潮期了。

我们看整个经济大周期，如将自2008年全球金融危机以来的中国经济统一看成经济换挡期，这段时期股市点位并无多大变化，但是在股市内部代表中国经济的"新旧势力"发生了翻天覆地的改变。目前能量尚在蓄积之中，已预示了中国经济仍有巨大的爆发潜力。

▎误区：趋势不等同于惯性

一些"股评大V"在谈及市场趋势时，为使自己的观点更具说服力，特别喜欢在看跌时引用杰西·利弗莫尔在《股票大作手》中讲过的一句话："当我站在铁轨上，一列火车飞快地向我驶来，我会跳下铁轨，让火车过去，而不是等待它撞上。"

利弗莫尔的比喻生动形象，我也很喜欢。只是这句话存有隐性瑕疵，不用心体会是很难察觉到的。简单来说，就是将股票趋势等同于物理惯性了。趋势只是被人为极度简化后的大概率事件，惯性却与概率无关，它是可以被物理公式准确计算出来的。

避开火车一般只针对突发事件，某一次避险行为并不能与惯常的顺势而为相提并论。如果真要顺势而为，那是否人就该跟着火车跑呢？总不能三天两头地在股市里"躲火车"吧？其实，只要能避免被火车撞上，你想怎么顺势跑、逆势躲都可以。人在任何时候站在铁轨上都没好处，你都应尽快避开，这是由事件的风险属性决定的。所以说，火车避险和股票避险，根本就是两回事。

股票趋势，只是近似于物理惯性。物理惯性完全符合运动定律，股票趋势则只是前人对投资经验的高度总结，它不符合任何定律，只能算作主观的市场规律（因为是个人自定义的，所以并不等同于客观的自然规律）。一个是定律，不依赖于任何人的经验判断；另一个只是自定义的主观规律，完全依赖于个人的定义和经验判断。因此，前者是真正的可掌握的规律，也就是传统意义上所说的"道"，而判断股票趋势一般只属于"术"的范畴。

如果从"道"的角度来琢磨利弗莫尔的这句话，则与"炒股赚钱的本质是靠低买高卖"的金科玉律一样，没什么差别；如果从"术"的角度来讲，我们总是误判此话的源头，恰恰是在对炒股实践的理解和总结上出了偏差。

火车运行的趋势是铁轨，这是在特定条件下，我们由经验所得出的结论，但不能称之为定律，因为有太多精密计算和限定条件。火车沿着铁轨运行，就算及时刹车，火车也会因惯性而继续向前，这便是放之四海而皆准的惯性定律。纵然火车据自身惯性，并不一定朝着铁轨的方向，但是铁轨的控制力足够强大，大到足以让火车完全按照铁轨来运行。这就是所有人都看得见的纠正机制，等于是排除了巨大的偶然性因素，所以铁轨的指向是极其明确且极度准确的。

当然，还是可能有意外发生，当火车惯性大到超出了铁轨的最大控制力，火车便会失控脱轨。人们即将看到的火车运行方向，也就打破了固有的铁轨"趋势"——这确属极端情形，在日常生活中我们是极难遇到的，因而易被人忽略。

股票市场的趋势是一条隐形的铁轨，你不仅看不见，而且它也不是永远固定在那里，是随时都可能发生变化的。也就是说，有无穷多的偶然因素在进行着十面埋伏，而市场的及时纠偏功能可没有铁轨那么好使，因而研判市场趋势的难度可就比判断铁轨走向大太多了。对于正常行驶的火车来说，你认定它就是沿着铁轨奔向目的地的，这是人类运用自然规律造就的一套经验模型。可是股票运行的方向，不仅股价没有明确的目的地，而且股票自身趋势亦充满了偶然性——无形的铁轨变数极大，便不可能称之为规律。

事实上，对股票趋势的实践总结，首先离不开周期，其次离不开概率，唯有在此两者基础上总结出来的，才能称为规律。比如，K线周期越小，股价的波动幅度就越小；K线周期越大，股票趋势就越显著越稳定（围绕周期讲概率）。

厘清投资规律只是投资的骨架，做投资终究是要有血有肉，不怕繁杂。然而，一个人的视角总归是有限的，不可能将市场上的所有信息都精准考虑在内。因此，个人对于股票趋势的展望，更多的是在自己心理层面的主观预判，主观预判趋势的级别、类别、方向和成因等。

选拔性预判是很可能出错的，预判趋势的延伸，与亲眼所见的铁轨相比，本来就无法相提并论。股票在经历了一轮大幅下挫之后，没有人敢笃定，第二天一定得是继续下跌的。我们要想成功地运用利弗莫尔的这句著名论断，只能是放在更宏观的大周期下，只做大趋势下的预判。因为周期越长，股票的"称重机"功能就越完善，预判趋势成功的概率就会越大。

尽管如此，还是要预设出错的可能性，就与火车也可能意外脱轨一样。只是从概率上来说，股票趋势出现意外的概率，比火车脱轨要高出太多了！

"顺势而为"是伪命题

"顺势而为"这句话出现频率很高，但是真正能理解的人不多，大都只是了解了一点皮毛，而鲜有勤于实践论证的人。也正是因为这点皮毛，令我发现了一个特别奇怪又十分有趣的现象：每当市场即将发生转势的时候，在我的自媒体下评论留言，劝我要"顺势而为"的人总是明显增多。情景每每重现，我就发现，这哪里是什么顺势而为，"势"在此已演化成了情绪，分明是在顺情绪而为!

这种感触，令我不禁想起了清代诗人赵翼的那句"矮人看戏何曾见，都是随人说短长"，这句话用来形容众人口中的"顺势而为"，简直再贴切不过了。我当初就是顺着这感触开始研究顺势而为背后的那些猫腻的。当"顺势而为"被频频提起，一般都是在市场发生连续暴涨或暴跌的时候，前者要你追涨，后者要你割肉，众口铄金，消灭反对意见于无形。只因这四字太震撼了，几乎等同于真理，令人无法反驳。然而，真理总是掌握在少数人手中，当这少数人皆被"顺势而为"的口水吞没，而宁以沉默代替抗争之时，市场往往将发生极为迅猛的转势。

天天给你讲顺势而为的人，我认为他不仅平庸，而且会把你变得比他更平庸。可想而知，顺势而为到底成了什么？它是"金字招牌"不假，却并非是做好投资的"灵丹妙药"。这与"价值投资"混迹于市场的方式有些异曲同工。这些年，无数机构让股票身披价值投资的外衣，以便于疯狂爆炒，最后又有多少股民，皆是败在了"价值投资"这层羊皮上？顺势而为也是一样的！其自身并无对错之分，错的只是市场上那些无形的"爪牙"，巧借人们对顺势而为理解上的无知，专行误导和收割广大股民之实。更有甚者，一谈到顺势而为，有相当多的人认为就是看K线图，然后画几道线，按图索"趋势"就大功告成了。这种趋势是否堪当大用？

我认为，K线图上画出来的趋势是有价值，但不能囊括全部的价值。因为这些都只是初级趋势，真正的大趋势都是跃然于"图形"之上的，也就成了那些投资"大佬们"眼中的大势所趋。越高级的趋势越简单，虽然遵守起来很难做到，但是大道至简，确定性肯定是最高的，最后收益也必定是无比丰厚的。这才是真正的价值投资者遵从大趋势、收获超级大回报的根源所在。

普通投资者为何连初级趋势都做不到？有感于此，我先讲《列子》中一个非常有名的小故事：有个人弄丢了斧头，怀疑是邻居偷的，于是越看就越觉得邻居像贼；后来这人找到了掉在野外的斧头，知道错怪了邻居，等他再看到邻居，又越看越觉得邻居是个好人。这则小故事告诉我们，没有经过多角度论证的多空趋势，大抵就是这样被个人主观见闻给带跑偏的。不是第一眼看到的就一定是对的趋势，那是画皮，而我们要的是画骨。

看图画出来的技术辅助线，只是趋势的皮相，并非趋势的本质。而且，越短周期的趋势，其确定性就越低。有人画趋势，都看到了分钟级别的 K 线图上，并一律照此做高抛低吸，结果当然是必输无疑；再者说，操作股票的趋势就好比"俄罗斯套娃"，指数有指数趋势，个股亦有个股趋势，另外还有行业趋势、消息趋势等，庄家也能做出它想要的趋势，而这一趋势不一定就是市场自身的趋势——那么多不同的趋势，同一趋势下又分不同的时间周期，既如此，关键时刻你到底该遵从谁？

除了市场本尊，相信没人能代替作答。这似乎从侧面印证了，趋势和市场是无法有效分离的，甚至可说是，趋势相当于市场的魂。然而，我们理解并遵从趋势的原则，理应是贯彻始末的，而不是拿顺势而为来当临时演员，需要时就拿来临时抱佛脚，不需要了便一脚踢开——这是时常丢魂失势的表现，不是正确对待趋势的态度。

为了更好地论证顺势而为的可行性，我们不妨做一假设，化无形的趋势为有形，就将某个股的某条重要均线，比如 30 日均线，设定为该股票的中期趋势。我们顺势而为的既定策略是，在 30 日均线之上便坚定持股，一旦有效跌破，则无条件出局……如此反复"上车""下车"，我相信最终大概率还是能赚到一点钱的。此做法并非我的凭空想象，而是市面上流传甚广的内容相对简单的一套战法。因为简单，又有规律可循，我相信肯定是比股民自己折腾要强一些的。

然而，迄今为止，除了机器人，我尚未听说有谁是真正长期做到了的。想来也是如此，要让投资人做出违背自己内心的一系列操作，是非常困难且反人性的事。正因人人都时刻带着自己的观点，因此，顺"己"而为倒是很简单，想要纯粹的顺势而为，也便成一句空谈了。

我眼中的趋势三重境

有些投资大师选择了另辟蹊径。他们只看高阶趋势，尽可能地抓大放小，少做决策，于是便有效减少了同时来自外界和内心的双重干扰，操作频率亦随之降低，犯错概率也就减少了。基于此，你眼中的逆势而为，却成了别人眼中的顺势而为，正如同买反季节的衣服，冬去春来，涨跌常在——说明彼此看的势，以及对待势的态度，有着本质上的差别。至于有何不同，经过这些年的领悟，我将趋势悟出了三重境界，且刚好与国学大师王国维的三境界一一对应：

第一重境界，就是来自 K 线图上的大小趋势。这都是些最基础的势，理解起来最直白，也最浅显。你如果只到这层领悟，就想在投资界大展拳脚的话，恐怕会屡屡受挫。因此，在频受打击之后，我们不免要"昨夜西风凋碧树，独上高楼，望尽天涯路"，一边经历彷徨，一边进行自我提升训练。我谓之本性境界。

第二重境界，趋势已从 K 线图上跳脱出来，我们需要的是以更宏观的视野，来研判大周期，这时我们归纳和展望的，主要是经济趋势、产业趋势、政策的导向和延续性等。在研究完大趋势并确定了产业和行业机会后，我们再从企业处着手，又能了解到非常多关于企业的势——看企业上市以来的财报，它每年的营收、盈利增长之趋势，一目了然。与此同时，还有我们看不到，但是能切身观察、感受到的趋势，比如企业并购趋势、企业在业内的发展变革等趋势。在此阶段，尽管我们付出了更多努力，但还是会受到第一重趋势的干扰，终日劳心，却"衣带渐宽终不悔，为伊消得人憔悴"。我谓之功利境界。

第三重境界，我开始读经史子集，不断修炼个人的辩证法。不得不说，带有辩证地看待涨跌和趋势，内心开始变得柔和，坚定且从容了许多，整个心境已是脱胎换骨。随着研究趋势的进一步深入，我竟然惊奇地发现，"顺势而为"其实是个伪命题。它最大的功能只是，给那些时刻都想做到顺势而为的人，带来一剂真理式的抚慰。道理倒是很简单，如没有逆势，又何来顺势之说呢？

《道德经》上说："道生一，一生二，二生三，三生万物。万物负阴而抱阳，冲气以为和。"这一阴和一阳，顺势和逆势，原本就是一对有机的统一体，是由"一生二"得来的。你只有将其看成一个整体，它们才和谐共生。老子的这段话，顺利打通了顺势和逆势之间亦为阴阳互化之理的壁垒。至此，本人差不多完成了从功利境界向天地境界的转变。

助推这一深刻而华丽的转变，离不开我们对人生的多重感悟。既然人生是一场逆旅，我们又当如何面对？

在逆势中让自己长出盔甲

活鱼逆流而上，死鱼随波逐流。不仅是人，鱼的这套生存法则，对我们同样适用。没有逆境，你无法快速成长，即便成长了，若无逆境作为依托，你将感受不到顺境之美好。基于此理，一个人若永远都处在顺境之中，那他跟死鱼就没啥分别了。就算他还活着，只要来一次较大挫折，就足以打败他这一生的顺境。

我们长期混迹于股市，也是同理。在任何环境中，都要学会求同存异，因为哪怕这一刻是顺境，可能明天就不存在了。所以在思维上，务求居安思危，在身处顺境时，不妨多做些逆境来临的准备。这样在逆境到来之后，才能不被逆境困死，你也更容易相信顺境终会到来，并成功地迎来顺境。大家做投资，只有匹配上这样的处"市"之道，你的人生才可能是圆满的，你所做的投资才可能是成功的。就算退而求其次，至少也能做到明哲保身。

既然逆势不可或缺，在人生中具有举足轻重的作用，当我们另眼相看股中逆势，在实战中厮杀久了，便品出了另一番滋味：多少人只是苟存于股市，在顺势的时候活着，只是证明了你还活在市场上，而不是因为势；只有在逆势中活下去，你才是真正地活着，才证明了你是能够在股市中长久生存下去的。

这与你在健康的时候活着，生病了还是能继续活下去，是同一个道理。要知道健康和生病，都是人生常态，而顺势和逆势，也都是股市常态。还记得我在前面所讲述的钢化玻璃杯吗？逆势则意味着要承担更多风险，既然不可能躲开所有的逆势，我们就必须要做一只钢化玻璃杯，这是比顺势而为更具投资现实意义的做法。

甚或是说，当你把心思都放在了顺势而为上，你就不可能成为一只钢化玻璃杯，同时你也做不到永远顺势而为，所以大多数人炒股的命运，从来都像是一只只普通玻璃杯，被摔在坚硬的地板上七零八碎。反过来讲，当你将学习重心放在将自己变成钢化玻璃杯上，在顺势时你会趋于谨慎，在逆势中你会让全身长满盔甲。从此之后，你不会再像寻常的投资者那样，对躲避风险存有不切实际的联想了。那样的投资人，已经越过了作为一名凡夫俗子所能承受的能力极限，是注定要被市场追偿责罚的。

总之，如果一个人炒股票永远能做到顺势而为，那他肯定是个骗子。大家之所以屡屡被这四个字耍得团团转，除了没有深刻理解顺势而为的本质问题外，就是忽略了在做到顺势而为之前，所需要的一大前提条件：先得学会练势，而后才能运势。简单来说，就是要玩转"势"这个大杀器，并保证大杀器掌控在自己手中不失控。然后，你才有可能运用好它。

关于练势和运势熟练之后的顺势而为，我认为完全不是你掐架时的助阵吆喝，而是胜利之时的冲锋号响，颇有些表白成功的意境在里面，值得你反复揣摩。也就是说，图形上的势你看得见的势都是死的，将你的投资思想和策略融入其中，才有机会成为个性化的活势。

当回顾现实，由于鲜有人考虑到顺势而为的隐性前提，所以刻意去追逐顺势而为，就很容易陷入"郑人买履"的怪圈，遭受失败。久而久之，整个市场追逐顺势而为的情形则演变成了"顺势而为"的口号。顺势和逆势相结合，才能成就一个完整的优秀的投资英才。

于是，这第三重境界全然否定了形式上的或字面意思上的顺势而为。对于天地境界下的趋势，一言以蔽之，趋势已不在任何人眼中，而只在自己心中。这并不是说，你真的看不到趋势，我只是想说，你用心投入练就的新趋势，往往比你看到的趋势图更灵活、更靠谱，当然准确率也更高。因为趋势的本质，其实也只是大概率事件，它不可能是百分之百绝对的正确，却总是被当成了绝对标准来使用。而最容易被绝对化的，正是无数人亲眼所见的趋势图。若只看图形，而不用心感受图形背后的企业，此等行为完全偏离了投资的本质，也就搞成了投机。投机是很难取得长期稳定的投资回报的。

正确的人势合一的做法是，尽管眼中已有了图形，心中同时兼顾一份企业蓝图，关于企业的成长趋势、业绩趋势、产业趋势和估值趋势等，你只要内心跟明镜似的如数家珍，你就能对大周期、大趋势做到心中有数，宠辱不惊。你领悟到的这番趋势，才是真正属于你的。因此我才敢说，真正的趋势是唯心的，不是唯物的，它不是一个人轻易就能看透彻的，而要靠个人的综合感知和判断。

紧抓个人内在的目标趋势

在上述分析趋势的基础上，我又总结出了个人的内在目标趋势，这一目标可以是学习成长的路径选择，也可以是对投资收益的归纳演绎，因而它也是个人专属的趋势。虽不足为外人道也，但也是桃李不言，下自成蹊。只要你处处留心观察投资现象，善于抓住关于风险控制和复利增长的本质性问题，你便终将朝着一个确定的方向而奔赴胜利。

虽然过程中可能会出现自我否定，也必定有弯路要走，但是你的长期投资的历程和结果，定将在确定性中的趋势，以及趋势的确定性中得以强化。这无疑是提高了你的目标趋势作为大概率事件的概率，这一强化确定性的过程，就是你投资回报被不断优化的趋势呈现。也就是先要在市场的摸爬滚打中练就"一招鲜，吃遍天"的赚钱本领。然后以此为主干，再对方法的细枝末节进行微调。微调的过程就是你强化确定性趋势的过程。然而，微调之方法细节不难把握，难的是要确定你的赚钱本领一定是符合投资本质后的对症下药。这非常难，就算你在短时间内意识不到，市场也会用时间给予你答案。

因此，之于趋势，注重内外兼修，特别是对内注重对自我目标趋势的修炼，这些就是终极趋势的力量，也就达到了"众里寻他千百度，蓦然回首，那人却在灯火阑珊处"的第三重境界。我们只要不怕自我否定，不怕走弯路，敢于迎接和挑战逆境，而你一旦达到了该境界，再观摩投资这件事，简直就像喝水吃饭那样简单。只有被妖魔化的投资才需要反复跟你谈技术，强调顺势而为。对于常态化的更高层次的投资，你的技术观乃至整个价值观都已融入了骨血之中，你的投资行为与构想已然达到了艺术的空灵境界。

那些成功的投资家就是顺了这种最高阶或次高阶（缺乏对内目标趋势的修炼）的势而走向成功的。然而，此高阶之势之于那些低阶的"势利眼"，他们反而成了逆势者。就拿最无可争议的全球最伟大的投资人巴菲特来说，巴菲特从来不给他的投资人讲K线图，自然也就不太注重大家口中的"顺势而为"，但巴菲特还是获得了巨大的成功，在说明大家都很在意的顺势而为并非是成功的必备条件之外，难道他真的就不在乎其他任何势吗？

水无常形，兵无常势。势的内核，就是充满变化。顺势而为的精神，就是要在不变中求变，在变中求不变，在遵循某些规律的前提下，做到因势利导，以达目标。要想真正做到顺势而为，一定要拆掉机械主义的包装，精于符合规律的变通之道，才能挑起投资的大梁。那些投资家心目中的高阶（至少是高于广大散户几个层次的）认知，由于在大方向是符合投资基本规律的，所以即便是众人眼中的逆势之举，从长期来看，依然是为他们做了最确定最充足的安全保障。

最后，我再补充说明一点：从实用主义出发，顺势而为的势，你不一定非要将其理解为趋势，如解读为顺走势而为，我认为更实用一些。因为走势比趋势更具体，走势中亦可带精准的点位，所以实操起

第一章 认知决定未来

来就简单多了。先诊治下散户的通病，炒股喜猜涨跌，并以猜的结果做依据，动辄全仓进出。这就犯了没有顺走势而为的错误。虽然我也经常会对涨跌提前进行预判，但是我的操作从来都不是跟着预判走的，而是由走势说了算。比如，某只股票我有一定的仓位，反正该股票我长期看好，至于说后市是该加仓还是减仓，我不确定，要等走势出来后，我才做决定。如果后市涨到某个点数，我就会酌情进行减仓，跌到某个点位，我就会按照计划去加仓。

也就是说，我买股票从不给自己提前设限一定要买够多少股，而是在认可其基本面的条件下，提前构建好交易策略，你跌到什么程度，我就买到什么程度。这样做就好比不打无准备之仗，好处是不会因股票大跌而感到难以接受。从某种意义上来说，这不正是一种顺应了天道的"顺势而为"吗？

这完全符合"低买高卖"的基本规律，赚钱的秘诀就体现在"低买高卖"这四个字上。然而，现实却总是，在股价跌到底的时候易出利空，在股价涨到顶时易出利好。股价由高跌到低，人性天生会感到恐惧；股价由低涨到高，人性又变得无比贪婪。在如此矛盾的现实中，人性同时在无数人身上释放出一样的原始情绪。就像是量子纠缠，同样的情绪又相互渲染，在人群中起到近似于熵增[①]的效果（投资规律可用来有效对抗熵增）。

于是，在相互印证之下，大多数人草率地为"这一次的行情很特殊""这一次跟过去不一样"盖棺论定。有了"三人成虎"的助力，人性就永远与顶和底做着最激烈的对抗。其实人性永不变，次次都一样，恰好一语道破了为什么总是在市场即将转势之际，劝我要顺势而为但实质是顺情绪而为的人特别多，这只是披着顺势而为的外衣在寻求一己之私而已。

[①] 熵增效应，是指在没有外力的约束下，一个自发的由有序向无序发展的过程。熵可以理解为无序，值越大表示越无序，值越小表示越有序。"熵增定律"是德国物理学家克劳修斯提出的热力学定律。

第二章　技术分析的真相

时常听到有人抱怨，说中国股市在3000点上下徘徊了十多年，并直言这是"大部分人炒股赚不到钱"的根本所在。关键在于，如今中国股市3000点的含金量，比十多年前的3000点高出太多了，但是很多人的股票账户却是缩水的。既然股票账户犹如"逆水行舟，不进则退"，这说明大家炒股普遍亏钱，指数不涨肯定不是最主要的原因。

我倒觉得其核心原因，必定会反映在你如何对待"中国股市长期在3000点上下徘徊"的态度上。也就是说，炒股盈亏的关键，做投资的人才是最核心的因素。投资人的观点，可以折射出投资人对某件事的态度与认知。就拿"中国股市长期在3000点上下徘徊"这件事来说，按照《道德经》里"阴阳互化"的说法，它也一定存在有利于投资人炒股的一面。如果你看不到这一面，就算说你拥有再厉害的炒股技术，我都是不相信的。我只会觉得你的技术一定存在某些重大缺陷，要么是深度不够，流于表面；要么就是太片面了，有"缺胳膊少腿儿"之嫌。

技术的本质就是博概率，中国股市长期在3000点上下波动，就等于是给了你一个博弈的基准点，这是其好的一面。在如此条件下，只要你数理统计、概率论学得不错，再擅长一些交易策略和技巧，你就能在股市中长期赚到钱。因此，只要你弄懂了技术的真谛，又具备如此有利的条件，你完全没必要悲观，反而应该感到高兴才对。

那些对股市长期3000点感到悲观、郁闷的投资人，一般都是因为炒股没炒出个好结果的缘故。这类投资人，有可能会说炒股技术不是万能的，因为哪怕有些人不懂技术，只靠价值投资就赚了很多钱。首先，那样的投资人还真不在少数；其次，赚钱的永远是别人，这些

第二章 技术分析的真相

人真的弄清楚自己亏钱的原因了吗？我想是没有！

最后重点要说的就是，这些人到底亏在了哪里？自认为懂技术的亏钱，不懂技术的人也亏钱，反而是有些自认为不懂技术的人赚了钱——面对如此玄幻的炒股技术，本章的重点内容就是要揭开技术的神秘面纱。当然，本人所讲的仅限于科学的炒股技术，那些"神算子"及各种"胡乱的发明"，并不在论述之列。

科学的技术分析不仅包罗万象，而且必定符合我在前面提到的两种规律——自然规律和人性规律。也就是说，科学的技术分析一定是理性分析，其分析方法的核心是梳理和分析重要逻辑。技术分析的有效性尽管依据三大假设而存在，但并不局限于图纸上。我认为，一切理性且符合逻辑的分析方式，都属于技术分析的范畴。

科学的技术分析兼容并包，自然就融合了价值投资中的种种逻辑分析，所以善于粗线条做价值投资的人并非是不懂技术，他们只是对与高等逻辑相关的技术分析感兴趣，而对传统意义上所讲的技术技巧弃如敝屣。言下之意，科学的技术分析与投机无关。而建立在理性、科学基础之上的技术分析，先是最大保障了你"己之不可胜（不可被战胜）"。以此为主干，然后再去钻研技术指标、画线、走势等细枝末节，如此才能达成孙子所愿——"昔之善战者，先为不可胜，以待敌之可胜"。

这些内容才是技术分析的全部真相，也是我们需要努力学好技术分析的意义所在。

■ "价值鄙视链"缘何存在

在 A 股市场，素有"七亏二平一赚"的铁律。也就是说，有高达九成的参与者，长期炒股根本赚不到钱。然而，最信奉技术分析的炒股人群，大多会在这九成的参与者中出现，而在那"一赚"的小群体中，有相当一部分投资人是看不上技术分析的。这类人一般善于研究企业基本面，普遍被归于价值投资一派。这一派不知曾几何时，亦混入了不少对企业和经济基本面并不精熟的投机者。一方面，他们瞧不上画线、作图，琢磨各项指标及买卖点位等"劣迹"；另一方面，他们却又是在某市场阶段下，挣了些钱的一群高傲的投资人……

价值投资之风日盛，于近年来被各大机构吹捧，于是有越来越多投资者加入了价值投资的庞杂队伍。他们常以价值投资者自居，自视技术分析为"落后产能"，大有强分"楚河汉界"之势，俨然一副能赚到钱的样子。而令原本就受到市场"教训"的传统技术派彻底迷失了方向。

就连"幸存者"都质疑起来，在已过而立之年的 A 股市场中闯荡，依靠技术分析还能赚到钱吗？甚或是说，凭技术分析还能实现逆天改命吗？我想，这才是大众股民最关心的话题。

对此，我先给予肯定的回答，然后再反将一军道：在那"七亏二平一赚"之中，是否"一赚"的都是价值投资者？有没有技术型选手也在这"一赚"之中？在那"七亏二平"之中，是否也大量存在价值投资者呢？

可以肯定的是，想要实现相对稳定的年化收益，从来都不是传统价值投资的专属。价值投资实则是非常小众化的。如果人人都搞价值投资，这市场就不存在那么大的波动和交易量了。实际上，它利用的正是大众情绪阶段性产生的非理性共振，继而在股价低估和泡沫中进行逆向操作，最终实现赚取理性差价的中长期目标。

但是，股价低估的底在哪里，泡沫催生的顶在哪里，没有人能告诉你，也没有人能预知准确的涨跌周期……因此，单凭市面上的价值投资无法实现稳健获利，投资策略可以最大限度地解决这个问题，但操盘策略离不开技术分析。如果说价值投资是逆人性的，那么做到稳健获利就是要丢掉人性——这比逆人性又更进了一步，所以炒股票能稳定获利的人，总说做交易时自己就像台炒股机器。机器就是程式化操作，是没有人性可言的。

第二章 技术分析的真相

价投理念和技术分析，其实都是证券投资分析中的一种有效手段，只是两者侧重点有所不同，它们本就不是一组对立的关系，甚至可以说是有效统一的互补的关系。问题在于，市场的理性认知是极其有限的，其平均水平与市场参与者基数成反比。市场的噪声近乎无限大，轻易就占据了市场的制高点。于是，伪价投和假技术双双占据了市场主流，它们之间强烈的对抗和纷争从未停息。

伪价投和假技术本身都是有失公允的，两种观点越是对立，普通散户对于正确观点就越是难以辨认，以致真价投、真技术以及它们之间的大融合却完完全全被市场忽视了。

▎真价投+真技术

真正的技术分析，与真正的价投思维一样，都只可能被极少数人深刻理解并熟练运用，这是它们能有效融合的大前提。据此，我们将直击问题的本质，告诉你为什么真价投和真技术是相互融合的而不是势不两立的。

首先，我们要明白技术分析的本质是什么？其实就三个字——博概率。技术分析之所以能博到概率，其有效性基于三大假设：市场行为涵盖了一切影响因素；价格沿着趋势移动；历史总是会不断重复。以此为前提，人们就能通过归纳演绎法，极度简化对股价运动的分析。而股价的冗余波动，又被简化成了不同级别下的趋势性运动。

然而，三大假设并不是百分之百准确的，又因归纳演绎的是被简化后的股价运动，所以在逻辑上必然不够完备，存在不可弥补的漏洞。基于此，没有任何技术分析方法，也没有任何分析对象向你保证，你买股票一定能赚钱。就算你分析方法得当，分析对象足够精准，你也只是大概率能赚钱而已。因此我才敢下定论：所有技术分析的终点都是要玩转概率论，并建立一套趋利避害的交易策略。只有将概率博弈的主动权掌握在手中，你才可以坚持做到趋利避害、少亏多赚。

其次，我们要搞清楚价值投资的本质是什么？答案同样不玄乎，就是研究如何增加投资赢钱的概率。因为价值投资最核心的东西，无论是讲品牌、盈利模式、"护城河"，还是讲企业的成长性，讲ROE，你都需要对企业进行估值。不管用哪种估值方法，其目的都是便于清楚地看到自己投资企业的安全边际在哪里。

假如企业估值很低，安全垫就会很高，你短期内投资亏钱的概率可能减小，长期投资亏钱的概率则更小；假若企业估值很高，安全垫就会很低，你短期内投资亏钱的概率便会大增。假如遇到高估值的情况，你还是坚持要投，就算你善于运用投资策略，也必须清楚博弈的本质是被投企业以时间换取空间的机会。否则，你完全可以将投资策略运用在机会更大的企业上——所以说，一切选择皆是在博概率。此概率是基于时间和空间两个维度上的一个综合考量，即量化了投资人投资该企业的心理预期。

既然价值投资和技术分析都是概率维度上的不同方法论，那两者自然是知己知彼、相互融合的，而不应划分楚河汉界，相互排斥。排斥对方的方法，仅依靠单线思维做投资，只能说明看待市场的路径是极其狭隘的，这无异于管中窥豹。而最关键也最重要的是，正确路径走到最后，一定是相通的。现实情况却是，不同派别之间各自对立，难有交集。

我所理解的相通和交集是，真正的价值投资是帮我们解决了什么股可以买的问题，而真正的技术分析却是辅助解决对选好的股票如何进行买卖的问题。众所周知，价格是围绕着价值上下波动的。做价值投资，就是专注于研究企业价值，而技术分析则是专注于研究股价是如何演变的。如果在投资中双剑合璧、知己知彼，将价格和价值都能研究透彻，拿捏清楚，那么你赚钱的概率将大大提升。

除此之外，抛弃任何一个方向，你所做的研究都是片面的。要么是片面的归纳和演绎，要么是片面的基本面研究——如此一来，价值投资仅剩下价值，也就谈不上"投资"二字了。正如第一章所说，只要涉及投资，"谁"投"谁"的这两个"谁"缺一不可。无论你对企业研究得多么透彻，具体落实该如何投、如何退的问题，就将不可避免地触及投资技能的核心地带。此项技能其实也是技术分析的一个重要组成部分。我们要运用技术进行投资组合的策略研究与优化调整，至于如何管理仓位、如何控制持仓成本，这些都是很深的学问，并且跟技术分析密切相关。

在此操作领域，纯粹的价值投资将很难派上用场。不过价值投资也有其优点，虽然无法直接预测股价的波动方向，但是价投非常适用于预测股价往上能涨到什么程度，会开始出现泡沫。然而，泡沫吹到多大开始破，他们是解决不了的。技术分析其实也解决不了，其差别仅在于，技术分析可以变动你的持仓成本，增强安全垫，同时巧用趋利避害的策略，拿适当的仓位与泡沫共舞，以实现盈利最大化的需求。

真价投和真技术之间必然融合，是因为存在共性表达的问题。两者之共同目的，是努力克服掉人性因素，让面临的一切抉择和难题更直观化乃至数理化。而产生共性的核心，即它们在本质上是一样的，都离不开逻辑分析。试想一下，假如没有逻辑串联，讲技术只给你看几个指标，就告诉你未来的市场将如何发展——这类技术脱离了逻辑基础，在我眼中不过是刻舟求剑、照葫芦画瓢，以此你真敢赌下全部身家吗？

▪ 投资方法的核心：逻辑分析

在过去，因为懂技术的人少，你若学会了某项炒股技术，就算对其运作机理尚不清楚，也能保持相当一段时间的优势。随着网络资讯快速发展，一旦某种方法好用，学习者便会陡增。由于投资之于所有参与者，就是零和博弈加所谓的相对论，所以懂相似技术的人一多，就会打破市场原有的平衡结构，于是固有优势便会加速失效。

投资分析必须与时俱进，不变的是投资内在的分析逻辑，是注重对因果律的深刻剖析，而变的只是分析要素和形式。如果你的分析方式不讲究迭代，不注重投资原理和逻辑，只追求机械学习、只做表面文章，那这种靠复制而非实践得来的浅显技术，恐怕早已失去了投资的灵魂。

只要你不能理解投资制胜逻辑所发生的重大内在变革，仍是只会生搬硬套的话，那么你所掌握的不该称之为技术的技术，便早晚都会变成庄家和机构手中的"反技术"。那些不明就里的人，最终由猎人变成了猎物。"羔羊们"哪里懂得，正是因逻辑的缺失，才致使自己犯了形而上学的错误。

同看基本面分析，如果不添加任何逻辑分析的成分，你看到的报表中罗列出来的所有数据都将毫无意义。你不能只因某企业今年多赚了几千万元，就在高价位上大举买入该股票。你必须清楚，此二者之间并无必然联系，不然亏损的企业，就不会冒出那么多大牛股了。事实上，结合技术分析的三大假设，以及多年投身于市场的丰富经验，我们轻易就能得出结论：任何单一因子都无法长期、有效地判定市场。

指数和股价都是无数市场因子相互影响、综合博弈的结果，也因此造成了任何单一因子对指数或股价所造成的影响，不一定会实时、准确地反映在走势当中。就好比我们搭积木房子，拆掉其中一块积木，房子不一定会立刻塌掉。每一块积木，都是影响房子搭建的一个因子，每个因子也都有轻重缓急之分，然而因子与因子间相互联系，共同作用，才构建成了房子这一有机整体。

股市也是这样的一个有机整体。那么在所有相关因子之间，必然存在无数纵横交错的因果链条。探究它们是如何相互关联、如何共同作用于市场的，就是我们要寻求的投资逻辑之本。我们无从解锁全部逻辑的始末，但只要能抓住核心逻辑，就好比抓住了积木房子的主干部分。我们因此才有底气预测，房子能否再加盖一层？或是哪里突然被抽去一块积木，房子会否有倒塌的危险？

影响股市行情的因子，显然没有积木那样直观，好在前人将影响市场行情的主体因素，大致总结成了"五碗面"——基本面、技术面、消息面、经济面和政策面。此外，我们还得深刻理解，任何波动因子对市场的影响，其最根本的发力点就是改变资金流。弄明白了这两点，将大大简化我们的分析方法。

由此，我再强调三条铁律：

第一，在影响市场因素的"五碗面"中，有一碗是"技术面"，虽然每个人的分析方式有差别，侧重点也会有所不同，但完全无视任何一面都是不可取的方法。技术面和基本面都很重要。因此，这市场上懂技术的真价投派，以及懂价投的真技术派最容易做到穿越牛熊，实现稳定盈利。不过这两类人最终会演变成一类人，不会再有很大差别。

第二，分析市场，我们既做不到百分之百直观，更做不到百分之百客观。既然不是完全客观的，就一定存在主观的成分。因为我们分析的不仅是过去和现在，逻辑贯穿未来也要成立。客观分析占比越高，结论就越接近客观事实。而我们越是需要客观分析占比高，就越是要在"五碗面"上下足功夫。

第三，盘面上显示的，就是最真实市场的实时反馈，是炒股人性的充分释放。在"五碗面"中，与盘面最贴近的是"技术面"，但技术只是衍生工具（暂不考虑"技术面"对市场的反身性影响），其他"四碗面"则是市场的重要组成部分。假如只考虑其他"四碗面"，易陷入盲人摸象的困境。"技术面"负责提供各式各样的工具，以便于我们将其他"四碗面"所提供的内容最大限度地综合统筹起来，然后进行更直观的表达和展现。技术分析实际上也是盲人摸象，但是我们努力多"摸"些内容，以趋近于摸到象的全貌。但是仅有技术也是不行的，你不能天天只研究工具，不研究投资对象。

为点明此理，我曾做过一个实验：分享自己某自媒体平台上一个月的点击量走势图给读者，除了图形，其他内容我一概不说，然后让读者分析这张图未来的走势是看涨还是看跌。结果很是滑稽，有大把人真能对此一通分析，并给出无比自信的答案。然而只有我心知肚明，任何答案都意义不大，未来走势大概率取决于我自己的更新状态——这就是只研究工具、不研究工具作用对象才闹出的笑话。

其实，只要将工具的作用对象研究清楚，你不仅可以避免犯低级错误，而且工具箱里的工具也会随之增加，这将平添你判断市场的视角。比如说，我曾经就拿某财经博主的博文点击量当过市场人气指标，我发现他单篇点击量开始步入低迷，跌破某一具体数值的时候，往往市场最易见底。

总结一下，我们以市场外的研究对象为跳板，用以解析市场核心的方法，即：

你先得清楚自己研究的是什么，还得弄明白数据变动的背后跟市场有何关联，它们之间是怎样产生变动逻辑的。了解透彻之后，你才能确定新的分析方法到底合不合理，要敢于从试错中找寻方向和机会。

然而，技术分析的对象还是越深入核心逻辑越好，如只是单线索分析，中间转的弯一多，易造成极大的概率损耗。未来无论你想用技术手段分析什么，关键要素一定得高度保持一致，要尽可能地做到手到心到，摸索出核心逻辑的变化。

技术分析的有效性

每个人对待技术分析的态度，其实在你最初接触股票的时候，差不多就定下来了，近乎于"三岁看八十岁"的概念。意思就是说，你请教的第一位投资老师，或者你看的第一本投资书籍，乃至你最喜欢读的财经博主发布的内容，甚至你的从业经历，对你投资价值观的构建均影响至深。

第二章 技术分析的真相

将所有相关因素糅合在一起，几乎能一锤定音，定下你的投资成长路线。比如，你很难说服一名行业研究员采纳技术分析，但是，当一名期货交易员转行做股票的话，类似的技术分析可能立刻就用上了；假如你刚接触股票时，身边全是短线投机者，相信彼时的你，很快就会成为他们之中的一员……

我早年间曾在券商工作过，那时身边的同事和朋友以技术分析居多。后来我去做了财经杂志的编辑，主要从事企业商业模式的研究。很快我就发现，炒股的编辑们几乎没有人认同技术分析。上至两任杂志主编，也都曾在大牛市中靠看指标、画线炒股票，最后赚的钱悉数回吐，他们由此不再相信任何技术。

其实并不难理解，在没有形成自己的一套成熟的打法之前，各行各业的从业者应该都差不多，在初期就是单靠模仿。俗话说"草鞋打样，边打边像"。先学习他人经验，定是"好坏一锅端"的，当然也会模仿出一些坏毛病。等吃多了亏上多了当，善学者总是能越挫越勇，在实践中不断总结出经验教训，学会避坑。最终将所有的经验教训融成一炉，集成化地打造出个人专属的操作系统，以实现长期稳健盈利。

长期盈利离不开价值探索，稳健盈利离不开技术策略，维持长期稳定盈利，最好是靠这两条腿走路。可以说，全盘否定技术分析的人，从来就没有真正通学过技术。好的技术分析是十分注重实战技巧，追求逻辑严谨，严于防守，以及追求长期复利的一门科学的全面的大学科。从中又可细分出多个研究方向，还能跟大数据、量化对冲、人工智能相结合。而轻易就否定技术分析的那些人，普遍缺失了纯粹学习技术分析这样的一段经历和体验，这间接扭转了他们的成长方向，不自觉地就抱上了从业经历的大腿。这样的学习方向和方式，无疑是最省心省力且符合人性的一种模式，因而非常具有普适性。

普适性的方法不一定正确，因为真理往往掌握在少数人的手中。纵然现实情况是，通过利用这类普适性教程，确实培养出了一大批专家学者，然而我宁肯直接道出真相：他们的观念总是带有旧时代的局限性。新时期正像孕育生命那样，不断迭代出新的技术，可是不管这类专家名气有多大，却从来都是"技不如人"的一群非实战派。

依照对技术分析的理解，他们中存在最典型的两类人：一类人是技术无用论的拥趸，实则完全没了解、未接触过技术分析，他们忘记了"实践是检验真理的唯一标准"；另一类人则是自认为掌握了技术，却觉得技术分析不堪大用，还是自己的分析更靠谱。这本质上是浅层实践与深度结论出现严重错配而不自知的扭曲假象。

我只能恰逢时机地引出重要观点：懂技术原理，并不等同于懂技术分析。换言之，知道是一回事，会不会用又是另一回事。

有很多第二类专家都是被卡在了这个问题上。打个比方，股评专家就算知道象棋中的每一个棋子怎么走，但这并不代表他就会下象棋。这样的专家很可能连精通象棋的小孩子都下不过。这就是为什么很多人自认为学会了技术，但技术依然会让其失望透顶的根本原因。你只是了解了一些基本规则，弄懂了些基本原理，从格物致知到融会贯通，必然还有很长的一段路要走。由此联想到一大批资深专业人士，很多只是略懂了些技术指标和常识，就自以为搞懂了技术，就这样一批只认得棋子但不会下棋的"分析师"，分析市场在逻辑上都无法自恰，结果自然是云里雾绕，弄得自己一头雾水。

做证券投资，技术可变得无限大，也可变得无限小。小技术都体现在逻辑分析的所有细枝末节处。其顶层逻辑，应用于宏观研判及资金的整体战略布局。而底层逻辑，则是你每一个想法、判断和操作的基础。你要用它来落实每一笔交易，或用来推翻自己已完成的操作或预测。凡此种种，依据均由底层逻辑提供或衍生。而中层逻辑所涉及的就太广泛了，几乎包含了上述之外所有跟投资相关的内容。

底层逻辑和中层逻辑聚焦于战术层面，很多人对技术分析嗤之以鼻，其实就是对战术不够重视。或者说是吃够了战术上的亏，因而变得淡漠了，不再相信技术，也因此不可避免地忽略了对战略层面的了解。这等同于在自己触手可及之处，亲手拉下了投资的天花板，然而却并不自知。

在我眼中，技术分析与其他任何分析方式皆不对立。技术分析理应是包罗万象、互联互通的，形式也多种多样。技术分析存留的价值具有统一性，即维护了"市场终究是正确的"这一目标。就是说一切结果均有"法"可依。究其"因"，得其"果"。只要将错综复杂的因果关系链条捋顺，将最核心的前因后果主抓正确，那么与之相关的相当一部分"果"，你大概率能预测到，并能及时修正，做到知行合一。

我想，能悟到和做到这份儿上已然足够了。这样的话，不论你是否对技术分析的三大假设完全信服，我们都可以绕开它，转而从因果循环的角度，得出"技术分析必然是有效的"这一结论。

技术分析的"体"和"用"

当围绕技术的外援性内容一讲完，终于引出了大家最关心的核心话题：如何才能成为技术高手，做到"无招胜有招，摘叶当飞镖"？这将涉及对技术本身"是什么"和"为什么"的内生性探索。于是，接下来将围绕技术分析的"体"和"用"，展开宏大叙述。

什么是技术的"体"和"用"

技术的"体"指的是本体，表面上看是具体的，你可以看到各种数据和消息，以及层次分明的 K 线周期。但如果你只能看到具体的事物，并以此作为买卖依据，关于技术就不可能做到准确和完备。因为技术本体也有其抽象的一面，比如 K 线的底背离形态，用 MACD 指标分析，结论一眼可得，是非常具象化的。可是经济面与市场大趋势的背离，市场情绪躁动与股价滞涨之间的背离等，可能是抽象因素 VS 抽象因素，也可能是抽象因素 VS 具体因素。这类分析就很难再具象化了，有些要经数据转化后才可以进行对比。比如我们研判经济面与市场走势之间的关系，只能转而去研究相关的经济数据，通过将经济局势进行数理化，才得以摸清经济面与市场趋势之间关系的近似值。

正因为技术的"体"是抽象的，并存在不同的层级和周期，在此基础上进行逻辑分析，所以技术的"用"更为抽象。这是客观事实走向主观分析的必经之途，而且统统需要用到概率论、统计学、社会学和心理学等相关知识。基于此，得出的结论往往不是准确值，而需要取近似或找替代。最终，被量化后的结果直指人心取向——是一个不可能排除掉个人主观认知和倾向的结果呈现。甚至于，整个融会贯通的过程太过错综复杂，由于很多人并没有完整地经历过，因而只能模仿。其结果必然是，那些真正有用的、众人缺失的高门槛技术，不得不将太多人拒之门外。

将技术穿透至底层逻辑，最真实准确的表达无它，唯有人性。人性是抽象的，但反映出来的所作所为很是具体。能领悟到这一层，就是学好技术分析的第一步。技术存在即合理的意义，在这里被体现得淋漓尽致。为便于理解，下面我讲个很有名的小故事：

故事来自《六祖坛经》："时有风吹幡动。两僧因风动还是幡动问题议论不休。慧能进曰：非风动，非幡动，仁者心动。"意思是说，当时有风吹幡动，两僧因风动还是幡动问题争论不休。慧能和尚上前说："你们辩论不休的原因不是风动，也不是幡动，而是你们作为修行人的心在躁动。"

盘面上的涨跌波动，就是股市里的幡。只看到幡动的人，涨时说涨，跌时说跌，他看不到技术背后所展现的风动（即资金博弈），更领会不到交易对手的心之躁动，这就是绝大部分人参与股市博弈的真实生存模式。

你没领悟到的东西，你的对手都懂，那你就难有胜算了。而且投机周期越短，你输的概率就越大。散户的境遇何止如此，试问哪个主力机构不是团队作战，里面一般都存在很懂技术的角色。就算对炒股技术不够精通，经常年股海征伐，至少很了解散户心态，也就吃透了人性里的"贪嗔痴恨爱恶欲"。

战略技术和战术技术

有人说，我身边就有那种不会技术就赚得盆满钵满的朋友。这类人想以此证明什么，你我心知肚明。可关键问题在于，每个人身边也许都会有这种朋友，但能持续性盈利的，却从来不是你。

能在股市赚到大钱的人，从来都属"稀缺品种"，而且他们的所作所为与大多数人截然不同（约翰·邓普顿：如果你相比大多数人都表现好，你就必须和大多数人的行动有所不同）。在你眼中，那种朋友是"什么技术都不会或不屑于用"，但反映出的却是你本人的思维逻辑，"朋友啥都不会系列"只是存在于你的眼中。

能在如此繁杂多变的市场中，玩出自己独立的盈利风格，一定是拥有大智慧的人，并努力克制了自己无数的小聪明。在前文中，我已经阐述了技术的两大层级——战略技术和战术技术。拥有大智慧的人，只要对战略把握得当，战术差一点也没关系，他照样可以取得好成绩。

这种大智慧与每个人的投资性格有很大关系，后天经历也能起到重要的辅助作用。就跟学生上学考试一样，有的学生复习功课不是最用功的，就可以考第一名。但你不能以此证明，用功复习对考试压根没用。你只盯着别人在不学习的时间贪玩，却没看到别人脑子里的忙碌。同样地，你只看到了别人在战术层面上并不突出，却忽略了别人在战略上的技术布局，以及在提升综合认知等方面所做出的超乎常人的努力。

每个人的经历和认知不同，在追求上就会产生出极大的差异。战术这一层级的技术就是如此。有的人觉得很重要，有的人觉得完全没必要去学。不愿多花时间学战术的，只要战略性技术把握得好，炒股照样能赚钱；怕就怕唯战术性技术是从，却只学了个一知半解的人，这类选手往往正中主力下怀。不仅从来都是赔钱，还会连带着对战略性技术产生怀疑。一旦对战术心生负面情绪，久而久之，随着理解上的偏差渐行渐远，你对战术性技术也就敬而远之，或干脆不屑一顾了。

综上分析，那些炒股能赚大钱的"朋友系列"，普遍是走了战略成功的捷径。同时其大智慧又体现在，自知各种花里胡哨的战术性小技术自己并不擅长，或没时间做全面了解，于是果断弃之。这又帮其排除了特别多来自市场的重大干扰项。

做投资的思维逻辑具有反身性，它同时对投资心态和投资结果都具有直接传导作用，而投资结果又会反过来左右投资心态，这三者之间是相互交错、相互影响的关系，如图2-1所示。

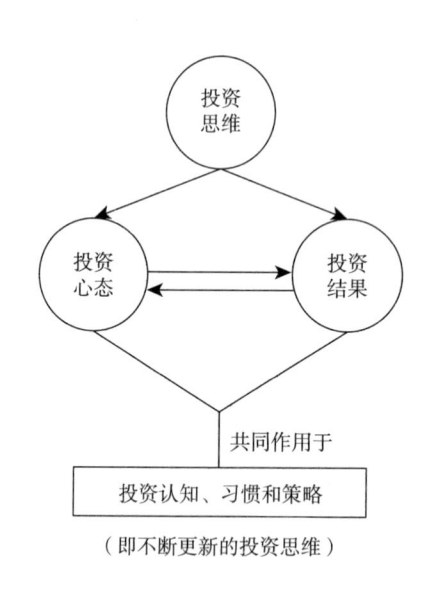

图2-1 投资思维、心态和结果的关系

一个好的投资心态，是拥有好的投资技术的必要非充分条件。好心态不一定带来好技术，但好技术一定需要一份平稳的好心态。"朋友系列"对于好心态一般都想得很通透，但是在逻辑混乱的人眼中，别人股票挣了钱都不是凭技术取胜的,而是偶然性因素居多,只因他们自己靠技术没挣到分文。

于是,普遍演绎的都是这样的现实:一群学技术都只学了点皮毛的股民,亏了钱就说技术毫无用处。这部分人很想改变现状,最羡慕的就是股票界里的"学霸"。毕竟,他们的眼界是有限的,只要"学霸"还能在市场中赚钱,这部分人便很难感知到"学霸"的认知缺陷。的确,"学霸"都不完美,不仅皆有认知漏洞,而且存在等级优劣之分。

投资人的技术分类

按照所有人对技术的元认知(认知的本源)来进行划分,大致可分为知道自己懂技术、知道自己不懂技术、不知道自己懂技术、不知道自己不懂技术这四种情况(如添加"认知技术有没有用"等条件,划分出来的情形会更多,所以此处做简化处理)。

下面,针对上述四种情形进行逐个解析:

第一,知道自己懂技术。这一类人往往是战略性技术过关,同时又很擅长战术性技术分析,一般是名"学霸",技术在他眼里是很有用的,这点不用怀疑。

第二,知道自己不懂技术。这类人拥有清醒的自我认知,知道战术性技术分析不是自己的强项,就会有意无意地向战略性技术靠拢,最后能不能当上"学霸"尚未可知。比较明确的是,远离战术性技术分析,至少不易受对手的蛊惑,起码也是个中等偏上水平的学生。

第三,不知道自己懂技术。这类人一般是不懂得战术性技术分析的,而误以为自己不懂技术。实际上,在对战略性技术的应用把握上,已然小有成绩,这类人一定是名谦虚的"学霸"。离顶级"学霸"就差对战术性技术的系统性掌握了。但是既要学会战术,又要与战略熔为一炉,这才是最难的。业余投资人只要能接近这个境界,俱足矣!

第四，不知道自己不懂技术。这类人在市场上占有相当的比例，倒是真真假假地学了些战术性技术分析，就自以为是技术分析的全部。关键问题是，战术性技术也没学到位，尚处在盲人摸象的阶段。其实还是因为认知闭环的问题，可能终其一生都走不出该阶段。

根据对技术分析不同的认知程度，个人对投资的综合认知等级，高下立判。

如何学习技术分析

针对技术分析，到底还要不要学？

我给出的答案自然是肯定的。你若想零距离贴近市场，剖析盘面，技术分析就是直观市场的唯一方式。那只看不剖析行不行？这样就用不到技术分析了。答案当然是不行！买股票是带有目的性地考察和了解对方。既然你试图或已经跟市场发生了关系，那么你观察市场，就不可避免地想要尽可能多地增加对市场的了解。而战术性技术分析，就是采取最便捷、有效的方式，等同于是给市场做了一次全身扫描，可以直击股票的肌肉和骨骼，这是基本面分析绝对做不到的。

查理·芒格总是反复强调，人这辈子最重要的投资就是找对另一半，而且做对的唯一方式，就是要努力让自己配得上优秀的伴侣。在我看来，技术分析之于股票投资，就是这样的一位人生伴侣。善用技术分析，前提是你的综合素质要过关。关于练武，李小龙曾说过这样一句话，"所有的套路都是人设计好的，人永远比套路重要"。细细想来，的确如此。套路总结的是前人的经验，练武之人却是不断在成长进步的。套路必落后于人的发展，因此要主动求变，不断迭代——若将武术套路换作技术分析，想来亦如是。

技术只是工具

抛开人的因素，技术分析只是一种工具和手段。没有它你可能成为高手，但是多了这个武器，你更容易打败对手，提升个人的经验战斗值，何乐而不为呢？没有任何人的投资生涯会是一帆风顺的。在投资受挫的时候，特别是在其他分析方法均无法有效解决问题的时候，技术分析最有可能带来正合奇胜的效果。众所周知，短期内的股价波动，与企业基本面并非完全关联，在此情况下我们该如何做好防范策略、战术进攻以及营救计划，除了运用好技术手段外，别无他选。

在我眼中，技术分析是投资人运用一个"百宝箱式"的工具自下而上不断学习的过程，同时又有一个自上而下不断探索和自我精修的过程。自下而上是从战术的不同类别（如指标、切线、均线、K线组合、波浪），一直学习到战略的高屋建瓴、化繁为简、知行合一，直至维持住长期复利状态。

技术分析并不高深莫测、神乎其神，也没有太多花枪好耍。当我们拆开技术分析的包装，它就像一个人学习奋斗的一生。从幼儿园到小学、初中、高中，再到本硕博连读，基本都是按部就班完成的。只是在此过程中，总有人由于各种原因并没有一路学下去。但对于基础性技术的学习，我认为就如同我们当初学习认字和遣词造句一样，虽然在未来的人生中，我们不一定还需要练习它们，但是只要不放弃做投资，未来就一定用得到。

基础性技术分析是未来我们做投资研究的垫脚石。它的作用与基础性的基本面分析、学看财报、了解公司业务同等重要，因为都是构建逻辑分析的原材料。我们要像万丈高楼平地起那般，先打好投资理论的地基，再分别弄扎实自己的综合分析和实操基本功。

我想强调的是，在自下而上学习技术分析时，我们需要做到粗中有细，不轻易放过任何细节，但等学到一定程度，在自上而下不断探索和修正的时候，我们就需要抓大放小，有所侧重了。这跟"书越读越薄"是同一个道理，也是同一层境界。对于战术性技术的学习，我们不必一味追求大而全，只要做到既有专长，又涉猎丰富就可以了。

技术的学习方法与归途

这世上本就不存在完美的技术，大部分衍生技术也不够实用。例如，本人学习过波浪理论，但就是很不喜欢运用数浪的方式来研判市场，因为每个人起浪的位置可以不同，数浪的方式或周期又有差别，所以导致千人可以数出千种浪，毫无意义。

事实上，波浪只是市场运行的表象，数浪只是在表象上做文章，没有下沉到市场的本质。而即便是波浪理论的发明者艾略特，他也并没有用该理论赚到过大钱。再如斐波那契数列又如何呢？也是在市场运行的表象上做文章，我认为只是较早的大数据和概率统计而已。

总之，科学、系统地学习技术分析，无须面面俱到。"面面俱到"最有可能的结果是"面面不到"，因为一个人的精力是十分有限的。比如，单就技术指标来说，据统计就超过了四五千种，一个人不可能学得过来。与其做大量无用功，我们不如巧借前人经验，在最广为应用的那些指标中进行挑选和尝试，以节约时间成本。

至于哪些指标好用或不好用，这我说了不算，你说了也不算，一切源于实践。最终结果是，哪些指标用起来更适合自己，你便可进一步对其加以多元化的探索。这里面大有讲究，同一指标之于不同周期均有不同的反馈，该如何打配合，不同指标之间又该如何组合应用，指标有没有必要修改参数，指标和其他技术一起使用又能产生出怎样的化学反应——这些如果你都精通了，对于"技术总是滞后的"之类的说法，相信你总有办法点石成金、化腐朽为神奇。这一点，我在后面还会讲到。

其他技术的学习方法，与学习技术指标是触类旁通的；其他一切逻辑分析的学习方法，与学习技术又是触类旁通的，都是要在海量信息中找准痛点，抓住核心矛盾，从而建立逻辑关联，捋顺前因后果，然后拿出依据充分的结论。总而言之，只要技术基本功扎实，有强大的逻辑推导能力，再加足够的实操能力，你就能把战术性技术做好。

战术搞得好，同样有助于战略性技术的反身性。这对各行各业来说，都是毋庸置疑的。

我们总结技术分析的最终归宿，或者说终极目标是熟练掌握底层技术，然后努力往战略方向走；技术需要不断升级，因为技术分析的对象是人，既然你的对手在变，你的技术就永远不能墨守成规，一定要时刻保持在变化之中；技术的本质只是一个分析工具和手段，你的分析工具再优越，也无法保证你百分之百赚钱，那么你就仍存在亏钱的概率，这才是我们要花心思应对的实现投资反脆弱的主要课题。

因此，我们不能浪费太多时间在学习工具上，我们学习和更新技术工具的时间，从理论上讲应该非常少才对，而需要将更多的时间运用在投资对象上。学习任何技术分析的方法，务必要紧抓投资的本质（即符合关于投资的基本规律，尽可能排除主观因素的干扰），不要在抛弃了投资本质的方向上瞎费力气做文章。技术分析对做投资只起到辅助作用，研究的核心是概率问题，而研究投资对象才是根本。这需要将多种分析方式并举，让技术分析以润物细无声的方式，在潜移默化中对投资决策形成最强助攻。

长此以往，你便不自觉地撕去了流于表面的"技术分析"及"技术派"的标签，战术和战略性技术分析却无处不在，逻辑分析"五碗面"竟无所不用，遂打造出了一套成熟的盈利模式，并用强大的认知建立起"护城河"，以让个人的投资属性变得超强韧，让自然规律和社会规律成为自己在市场上的"保护神"。总之，遵从一切规律，克制住人的本心，在此基础之上进行归纳和演绎，这才是技术分析真正的归途。

■ 技术分析并不代表投机

一说到"投机"，带给人的第一印象就是不注重企业基本面。其实，就算投机注重基本面也好，投资不注重基本面也罢，只要跟概率挂上了钩，就能得出如下结论：

投资与投机可相互转化

投资比投机更注重企业基本面，这是普遍存在的实情，至于注重到什么程度，谁也无法精准表达。但注重企业的程度，不是有效区分是投资还是投机的根本所在。它们之于概率的根本区别在于，投机是以技巧性为主做概率博弈，而投资则是围绕投资标的，培养获胜概率。言下之意，不能培养出更高的获胜概率的投资，在本质上等同于投机；而与自然和社会规律契合度很高的投机，则是用技巧和策略培养了更高的获胜概率，其本质已等同于投资。

如此看来，投机和投资之间并不存在清晰的界限，好的投机可以向投资转化，不好的投资亦可能转化为投机。技术分析与此两者之间并无直接关联。但可以确定的是，好的投机由于遵从投资逻辑和规律，因而会不自觉地嵌入好的技术分析。这样的投机，无异于好的投资，说明好技术与好投资应是相互匹配的。而不好的投资之所以雷同于投机，几乎可以断定，要么是分析脱离了基本面，要么是分析忽视了投资逻辑和规律。这同样意味着，不好的投资一般匹配了不好的技术。

好投资匹配好技术

技术的本质既然是博概率，我们就很容易陷入片面思考，以为看几张K线图，画几道压力支撑线，再捣鼓几个技术指标，就是在研究技术。事实上，技术分析不仅符合科学发展观，而且它是个很宏观的概念，只要是与投资分析相关的要素，不论是否是在K线图上，均统称为"技术分析"。

反观很多盲目搞技术的人，正是由于在观察现象与结论之间缺乏严谨的逻辑和规律做支撑，所以到了最后总是失败。做投资一定是：逻辑性越强，与投资规律契合度越高，运用技术博弈的胜率就越大。也就是说，投资与投机与你用什么样的技术分析并无直接关联，但都与概率研究息息相关。

科学的技术分析，其核心皆是被因果逻辑贯穿始末的。小至某一次战术选择，大到整个投资战略的谋篇布局，优秀的技术分析均与纯投机行为相去甚远。除非是与科学发展观南辕北辙，这样的技术才会与投机共舞。也就是说，好的技术分析，终究是一种投资行为；不好的技术分析，终将沦为失败的投机炒作。以此来看，技术分析内部的各研究方向，均不能混为一谈；技术分析与投机，更不该被混为一谈。

然而，市场似乎约定俗成地将技术分析与投机捆绑在一起，造成了一种彼此不分的假象。这既是价值投资派旷日持久的"傲慢与偏见"，同时也是技术派的妄自菲薄。仿佛一提到技术，就是这个人对企业的认知有局限，肯定不太注重对基本面的研究。而实际上，伴随着纯价值投资的大起大落，甚至是大落不起，我认为藏在价值投资人骨子里的高傲，是带有十足的冒险精神与自戕性质的。

做好价值投机

他们最本能的反应是，价值投资就像世间遗珠，谈技术实在是难登大雅之堂，整天琢磨几根线（对"技术分析"固有的肤浅理解），根本算不上投资，至少可以肯定不是价值投资。但是在投机与投资之间的模糊地带，却普遍存在着价值投机。根据我常年触碰价值和投资的实战经验来看，这是个很重要的存在。

将价值投资做成了纯投机，这样的人在市场上一抓一大把。退一步讲，做价值投资而不忘却投资价值，就已经算是不错的了。与其在价值中迷失，或干脆忘却价值，还不如价值投机来得实在一些。既然投机可转化为投资，那么好的价值投机会更快速便捷地转化为投资，乃至追回价值投资的本源。

还记得前文所讲的投资是"谁"投"谁"的那两个"谁"吗？

"价值"二字，解决的就是第二个"谁"的问题。但问题只能解决一半，因为第二个"谁"一半涉及价值，另一半涉及价格。在同等对待价值的条件下，只要好的价值投机更注重对价格的保护，那么这样的价值投机就可能比市面上大部分的价值投资做得更成功。

从概率论的角度来解析：价值投机之于价值投资，则是在价值投资的基础上，既注重投资标的基本面和估值，以增大获胜的绝对概率——这无疑是给投机增添了一层厚厚的安全垫，又继以策略性、技巧性分析为主导，一边参与概率博弈，一边在参与中统筹规划出更高的获胜概率。比之于价值投资，这样的价值投机不仅收缩了资产波动，让投资变得更稳定，而且还有机会博到超额收益。

价值投机和伪价值投资皆可证明，投资性的股票同样存在投机性的操作。更有甚者，市场每隔一段时间就验证一次，价投股是怎样涨上去的，又会怎样跌回来。这种暴涨暴跌形态每出现一次，都会令纯粹的价值投资人损失惨重。诚然，既然名曰"价值投机"，可见依然是价值排第一，投机排第二。伪价值投资，则成了投资居前、价值居后，就很容易将投资做成投机，而价值则成了做投机的幕后掩护。

与其如此，不如运用优异的技术分析做好价值投机，也许做到最后你会发现，这不正是你追求的真正的价值投资吗？

▎学技术 ≠ "抄底"和"逃顶"

学了那么多年关于"抄底"和"逃顶"的各种技术，为什么感觉不到成功概率的明显提升？相信很多人都会有此疑惑。

"抄底"和"逃顶"非常态化操作

我在学炒股之初，也特别喜欢钻研"抄底"和"逃顶"。也正是那偶然获得的成功，以及短期谋取的暴利，才令我一发不可收拾。在被市场教训了无数次之后，我才深刻地体会到，诸如"抄底"和"逃顶"这类投机行为，已然偏离了投资的本质。

客观来讲，"抄底"和"逃顶"既要追求精准，又要寻求常态化发展，尽管操作起来确实很刺激，却打破了投资的常规，将低概率事件当成确定性事件来操作，无异于赌博。所以试图永远靠"抄底"和"逃顶"以获取阶梯式复利，决然是人力所不能及的"神操作"。在我眼中，凡夫俗子的投资更像居家过日子，讲究平平淡淡才是真。这样的投资，才能悄无声息地融入你的生活。

投资既然是正常生活的一部分，那在你做投资的大部分时间，也应是平淡如常的。不仅在心态上要看淡得失，在操作上亦如吃饭睡觉那般寻常。人总是要在经历一番大彻大悟之后才会明白，做投资其实就是平平淡淡等待收获的一件事。这期间，你承受必不可缺的风险，然后收获相对等的盈利，任何人都无法将非系统性风险排除于自己的投资之外，就更别提系统性风险了。

时至今日，就算是做价值投机，我都不再迷信或依赖于"抄底"和"逃顶"的技术。如果做股票，整天一惊一乍的，这样你的整个投资格局和思维体系都会受到极大的限制。投资思维影响投资行为，扭曲的行为一再重复，必定养成不良的投资习惯。一旦投资天花板被自己拉得很低，就很难再做大做强了。

之所以市面上出现了那么多教授如何"抄底"和"逃顶"的大师，一方面是由市场需求决定的。市场需求随人心而定，人心永远追求"短、平、快"的收益，追求最高的资金使用效率，追求强烈的感官刺激。而这一切，只有"抄底"和"逃顶"才能满足人们心中之幻想。另一方面，市场上永远存在"抄底"和"逃顶"成功的人，哪怕每次成功的人都不一样，刚好有些专家善于渲染"神话"，包括神化他自己。

于是在铺天盖地的喧嚣声中，投资者分不清哪些是噪声、哪些才是有用的信息，而误将噪声当成了真相。"真香"定律的背后，是鲜有人通过频繁的"抄底"和"逃顶"维持过终生复利。不然的话，大师们早就登上"福布斯排行榜"为世人所熟知，就不用再积极地教粉丝炒股票、写收费文章了。

科学放大操作周期

在我的认知里，"抄底"和"逃顶"只有针对大周期而为之，才能彰显其意义。因为操作周期与操作成功的概率总体上成正比。也就是我们常说的，模糊的正确远胜于精准的错误（此语常被认为是凯恩斯的名言，实际出自英国哲学家卡维斯·瑞德）。操作周期一旦被放大，以牺牲"抄底"和"逃顶"的精准度为代价，从而提升了整个操作周期的准确度，最终证明是非常有价值的。

如果你拼命纠缠小周期，成天将心思放在精准"抄底"和"逃顶"上，那就犯了以偏概全的错误。因为若只在大周期内操作，我们有可能做到精准"抄底"或"逃顶"，但这只是小概率事件，无论做没做到精准，对整体策略影响都很小。做到了，算是惊喜；没做到，算见怪不怪的事，也不会过于苛责自己。如果你保持的是这份平常心，偶有"抄到底"或"逃到顶"，反而对你的整体操作是一种奖励和加持。你若拿偶然性事件当成必然发生事件来空耗大量心力，这在本质上跟守株待兔没有任何分别。

只有人力范围内所能为的技术，才是真正的技术。技术只是一个工具，是为给投资寻方便的。如果你不在投资标的上多下功夫，成天研究辅助工具，那就失去了投资的本源。我们真正该做的是领悟投资的真谛，在投资人"我"和投资标的之间，我们必须要用科学的方法，将此两者紧密连接起来。

只是在寻求科学投资方法的道路上，我们的工具箱里需要有专业知识、投资经验，也需要像投资技术这一类的辅助性工具。所谓的投资技术，只是你工具箱里的一员，它们不属于投资的主角。正因如此，任何技术工具不好用，你还可以换其他的，不至于一次出错，就导致你全盘皆输。如果错一次之后，你既找不到补救方法，又扛不下去，只能听天由命，那说明你的投资方法一定是不科学的，是脆弱的。当然，也就必定存在改进空间。

做错一次就功亏一篑，这在很大程度上揭露了"抄底"和"逃顶"的真实面目。习惯于"梭哈""抄底""逃顶"一把定生死，出错后必是不可挽回的。如果你的操作模式倾向于此，那么你的思维模式亦是如此，俗话说"常在河边走，哪有不湿鞋"，谁敢保证一辈子都不出错？

说到底，技术就是个概率。你的炒股水平不仅是概率的模糊表达，而是通过一套成形的操作系统，看你到最后能将趋利避害做到什么程度，你的水平就能到什么程度。也就是说，每一次押大小、猜涨跌的水平，可能大家都差不多，但是最后呈现出的状态，可就大不相同了。

股市从来都不存在由感性和激素所带来的长期稳定收益。一个人之所以因"抄底""逃顶"成功而表现得过于亢奋，不过是沾了运气的光，赚到了认知以外的钱，所以才会有如此强烈的表现。但我们实际是赚不到认知以外的钱的，如果你在短期内赚到了，那最后一定会"凭实力亏回去"。

看到这里，你还迷恋"抄底"和"逃顶"吗？偶尔的庆幸，终将证明物极必反。当不幸被常态化之后，否极是不会泰来的。唯有在做好投资策略的条件下，刚好碰到了一些顶或底，被你用一小部分仓位（通常情况是如此）给抓到了，这才是你将运气转化成了认知所带来的合理利润。对于这样赚来的钱，你既不必感到庆幸，也不用担心会很快还给市场。这样的处"市"之道，我认为才更有利于你长久地在市场生存下去。

■ 正确使用技术指标

我在炒股过程中常用的技术指标非常有限。随着股龄增加，我将更多时间花在了研究投资的大方向上，并且非常注重对投资标的本身的认知追求，那么在小技巧上就自然而然追求得少了。因此在技术研究和技术指标上，技术越用越精，指标越用越少。在炒股早期，我还会用一下 KDJ、CCI、量比等指标。现在除了看些重要均线，我也只附带看一下 MACD、BBI 和布林线，就足够用了。

在讲解如何正确使用技术指标之前，我想阐明技术指标存在的重要意义。

技术指标只是辅助工具

像人气非常高的相对强弱指标 RSI、威廉指标等，我从炒股至今无一用过，但是我照样能把股票做好——这说明指标只是一个辅助工具，而且绝不会是唯一的工具。那些觉得是由于自己懂的技术不够多才炒不好股的人，又或是被懂些技术指标的"伪专家"忽悠到的人，首先要建立起强大的自信，提高辨别是非的能力。

炒股票这件事，考验的是一个人的综合认知，绝不是多学几个技术指标就能替代得了的。我甚至可以很负责任地说：如果完全凭指标做交易，是一定不会有好结果的。具体原因在技术分析的小节中，我已经点透了。

我相信"存在即合理"。关于对技术指标的运用，若学习某个指标，首先一定要学透，要打好技术基础，要了解其运作的内外逻辑。如果对任何一个指标都只学到一知半解，那还不如不学也不碰。然后要善于归纳总结，将不同指标间搭配的效果，以及不同周期下指标所呈现的不同反应（包括很多图形），均牢记于心，以便于开拓思维，做到活学活用。

最高级的技术

技术的本质是概率。指标之间搭配运用，以及不同周期间观察不同指标的不同反馈，其目的都是同一个——提高预测即将发生的概率。比如说，BBI 指标是令几条均线又平均了一次，从而变成了一条线。如果股价在此受到支撑，你便会产生即将反弹的心理预期，但是这个预期的反应（概率）可能还不够强烈；随即，你又去看布林线，发现股价又受到了布林线中轨的支撑，那么你心中的反弹预期肯定又增添了几分；然后你又调出周 K 线，一看股价又将受到 10 周线的重要支撑，于是你看涨的心理预期就跟着水涨船高了。

技术指标对心理预期具有反身性。除此之外，我还特别想强调：一定要戒掉技术指标里的机械主义。我认为学技术是件非常灵活的事情，既然技术指标是前人的发明，并为我所用，那么就不能学得太过死板。生搬硬套、不讲逻辑，终究是要被同样也擅长技术的主力打败的。只要你是灵活学技术，就不要局限于任何指标，同时也可以琢磨出来新的技术指标。

总之，打好技术基础是为了更好地学做投资的一种手段，而非最终目的。我们学通技术，目的是尽可能准确地了解市场、完善自己，从而让自己的投资实力长期与市场相匹敌。当然，这话说起来简单，做起来至少需要经历两轮牛熊周期的转换。

最后，为了避免在学习技术的过程中陷入死循环，还需要未来在实战中反复揣摩以下这段话：技术既然在本质上是概率，那么技术对价量时空的把握就不可能独立存在、保持静止。我们一定要将技术指标看成动态的，每时每刻都在变化中的，而不要给它框死在一张纸上，要赋予它空间感。时至今日，我认为最高级的技术是人技合一，用概率的方式解决概率问题。概率的方式就是策略方式。策略方式就是，相信技术，但是也不全信技术；相信自己，但也不全信自己。一切按照与概率相符的基本规律去做，长期来看肯定错不了。

技术指标永远滞后吗？不！

技术指标（如量比），显示的是最新一分钟的成交量变化，几乎等同于是实时变化，就不算是滞后的。其他一些指标就算具有一定的滞后性，也有办法进行弥补。如 MACD 指标的应用范围就非常广，很多人盯着 MACD 的黄白线，喜欢在金叉后买入、死叉后卖出。不过，MACD 的黄白线若刚走出金叉（日线），股价这时距离底部已经涨起来一段了。如果你是喜欢抄底的风格，不愿意承受这一段追涨的隐性损失，那么就切换成 30 分钟 K 线图，一般这时候黄白线的金叉是在底部附近的。只不过小级别金叉失败的概率比较高，还需要参考多一些的技术手段，以减少犯错的概率才好。

除了切换 K 线周期，多种技术指标搭配使用，包括结合自己画压力线和支撑线等技术手段，也是可以将技术指标的滞后性消除，甚至是做好提前预警的。比如，布林线的上中下三条轨道就有提前预示股价高低点的功能，只是单用布林线，成功的概率不高。若是将布林线与各大均线，还有自己所画的趋势线等，同时放在一张 K 线图上——总之，可尽己所能地参考一切你所擅长的指标和 K 线周期，往往在重要交点或重合位置处，就会提前预报你的买卖参考位置。

我相信技术分析的方法没有止境。上述举例，只是为了反驳一些人对技术指标的片面理解和评论。望能抛砖引玉，以助大家在未来探索出更多简明实用的好方法。

我眼中的"走势终完美"

我经常说"走势终完美"，但并不代表我是缠论的拥趸。实际上，对于"缠论 108 课"我也只是从头到尾读过一遍。缠论的理论基础很扎实，这是其优点，就算不学缠论，了解一下股票走势的基础知识，也不是什么坏事。缠论并非是没有缺陷的，诚如"缠中说禅"所说，股指期货时代的到来，会对缠论造成冲击。

我认为，缠论最大的软肋是完全摒弃了股票的基本面，只专注于解构不同周期的 K 线图，对于投资组合和仓位控制等方面的规划均是一片空白。这样一来，投资人一边拿着基本面恶化的股票，一边天天琢磨其走势类型，又有什么意义呢？因此，我一般是不利用缠论来画线炒股票的。我只是通过缠论更深入地了解了 K 线结构。

在我眼中，K 线图就是一只股票的生长路线图。透过此图，你不仅可以看到该股票的过去和现在，还能通过"望、闻、问、切"K 线图及其背后的上市公司，预测出该股票可见的未来。"走势终完美"，说的就是关乎未来的完美，是一种股票价格终将曲折地体现出股票价值的完美。

在解析这种完美之前，有必要解读一下"缠中说禅"所谓的"走势终完美"。同样一句话，其实说的完全不是一回事儿。"缠中说禅"的意思是，走势只存在三种类别：下跌、盘整和上涨。而股票次级别的走势一定包含了这三种走势：股价涨多了就要跌，跌多了就会涨……如此反复，重叠部分就构成了同级别走势的中枢。在中枢之内，若知道了前两笔同级别走势，则第三笔走势终将完美；而在中枢之外，走势由次级别扩展至更高级别，那这样的走势也是完美的。

"缠中说禅"的走势终完美，做大致了解就好。毕竟到了现阶段，还拿一分钟或五分钟 K 线图炒股的人，已经不多了。在新时代炒股就要对这句话进行新的解读。我之所以经常会将"走势终完美"挂在嘴边，除了提醒大家股价终将价值回归以外，最想表达的深刻领悟是：只有包含了不完美的走势，才属于真正的完美。

"走势完美"，首先是要完整，其次才是美，是要好看。一种能算得上好看的走势，一定是来源于个人骨子里的认同感。这种走势你自认为看懂了，符合平常的所学和预判，走势就已经到了刻不容缓的时刻。问题是，人们能"踩中"股价起爆点的次数，一年才能有几回呢？就拿看涨来说，前期所有的震荡缩量洗盘都全程跟踪下来，你认为股价随时会"起飞"，已经压不住了。结果一介入就溃不成军，遇上了最凶狠的洗盘……

我本人就是在经历了多次挫折之后，才蓦然发现，太完美的走势本身就是一种不完美。股市本就是个充满人性博弈的凶险之地，你来我往、刀光剑影，大概率是不会出现完美的判断，更不会出现完美走势。真正的完美是大美，个人试图看到的小美是没有实际意义的，因为个人代表不了全部股民，也代表不了你无形的对手。

综上所述，在遇上"十分不完美"走势的时候，我们一边要确认这是常态走势，一边要多多切换角度考虑问题，包括从完美的走势角度进行复盘对比，也许能就此找到更多现实依据；而当遇上"十分完美"走势的时候，我们一定要学会逆向思考，多留一手准备，才会多一分胜算。总之，不存在完美的人性和对手，只存在完整的博弈过程和结果。两者合二为一，即包含了不完美的完美，也就成了我眼中的"走势终完美"。

第三章　投资风险的核心命门

任何风险，都源自不确定性。凡是确定的，就不再是风险了，而很可能演变成机会。

股市中可能出现的一切风险，不仅在客观上要承受不确定的事实，而且在人的主观意识中，又要对不确定之事实作不确定之判断，这就造成了风险在实质上的双向拨动。言下之意，风险有客观风险和主观风险之分。客观风险是基于事实而存在的，但是我们无法准确感知其存在；主观风险只因我们的感知而存在，但它并不完全基于事实。因此无论是哪种风险，它都具有十足的隐蔽性，我们能感知到的风险，从来都不是全部的真相。

这就有意思了：准确的风险你感知不到，你能感知到的风险却不够准确，那我们该参照哪一种风险来进行投资活动呢？很显然，绝大多数投资人选择的是后者，即按照主观风险进行投资。由于是自发地按照各自的本心进行操作，所以符合人性特征，更容易被自己接受。可据此操作真的能规避风险吗？如果能的话，规避的又是何种风险？

该问题一经推敲，便敲痛了散户普遍亏钱的软肋。正如前文所述，我们学做股票投资，就是一个认知自己、认知市场的过程。这其中当然也包括认知风险的水平，投资结果即是个人综合认知的体现。当我们按照自己所认知的风险来进行投资操作，人之本性决定了必是追求趋利避害的结果。

矛盾在此刻露出了马脚。因为如果是你认知到的客观风险，那就不是真正的风险，你一般都能用自己的方式提前将其规避掉；而如果是你认知不到的客观风险，那无论你怎么努力，都规避不掉该风险。正如爱因斯坦所说，你用提出问题的思维，解决不了问题本身。同理，你用自己认知风险的思维，无法规避掉你认知以外的风险。

这句话同样可用来解释，为何你明知道市场是"逆人性"的，你只要做到就能赚钱，但是你依然在大多数时候做不到"逆人性"。这是因为人性于你而言，就是你自己的思维和认知，真正的风险之于"逆人性"，其实就是你认知以外的风险。如果你只意识到这种做法可赚钱，但意识不到为什么会赚钱，那么你的方法一定是抽象的，就很难用具体的思维和因由说服自己，该做法便很难被你长期贯彻下去。也许偶尔做到了，要么只是"小试牛刀"，要么早早收场，反复折腾几次之后，盈亏难分胜负，你对于这种"对冲自己"方法的热情自然就冷却了。

至此，可以得出定论：不管是客观风险，还是主观风险，于你的投资活动而言，都不一定是真正的风险，你真正将面临的风险只有一个，就是你认知不到的客观风险因素。此定论，亦达成了主观风险和客观风险上的有效统一。

因为我们认知不到的客观风险一定存在，所以不仅再次力证了，用技术手段频繁"抄底"和"逃顶"是不可能长期获得成功的，而且这也深刻揭示出了，我们所处的投资环境一定是具有风险性的，只想顺势而为，远离逆势，是绝不可能实现的。

既然投资风险不可能被完全消除，那我们必须要做的只能是在主动对风险"投怀送抱"的同时，不断去解析投资中的各项确定性因素，以尽最大可能消除认知外的风险所带来的不确定性干扰。

风险从某种程度上来说，就像抑郁症患者。据说得了抑郁症被治愈的人，从来都不是将抑郁从内心清除出去，而是学会了如何面对自己的抑郁。同样的道理，我们永远都无法将持仓下跌和空仓面对上涨这两种状态排除在参与市场炒作之外。毕竟，预判跟股票市场完全一致的人根本就不存在。所以说，我们必须要学会面对这两种持仓状态，以进一步改善自我的投资强韧属性。

当弄明白了投资风险的真相，你应该能很好地理解"风险和收益永远成正比"这一说法,实则存在惊人的漏洞,因而误导着绝大多数投资人。要搞清楚股票投资的风险,首先要清楚股票为什么存在客观风险,然后再聚焦于人的投资心理和行为在与客观风险频生分歧之后,所形成的个人认知以外的风险到底该如何面对?

人性意识决定了人在面临客观风险的时候,是一定会朝着主观认知的方向趋利避害的。然而,采取这种方式很难拿捏住真正的风险因素,这就需要我们将认知以外的风险具象化。客观风险虽不能实时显现,但一定会出现,只是具有一定的滞后性;主观认知风险无影无踪,飘忽不定,但可以通过个人的预测表述出来。这两者之间的事实偏差,便是被具象化的认知以外的风险。

事实偏差反映在应对风险的问题上,就大致演化成了应对预测偏差。预测偏差只能应对,不能消除。但是,认知预测偏差,提前做好预测偏差的应对措施,这是既符合人性需求,又符合市场规律的做法。

在本章,我们通过探究市场核心风险,从而摸清投资人普遍存在的"死穴",再通过股市中客观存在的"宏观世界"和"微观世界",以图双管齐下,一举刺破并掌控住投资风险的核心命门!

投资股票为什么有风险

股票是股份公司为筹集资金而发行给各个股东作为持股凭证,并借以取得股息和红利的一种有价证券。股票是资本市场的长期信用工具,可转让也可买卖,股东凭借它可以分享公司的利润,但也要承担公司运作错误所带来的风险。股票作为有价证券,与由股票背后所代表的上市公司是密切相关的。上市公司作为经营主体,既然存在不可消除的经营风险,那就意味着由上市公司背书的股票同样需要承担经营风险。这是股票存在的客观风险之一。

股票作为有价证券由上市公司背书,这是股票的市场价值普遍高于内在价值的前提。股票因此出现了溢价部分，但溢价具体该是多少，没有定论。对此人们都有各自的理解，也有各自的一套算法。只是在不同人的算法中，股票的估值价格可能相差了十万八千里。甚至有的股票连净资产的价格都涨不回来，有的股票却能在几个月内翻上好几倍。总归一句话，不管股票的溢价如何计算，凡是股票溢价（偶有折价）的部分，都是对市场人性的临时测试的结果汇总，也就是市场人性在某段时间内所经历的充分释放。

人性善变，测试结果在大部分时间是不够真实的，也只是临时有效。这又是股票因其特性而存在的另一大客观风险，同时也是股票总是大起大落的根源。

风险和收益是否永远成正比

俗话说："富贵险中求。"人们往往容易忽视潜在的风险，而更在乎能弄到手的钱财。赚钱，正是股票市场中最通用的语言。然而，鲜有人知道"富贵险中求"之后，古人还说道："也在险中丢，求时十之一，丢时十之九。"古人借机告知我们，风险和收益不是在任何情况下，都是成正比的。

迷信"风险和收益永远成正比"的人，在投资中常常会出现混乱。因为你能获得的收益一般是绝对收益，你面临的所有风险却不一定是绝对风险。客观存在的风险就是个概率问题，能清楚算出概率，这就是绝对风险。绝对风险和绝对收益之间计算发生概率，只要条件是对等的，概率肯定成正比，得出的结论一般不会有分歧。问题则在于，主观风险很大程度上是个人臆断出来的，属于认知风险的范畴。如果将个人认知风险与收益看成永远成正比的话，那就大错特错了。

比如有一只股票，一种情况是，你对它没有任何了解，今日尾盘就杀了进去。你的想法也很简单，反正没做研究，就权当投机一把。后市若涨五个点就撤，跌五个点也认。那此时对你来说，风险和收益的确是成正比的（1∶1）。另一种情况则是，你买了同一只股票，在涨跌幅还没有达到你的操作标准之前，你好好研究了一下，得出的结论是非常看好。于是，你依然设置五个点的止损线。但是涨起来的话，就打算去博更高的收益。此时，虽然跟之前是同样的持仓和成本，但是对于你来说，风险和收益的天平，你会认为收益已倾斜于你了。

在主观风险面前，一旦该风险发生，其风险系数就是1。在特定时间内，只要该风险不发生，其风险系数便成了0。无论是1还是0，风险和收益都无法进行衡量对比，并且主观风险具有多变性，所以主观风险和绝对收益之间在短期内关联度很低。若是放眼于长期，主观风险将与收益之间产生非常紧密的联系。因为主观风险就是个人认知风险，在认知和收益之间，世人皆知是认知决定了收益。即认知风险水平和投资收益水平在总体上是成正比的。由此再看"富贵险中求"的"险"，正是由于认知不到位所带来的巨大风险，才导致了风险与收益之间的失衡。

总的来说，对风险的认知，作为投资认知中最重要的一环，也将对收益产生决定性的影响。只是风险认知之于整个投资认知体系，往往最容易被人忽略。

投资人的"死穴"

如被问及，普通投资者有没有"死穴"？半开玩笑地说，我的答案一定是——亏钱！

若是很严肃地回答，亏钱的"死穴"又是在哪儿？恐怕一时之间，还真有些说不清楚。于是，我只能笼统地答道，"死穴"还得在自己身上找。

认知短板

一般投资人其实都很难找到并解决自身的问题，不然早就脱离"散户"这一超级大群体了。既然解决不了问题，他们转而抱怨的内容，不外乎股票一买就跌，一卖就涨，总是遇不到大牛股。实际上，倒也不乏买到大牛股的散户，不过最终也逃脱不掉亏钱的结局。那么问题来了，无论买不买得到牛股，散户炒股总是经不起行情的折腾，这又说明了什么？

在我看来，这至少点明了三条：第一，问题的确是出在投资人自己身上；第二，问题皆出在彼此共同的地方；第三，问题从来都不漂移，被固定在了那里。

亏钱，既然是散户的通病，难道是命中注定的吗？

想来也不是。每个人认知股市和股票的程度才决定其炒股的命运。那么，命中注定就应改作认知注定才对。然而散户的认知，不可能是注定好了的。认知的缺失，甚至说是缺陷，皆是人生而有之的事实。股票投资这一行业，成功率之所以比一般行业低太多，就是因为我们完全能感受到大众投资人的言行普遍不成熟。对市场的敬畏之心全无，僭越之心却分分钟爆棚。这一方面说明了行业鱼龙混杂，另一方面也是由于短期业绩的随机性远大于其他行业，而人们又普遍短视，才造成了如此现状。

一个成年人炒股票，若认知尚处在孩童阶段，那就算你运气爆棚，大牛股信手拈来，相信最后的结局也注定是好不了的。你的认知"死穴"，将时间培养成了你炒股道路上的最强天敌。因为你在最该成长的时候，提前碰上了自己的认知天花板。对于股市和股票的认知，我们对其探索的过程就像是在走迷宫，一定会有碰壁的时候，但如果始终处在碰壁的状态，在该往外拓一步的时候无法再往前迈出任何一小步，这就等同于在关键认知上碰触了天花板，以致认知过早形成了闭环。而认知闭环的问题，不只是普通投资者会普遍遇到，即使知名专家、基金经理也同样摆脱不掉认知闭环所带来的困局。

举一简例,一些业内人士从来就没有认真、系统地学习过技术分析,后来他们通过自己的方式也获得了一定程度的成功。在这期间,也许他们尝试过技术分析的一些方法,结果可能不甚理想,多次碰壁之后,他们就容易无功而返,并草率地得出技术毫无用处的结论。技术分析存在了这么多年,并被广泛运用于亿万群众、机构之中,说明还是有它存在的价值的。以此类推,这说明认知闭环与我们所有人的学习经历和实践息息相关。

比如,有很多基金经理都拥有光鲜亮丽的履历和背景,而且多是从行业研究员被提拔上来的。比之于专业研究能力,他们的实际操作经验可能会相对薄弱。然而,做投资需要的是综合多方面多因素的考量,对个人的综合素质要求非常高,"木桶效应"在此时是非常重要的。而行业研究能力只是做投资的其中一环。依据"木桶效应",它只是做投资取胜的必要非充分条件,木桶中最短的板才决定了投资能走多远,所以仅投研能力合格,并不代表能掌控全局。

投资里的宏观世界和微观世界

投资涉及的面之广阔,超乎想象。国内外经济金融之关联,国内外经济、政策与行业的关系,行业内企业之间的关系,企业实体与背后股票涨跌之间的关系,股票与各指数之间的涨跌关系,我们的股市与外围股市、世界经济之间的关联……如此来看,一名专业的投研人员要想成为能掌握投资全局的投资经理,委实不易。

然而,这些都还是属于"投资里的宏观世界"。投资的另一分支属于风险管理的范畴,由于涉及的内容非常精细,需要将所有可能影响股价波动的要素都化为实操层面上的技术,故而我将其打包起来,统称为"投资里的微观世界"。这又为投资开辟了一块新天地。我认为,投资的微观世界之重要性,完全比肩于投资的宏观世界。但是投资的微观世界具有高度的隐蔽性,几乎被绝大多数投资人给忽略掉了。这其中也包括代表各大金融机构的职业投资者。

市场最神奇的地方在于，就算你完全忽略了投资的整个微观世界，但只要时机得当，你就有机会在某段时间内大获成功。当世人目睹了这等成功，他们便会将成功者奉若神明，以为这些成功者便是能掌控投资全局的人。然而实情却是，这些成功者可能都从未留意过股市的微观世界，追随者们就更不可能去模仿学习了。

而一般投资人的"死穴"，正是在于相信了那些"幸存者"的言论，并且在他们的影响下，普通投资者的认知过早形成了闭环。他们与那些"成功"的幸存者一样，自始至终无视微观世界的存在，仅在投资的宏观世界里高谈阔论，拼命地迎合、模仿。

我们切换一个视角，再说回第一章关于投资的本质问题，即一般投资人完全无视投资的第一主体——自己。失去了"自我"的投资，必谈不上如何构建强韧的投资体系，不研究投资策略等问题，而仅朝着寻找大牛股的方向努力。这么一来，就忽略了关于投资的2/3以上（投资三要素至少忽略了两个）的内容，试问又怎能做得好投资呢？

在长期的投资实践中，如果我们忽略了对投资之道的总结应用，那么学太多的金融知识，研究眼花缭乱的投资资讯，反而对学走投资正道有极大的副作用。因为你的投资还处在系统性紊乱的阶段，尚未归纳出一套成熟的投资体系，所以你很难分辨和捕捉到对你有用的，甚至是有助于构成你的投资体系的重要知识点。反之，有太多无效的或是并不那么重要的信息始终阻碍着你的进步。

大多数人炒股票，根本意识不到自己进步的方向在哪里。其实自动远离投资"死穴"的最好方法，就是努力让自己的投资贴近自然规律和社会规律（主要指人性规律）。在此特别强调一下，投资普遍被认为只是一门社会学科，而与自然学科和数理学科无关。但就我个人而言，对投资钻研得越深入，会发现投资与自然学科和数理学科的关联性反而越大，尤其是涉及长期复利这一块儿，关联度就完全规避不掉自然与科学，特别是对数理运算法则的时刻掌控。

当然，对社会规律的掌控也是重中之重，因为人性无法量化，获取长期复利却不仅要多方量化数据，而且要防微杜渐，以绝将错误演化成"灭顶之灾"的后患——若将时间周期拉到无限长，这些都是要数据和策略做长期支撑的。要想将人性和复利往一块儿凑，就必须在它们俩之间架起一座颠扑不破的真理桥梁。这座桥梁必须是客观稳固、不以任何人的意志为转移的。经长期实践，我发现唯有不以人意志为转移的自然规律，才天然走向了人性的投资"死穴"的对立面。

事实上，股民在股市中的生存环境，比从事农业面临的自然环境还要恶劣得多，因为除了天灾，还有无数人祸要应对。虽有可预见的部分，但是超出人力预测能力之外的部分，比可预测的部分要大得多。特别是在应对极端行情方面，我与《黑天鹅》的作者纳西姆·尼古拉斯·塔勒布（Nassim Nicholas Taleb）的观点相近：极端现象的发生，是不可能准确预测的。在塔勒布看来，在发生了极端现象之后的一系列事后解读，更像是"心理学分析练习"。

股市其实是一个完整的投资生态，如果对这种隐性的恶劣生态不了解，就很容易将股票炒成现实生活的翻版——我们懂得了很多道理，却依然过不好这一生。同理，虽然我们跟着投资专家学习了很多投资法则，但也还是很难做好股票投资。很多人总是阶段性赚钱，这实则是行情带来的，并非是个人投资能力的体现。盈亏终将同源，因此很多人在赚钱的时候尽管没少赚，亏钱的时候回撤也很大。如果你想不断提升自己投资的收益风险比，那就一定要加强对股票投资本质和投资规律的研究。

▰ 研究亏钱，才是赚钱的门道

我们发现一些投资讲座的重点不是放在讲经济，就是放在对价值投资和对价投股票的追求上。实质上，就是在教人们怎样才能抓到长期跑赢指数的大牛股，做得像他们那样成功。然而，从来都不缺抓到大牛股的投资人,但是善终者极少。若你也是这般表现,则说明你在投资领域对自然规律的掌握和运用仍有不足,以致你在具体投资实践中尚未掌握任何一种可获长期投资成功的可循环模式。我认为成功的投资模式一定是有广泛的适用环境的,否则,自然和数理法则将难有用武之地。因为投资规律也是从广泛的实践活动中被发掘出来的,然后再用到广泛的投资实践中去,最终才能达到可循环的投资应用效果。

从概率论的角度来探讨,自然和数理法则的应用环境越宽泛,其准确率就越高。因此,钻牛角尖或寻求特殊投资技巧的做法也许一时有效,若长期折腾下去,终将被证明是无效的。我们只适合做一名投资觉悟者,努力寻求"投资大道"。与此同时,种下复利的种子,随即开启个人专属的盈利新周期。

把投资往简单了做

悟者由心生律,前提是要先修好做投资的那颗本心,在自我还没强大到由心生律之前,至少也要能做到以律制性。只是"投资大道"很抽象,不太好严格遵循,我们仅有的做法是丰富"投资大道"的应用场景,通过给自己立规矩的方式,让投资规律显化、具体,可遵循。该做法的缺点是,从规律到规矩,从抽象到具体,应用场景是越来越窄的。你设置的条条框框越多,胜率会越低。而胜败的关键,往往在于你对度的把握。

从规律到规矩,以让渡部分胜率为代价,目的就是让投资规律乃至投资大道有血有肉,以便于给出具体的操作指引,而又以追求到好的可循环的应用模式和效果为佳。论学做投资至此,就好比小学生学数学,先要学会加减乘除,然后再通过反复做应用题,检验学习成果。当学生再长大些之后,还是得先学习各种数理化公式,然后再做应用题测验——学投资亦是同样之法,只不过股市更为复杂,而且掺杂了太多人性和不定的风险因素,所以股票投资是最难学成功的。

作为经历过这一学习阶段的过来人,阐述至此,我脑子里闪现出的第一个想法就是,越是复杂的应用题,能直接运用所学公式得出答案的机会就越小。于是,我们不得不对所学公式进行拆解、组合或深化,才能满足解出难题的需求。有鉴于此,便给我们的投资之路指明了方向,做投资就是一个不断拆解复杂问题,然后解决一连串简单问题的过程。我们不要把问题越搞越复杂,更不要让问题特殊化。

各行各业皆是如此。比如,当看职业选手打斯诺克,看每一颗母球的走位,我便能深刻地意识到,职业选手真正下功夫的地方,并不在解决难打的球上,而是通过母球走位,将难题逐一化解掉,同时一再重复着自己最有把握打进的距离和角度。做投资也应是这样,就只做自己能力边际以内最擅长的事。只要能永远抵挡住诱惑,有条不紊地重复做好那些认知以内的简单事,那么你就是大师。

针对企业,美国投资家查理·芒格曾说过一句名言:"一个素质良好的企业和一个苟延残喘的企业之间的区别就在于,好企业一个接一个轻松地作出决定,而糟糕的企业则不断地需要作出痛苦的抉择。"我认为,这个道理用在投资人身上,也是十分贴切的——一个素质良好的投资人和一个苟延残喘的投资人之间的区别就在于,好投资人轻松地作出一个接一个的决定,而糟糕的投资人则不断地需要作出痛苦的抉择。

当然,你若认为我说得轻巧,一定会反驳说,投资环境根本没有我讲的那么简单,并用自己的亲身经历告诫我,一定会有无数个坑等着我。这我是相信的。问题在于,很多人一遇到逆境就内困于心,拔不出来。而实际上,几乎所有横亘在人们心中的大事件,与我们做好认知以内简单的事并不直接相关。

大家之所以表现出焦躁情绪,甚至频出昏头操作,只是因为这类事件一旦发生,我们皆无从回避。任谁都会在投资生涯中遭受狂风暴雨,我们超强韧的投资表现,必是在无数逆境中经反复打磨的。当我们面对内外忧患,一切应以自己所遵循的投资规律来作为操作准绳。

只要把握妥操作准绳,别人眼中的忧患却可能成为你眼中的重大机遇。因而,若真遇上这般艰难困苦,你绝不是第一时间想着如何躲,而很可能是迎难而上,心中早已升腾起了斗志的火焰。

赚钱的窍门

祸福相依,盈亏同源,这就是投资的两面性。可回想一下,在炒股的日子里,是不是所有的专家都在向诸位"兜售"赚钱的方法,却鲜有人带你去了解做投资亏钱的另一面。

正所谓"知己知彼,百战不殆"。在投资领域,做不好亏钱就是其中一个"彼"。所以需要动脑筋,专门研究钱是如何被亏掉的,目的正是避免未来再以相同或类似的方式亏钱。先从研究亏钱开始,不断封堵自己的投资理念和操作系统里的"BUG",就是我给予各位的完善方向,亦是对所有人都能有效的唯一的方向。

投资这行很特殊,是少有的防御型行业,与进攻型行业刚好相反。投资不像打比赛,你必须得分才能赢。做投资是你赢再多,都必须长期守住胜利果实,否则"一着不慎、满盘皆输"。就连巴菲特都一再强调,做股票的第一条原则是保住本金,第二条原则是记住第一条。只要你永远能保住本金,那赚钱就是迟早的事。遗憾的是,巴菲特没有告诉你保住本金的方法,于是几乎所有人都认定,这是一句绝对正确的废话。

绝对正确,是因为巴菲特讲述的是"投资大道"。"大道"即顶级规律,所以才百分之百正确。我在此前已经讲了那么多次规律,其实都很抽象。但从这四个字开始,只要我们给它添上一些应用场景,这四字就有了前述的"体",也便有"用"的切入点了。只是在深刻理解这四个字之前,我们需要先深入了解:股票市场的核心风险到底是什么?

第三章　投资风险的核心命门

■ 股票投资的核心风险

市场的核心风险是什么？说法有很多种。我想，既然能列出那么多关乎市场的核心风险，至少说明了这些风险都还不够核心，不然答案应该高度统一才对。而且这么多依据和结论，真正能融入"投资大道"的很少，普遍处在"管中窥豹"的阶段。于是，我以风险自身的特性作为切入口，开始寻找那么多不够核心的风险的共性之处。然后有所摒弃，有所总结，最终归纳百遍，风险自现。我自认为得出了"放之四海而皆准"的答案。

尽管这个答案无法让所有人都信服，但是所有的推导过程都是围绕着核心风险来进行具体阐释的，最后的结论亦成为即将开启宏大论述的风险管理的对象。我本人固然相信做投资能走出很多路，至少我指出的这条路是在经历了理论和实战的双重考验后而留存下来的。因此，如果你迫不及待想发表意见的话，我建议你先看完本章的所有内容。

核心风险在自身

继续展开我的叙述：科学地做交易决策，一定是围绕着风险收益比来进行的。预期中的风险和收益是决策者综合感知的体现。既是预期，说明是未发生的事情，涨和跌都将以不同的概率出现。所以对于做决策时的每一个当下的你而言，我认为那些可预见的风险，都不是真正的风险。

因为如果你预测正确，你就能用你发现风险的认知而将其一一化解掉；如果你预测错误，则说明风险来自你的认知以外，不能用个人认知将其化解。正是这类无法凭认知化解掉的风险，才是导致绝大部分人亏钱的罪魁祸首。简单来说，每个人的预测都具有十足的局限性和片面性，所以很容易将认知以外的事物都囊括其中。这就导致了预测与事实之间的偏差可能会很大，然而大众认知有限，喜欢将预测当成既定事实来作为全部的操作依据，散户的钱就是这么亏出来的。

事实上，所有外在风险因素，都不是做股票的核心风险，除非外在因素大到影响了股市的片刻存亡。否则，本人此前一直强调说股票风险是唯心的，将一脉相承地佐证今天的这一重要观点。

为有辅证，不妨先做个小实验：首先，请扪心自问，如果局限在你当时关注和思考的范围内，允许你改变一年之内的五笔交易记录，你的盈利情况会大大地改善吗？哪怕是以行情最惨淡的2018年作为实验标准，特别是针对当年大幅亏损的朋友，你再问问他们，只改变五笔交易，能实现扭亏为盈吗？

我自己是做过这个实验的，也问过不少朋友。得到的答案，一律是"暴赚乃至翻番"，还亏钱的几乎没有。因此说明，外在风险因素哪怕以放大的形式作用在了股市上，大多数股民仍是有机会赚到大钱的。股民在现实中难以赚到钱的原因，其实还是内因改变了自身的赚钱趋向。

再换个角度来看待内在风险，或许将一目了然。所有人都知道，炒股赚钱长期符合"二八定律"。但由于外在因素作用于股市，对于每个投资者来说，股市的外在风险基本一致，所以内在风险只可能是来自不同投资个体，不同的内在因素才能起到决定性的作用。

既然最核心的风险因素在人，那这个因素到底是什么？

如果说是个人认知水平或知行合一的程度，这就显得太宽泛了。我们知和行的最终目的，就是在寻求不断地突破，突破市场不确定的重围，而锁定住确定性的利润。然而，不断细化自我的想法和做法，这是个系统性工程，而且过突破自我这一关很难。因为细碎且不断发生的事常常会否定我们的观点，或与我们的预测相悖。而自己却无法代表市场，不可能永远正确，所以我们时常要委屈自己的想法，不得不朝着另一个具有确定性的偏离了自己想法的路径去走，以维持既定目标实现的概率性和反脆弱。做到这点，真的要付出非常人般的努力。

这段话此刻不理解也没关系,后面还会有更为具体的论述。现在我们可以认知到的是,核心风险必然在我们自身,也就是每个人认知以外的风险。相信论证它不难:如果是你提前能认知到的外在风险,一般能够通过自己的认知思维,而将风险规避或化解掉。只有你认知不到的外在风险,才无论如何都躲避不掉。也就是说,你用自己认知风险的思维,无法规避掉认知以外的风险。反证即是,如果你连这样的风险都能规避掉,那该风险就自然成了你认知以内的风险,那么你的认知将不再有局限,整个股市的风险你都可以避开,这是不可能实现的。

走向不确定的对立面

克服个人认知盲区,免不了动辄与自己的思想意识作对,因此在个人的行为与认知之间,就需要一个"放之四海而皆准"的媒介,来充当个人的行为准则,在约束个人行为的同时,提升个人认知。由于是需要固定的媒介,不能随意更换,媒介自身的性状也是绝对稳定的——限于此,有且仅有确定性极强的投资规律来充当这一媒介。

在投资领域,人性的部分归于社会规律,一般用作定性分析;而数理法则、科学定理等则归于自然规律,可用来补充做定量分析。只要将人性按照社会规律的部分进行归纳演绎,再利用专业知识、技能将定性分析和定量分析合二为一,统筹兼顾,投资事业就能长期发展下去。

定性分析和定量分析,在大的投资方向上都追求确定性原则。也就是说,追求确定性已成了规避风险的核心因素。于是,投资中最大的风险便演变成了对确定性的核心因素的破坏。那么,到底该如何来诠释确定性的核心因素呢?在股市中,不确定的因素比比皆是。

应该说,任何人遇到的任何情况,都有必要针对哪些是确定的因素,哪些是不确定的因素,以及该因素重要与否来做具体讨论。这里为理解方便，我只好运用列举法，举出最具普适性的例子，以便推出正解。否则，就如同解 N 元一次方程一般，因为未知数是无限的，所以无论如何都解不出答案。

确定性因素的例子很好举，但要触及投资核心不容易。长期的投资实践证明，低廉的持仓成本就是所有人都想要的最核心的确定性因素。这个确定性都懂，只要你持仓成本接近于零，甚至是达到了零以下，该持仓股票对于你而言，真的就没什么风险了。但是将低持仓成本纳入到核心确定性因素，并善于运用它来做投资策略的人，实在是少得可怜。当然，持仓成本近乎于零，这是比较极端的情况。

在波动中产生的一切风险，均来自不确定性因素的团战与演绎。既然不确定因素的本质就是我们不可能提前确定，那么为了尽可能地化解或抵御风险，我们必须要走向不确定的对立面。简而言之，我们的所有操作，都要围绕核心确定性为准则才有意义。这一确定性准则，必含有客观事实的成分（属于自然规律的范畴，以便于定量分析），而且客观成分越高越好，因为越客观，就意味着越确定。越确定，投资成功的概率才会越高，才更有机会实现长期投资复利。正是因为多数股民缺乏投资定式，这才显得做股票有自己的一套操作系统是多么弥足珍贵。其实一套成熟的操作系统，本身就是由很多被确定下来的成功经验有机组合而成的。由此可见，打磨一套成熟的股票操作系统，离不开对确定性因素的追逐。

然而，很多人偏要说在股市中根本就没什么是确定的。这话说得明显有漏洞，绝对确定的因素，我随口就能讲。比如，"低买高卖"这四个字就是确定的，尽管我们预测不出绝对的高低点。

将此意做个延伸，很多人做"高抛低吸"容易亏钱，就是因为完全凭感觉，没有一根客观的操作准绳可调用，做定性分析自己偏定不下性来，定量分析又是缺失的，以致屡屡挫败。

这根准绳就是你要紧抓的核心确定性。有时，这根准绳就是几个生硬的数字，很好把握大小和高低；有时，这根准绳就成了图表、画线,甚至是盘面之外的一段话(总结出来的逻辑判断),还有更复杂的时候,这根准绳乃上述多种情况拧成的一股绳,需要你做综合判断。

比如有的投资人,对于政策带来的行业利好非常确定,可持股就是不涨,甚至于在股价拉升前夕,面对主力连续挖坑,却选择慌不择路"割了肉"。此种情形,相信所有人都遇到过。试想一下,如果你确定对其基本面的判断是认可的,对其消息面的判断是准确的,那么面对股价下跌出现亏损,而整体账户仓位不高,该个股持仓也不算高,你是该慌张"割肉",还是从容加仓呢?

如果你敢于分批加仓,那么接下来确定的是什么?每加一次仓,总持仓成本就会降低,这是确定的。而且面对每一次加仓后的成本为不同基准,均可做出不同的加减仓方案。比如每跌0.5元,就加一定的仓。当你感受到了资金的压力时,也可以增添卖出操作,只要最后卖出的这一笔有差价可赚,这种操作对你就一定有利。因为相对于补仓的倒数第二笔时的总成本,现在的持仓股数相同,持仓成本肯定是下降了,这也是确定的,并且,方法可以此类推倒数第三笔、第四笔……

如此一番操作,后续更确定的是,若股价就此涨上去,亏损额不断减少,自然就减轻了持仓心理压力;若股价再次下跌,则可以再度加仓,降低总成本。总之,每一笔操作都有准绳可依。总持仓情况是大准绳,每一笔操作的股数和股价是小准绳。在资金充裕时加仓,加仓围绕大准绳操作;在资金不足时减仓,减仓围绕小准绳操作——这样既保证了低买高卖的确定性,又极大地提高了资金使用效率,直至扭亏为赢。

上述举例,讲述的只是基础性方法,很多更复杂更有利于趋利避害的方法,都是在此基础上衍生出来的。当然前提是继续以确定性因素为准绳,进一步发挥投资规律的效用。而核心的确定性因素有两类:一类以客观事实为依托,如持仓成本的下降;另一类向社会规律靠拢，主要是由人唯心判断出来的大概率事件。

这两类核心确定性因素并驾齐驱，缺一不可。前者容易被投资人忽视，后者容易被投资人排斥，或压根抓不住要点。我想重点说说后者。很多人非常排斥预测，可想而知，要在主观思维中再发挥、抓痛点，是多么令人难以接受啊！然而，不接受是一回事，接受但抓不住痛点却又是另一回事。

不接受肯定是不对的，如第一章所述，投资的本质首先离不开投资的本体，也就是离不开"我"的主观能动性。主观的确定性因素虽是基于个人的主观判断，但只要你认为它是处在核心的位置上，又坚信是大概率事件，我们就得接纳这样的核心确定性因素。毕竟影响股市的主观因素千千万，能在其中找到最核心的确定性，对于防御个人认知以外的风险，乃至提高个人认知都是大有裨益的。

而对于接受但抓不住主观核心确定性因素的人来说，最好是以两种投资规律和把握确定性原则为突破口，自上而下式地不断寻求思维上的拓展，连同方法上的及时跟进。当然，任何方法都不可能是一蹴而就的，更不可能是完备的，都需要你练就足够的耐心、敢于试错的勇气，同时还要你思维灵活、定力十足。

总的来说，其实就是大胆假设、反复求证，一边演绎归纳，一边寻求自我迭代的"探险之旅"。只不过，想开好头很难，为了让大家尽快步入正道，我的纠偏总结如下：

首先，我们需要确定的是，"所有鸡蛋不能放同一个篮子里"，否则有倾覆的危险，所以我们要建立投资组合。

其次，我们确定买股票是十之八九抄不到底的，能抄到的底也是靠运气，所以我们不能一次性将子弹打光，要随时留有现金，因为股市里的机会永远比钱多。

最后，我们确定买股票一定有亏有赚。有的股票，就算我们看它基本面没问题，是处于低估状态的，但它在实际走势中仍有下跌的可能。所以，我们既要有自己的止损准则，也要有自己的挽救举措……

挽救个股是常态。但是有些股经反思后，如发现买错了，这种股不用救，及时止损就可以了。不过须注意，止损概率要长期控制在一个比较低的水平，也是个人的内在确定性的体现。好在我们的操作系统是经过长期打磨的，那么大多数情况下的被套股都值得救。然而，挽救个股特别讲究技巧，救早了救急了，或用力过猛了，结果往往会适得其反。

给自己留下操作空间

以上均属于操作策略的范畴，这里不做重点讲。不过挽救个股倒是引申出了另一项确定性。这种确定性往小了说，是挽救个股的必备选项；往大了说，是规避不确定风险，以走向其对立面的必备武器。该确定性就是，一定要给自己留有操作空间——我认为，操作空间看似虚幻，且带有极强的主观色彩，却毫无疑问是被客观现象所主导的！

对于这句话的解读，"一千个人眼里有一千个哈姆雷特"，或许会出现"横看成岭侧成峰"的奇效，又跟此前讲述的很多道理是相通的。比如一定要留现金，不留现金如何做正T、如何拉低成本呢？所以，在任何时候保持现金流，就是留有操作空间的第一准则。然而，留操作空间的概念很大，大到连我本人都无法完全描述，只能通过举一些感悟深刻的例子来加以说明。

又比如说，在仓位近乎打满的情况下，技术上你依然看涨所有持仓股，又该如何操作？对此，我们尽量保持客观分析，因为客观上的这根准绳是不能丢的。我们不得不承认，人一定会犯概率上的错误。如果百分之百的上涨概率对应的是百分之百的仓位，那么你只是主观预测看涨，仓位理应有所下降才对。

因此，基于操作第一准则，尽管我们看涨持仓股，但在操作上不仅不能加仓，反倒有必要减仓。如此，才能在接下来的行情中，给自己留有足够的操作空间，我们才有条件将未来犯错的概率和程度降低。

　　上述举例同时也在告诫我们，相信自己技术和预测的前提是，一定要先过了严格遵守投资规律和操作准则这一关。我相信，只要朝着这个方向努力，你的投资方法早晚会被打上客观规律性的烙印。而悟透满是规律的道与术，带给你的则是长期投资的韧性必然大幅增强。

　　投资强韧性的具体表现之一，便是可巧妙利用市场的波动，而不是总浪费波动，或被市场波动无休止地打压。这种由被动化为主动的快感，只有当参透了市场的核心确定性，以及参悟了市场波动的本质之后，才能在实战中有所体悟，并拿下超额收益。

　　关于如何利用市场波动，此处再举一例，讲一下我本人的操作习惯。假如你重仓买一只股被套住了，终于快等来了回本时刻，你会如何操作呢？相信大部分人会有两种做法：一种是早就失望透顶，提前"割肉"走人；另一种是不回本一股不卖，但却往往是"累觉不爱"，一回本就赶紧跑掉了。

　　我个人的操作习惯是，要先看这股的买入逻辑，自我判定与之前是否有发生变化。如基本面有变化，在快回本前为防止股价直接掉头，我会找一个卖出基准点，然后"倒金字塔式"卖出，直至清仓。清仓后盈亏比例必然很小，可忽略不计。如基本面没有变化，我会在成本附近依然选择卖出一小部分——一般在成本下方，但是会卖得比较少，在成本上方则会加卖一些。

　　这样操作的妙处在于，给下一个交易日留有操作空间。因此，我特别喜欢在收盘前一刻搞定持仓调整，要卖就卖在收盘价附近。比如我有一万股某股票，成本10元，股价已经在收盘前冲上了9.98元（或是盘中临时冲上了10元）。要是换作其他人，一般会等到下一个交易日再卖，总希望股价再涨涨。而我会选择在收盘前卖掉一千股到两千股。具体卖多少，需结合当下的盘面技术和卖出价格（价格越高，可考虑卖的股数就越多）而定。这样一来，我就主动为下一交易日的操作腾出了空间。

如果一股不卖，第二天又低开低走的话，你肯定是动弹不得的，也就不存在操作空间了。复盘来看，如果我们能在成本上下卖掉一部分，第二天若直接开涨，这是"老天爷赏饭"，一涨就赚钱。如需卖可再卖一部分，同时又做低了成本。既然已经赚钱，且成本下降了，现金也多了，操作空间随即打开，赚多赚少都不用愁。第二天如果下跌的话，便可进行仓位回补。至于跌到多少开始补，补多少，这是个人策略问题，但不管如何操作，成本必定下降，而操作空间也始终是被打开的。

对比这两种做法，你们该有所领悟了吧？想在股市中当"常胜将军"，就必须时时刻刻给自己留有一些操作空间，以应对预测和经验上的错误。这样一如既往地操作，你在市场波动面前，就能化被动为主动，进而利用市场的无序波动为自己增添超额收益。同时，预测的归预测，实际的归实际，即便与预测相反的走势频频出现，也真没什么好担忧的。

我们选择做股票投资，一定要远离"赌"的成分，才会走得长远。但凡涉及"赌"，皆避不开人性的贪婪和恐惧。所以一"赌"起来，被人的天然劣根性所支配起来的操作思想，必因追涨杀跌而忽略了对核心要素的确定性追求。无论是认知不到"赌"的危害，还是认知不到自己其实就是在"赌"，这都是投资股票最大的悲哀，也是最大的投资风险所在。讲至此，则完美诠释了人之内因，才是投资股票的最大风险！

平衡持仓成本

而在内因和外因之间，有个平衡点须重点注意，那便是持仓成本。你的持仓成本是客观既定事实。但同时，它又是你内因作用下的产物。而且随着你的操作，你的持仓成本会跟着变动。无论怎样，决定你持股盈亏的根源，正是在于持仓成本的高低。甚至连操作空间的大小，从某种程度上来说，也完全取决于你的持仓成本。最极端的情况我之前也讲到过，如果你的持仓成本趋近于零，对你来说真就没啥风险了。

然而，"传统价投派"邱国鹭在《投资中最简单的事》一书中，明确反对被成本牵着鼻子走的做法。对此，我认为面对持仓成本我们应有的态度是，既要在战略上藐视它，又要在战术上重视它。如果我们过于看重成本，成本就会干扰到我们的正常研究和判断，但如果我们丝毫不在意成本、亏损和止盈，那么，对于投资人的利益来讲，也是不现实的。

我认为，把股票投资当成一门生意来做，才容易成功。做生意最在乎的，无非就是产品的成本、销量和利润率，以及产品的未来。当我们把产品换成股票，也是同样的——正是因为这两个问题一样，所以做股票和做生意才具有了可比性。

抓住核心风险，做好风险管理

在对投资成本的重要性做了大量的铺垫之后，我们可以放心地回到巴菲特的"保住本金"这四个字，以对保本法则一探究竟：

保住本金，就是避免亏钱。不亏钱的衡量标准，其实就是比较持仓股票的成本和现价，这难不住任何投资人。股票的现价我们掌控不了，股票成本才是相对好调控的。这里强调一下，"保住本金"是个动态的概念，没有没亏过钱的投资人，则说明不存在时时刻刻都能保住本金的投资行为和策略。

两道防线控制风险

由于股票价格对于散户来说不可控，而投资成本经加减仓操作，是可以提前进行计划和调控的。于是，我们一方面要选择在未来有极大上升潜力的股票，这是给自己设立的第一道防线；另一方面如尚处于亏钱的阶段，我们便可通过成本调控，尽量让持仓成本不要偏离股价太远,这是给自己设立的又一道重要防线。

　　这两道防线,能让你最大限度地掌控投资主动权,是挣脱炒股"靠天吃饭"的最佳选择。如此一来,你的股票便获得了朝着"保住本金"方向进行动态修正的现实基础。既然在股价的动态变化中避免亏钱的有利条件诞生了,那么你不仅将变得易赚难亏,而且在无形之中,就增强了自己的投资韧性。反过来说也成立,即投资韧性必是在克服逆势中锻造出来的。

　　阐述至此,我们先从研究亏钱,到研究怎样做才能避免亏钱,竟取得了类似于反证法的功效——就像是我们要研究幸福,需要先了解悲伤和不幸一样——这大大简化了研究炒股赚钱的核心命题。简而言之,即分别解决掉股票成本变化和股价上涨潜力这两方面的问题,就是做股票实现易赚难亏、与时间共生共赢的真相。

　　先研究股价上涨潜力的问题。抛开短期波动不看,股价长期的波动方向必受企业价值的指引。所以说,这其实就是研究如何选择潜力股的问题,亦是做好风险应对的第一步。只要股票具有易涨难跌的赚钱属性,这就是最大众且最直接有效的风控手段。比如,有的人可能一拿股票就是好些年,等翻了好几倍才撤退,虽然中途被套牢过,但终成"笑到最后的王者"。当然,还有一类人天天对着投资组合不断倒腾,不仅回撤控制得好,最后也取得了翻若干倍的好成绩。

　　对此,我认为只要是赚了大钱,就是对其认知的最终认可。这两种情况分别拥有不同类型的风控防火墙,不能因为前者的持仓在前期大幅下跌了,就否认其防火墙的存在。与很多散户"逢大跌就割肉"相比起来,说明前者的防火墙侧重于认知好股,拿得住好股,这是非常省心的做法。总之一句话,构建风控防火墙,需要在个人够得着的条件下再去做,只要能进阶实现预期效果,那么继续努力、不断谋求进步就可以了。我们必须要做的是,不断超越自己,而不是超越满分。做投资,没有任何人能做到满分。

　　更细致的风控手段,则需研究每一笔交易对股票账户所带来的作用和影响，处理的都是关于交易方面的细节问题。一般投资人觉得在这方面自己还不够专业，也总是显得特别好学。因为哪怕是买到了好股票，你依然有可能因陷入长时间的亏损而导致精神受创，甚至于无力承受。为了长期取得事半功倍的效果，就需要构建起自己整个股票投资的微观生态。

之所以说是微观，是因为无论是单只股票，还是整个投资组合，它最终将落实到每一笔交易上。与宏观相比，实际操作处理的都是细节问题。宏观生态决定了你要买哪些股票；微观生态，只做决策后的具体执行。也许你账户里有一千万元资金，但是你这一笔交易可能只有几万元，却是整个交易策略中不可或缺的一部分。换言之，将所有已完成和计划中的交易，以及交易背后所运用的逻辑、技巧和策略全部加起来，才得以构成股票投资的微观世界。

在股市的宏观世界，你看股市是什么，它就是什么；而在股市的微观世界里，你看股市是什么，已不再重要了。我们只是站在微观的视角看待股市，此刻你最在意的应是股价的波动，并力图借助股市波动，做好投资上的风险管理。

不是所有下跌都是风险

没错，风险是可以进行全方位管理的，它可以粗犷到什么都不用做，就是挑选好股票、好价格；也可精细到每一笔交易对股票账户的影响，都要做事前的预估以及事后的评估。而一旦你开始有了严格风控的意识，那么在股价波动之类的问题上，你就将很快化被动为主动。

对于下跌波动，人人敬而远之。殊不知下跌和上涨是相辅相成的，如果没有下跌，风险管理便无从谈起。既然下跌不可避免，思忖如何利用好手中的筹码和现金，做好交易策略，就等于做好了风险管理。

请务必吃透这一点：假如你的宏观认知，认定一只股票是有投资价值的，当你买入一小部分仓位后，哪怕是遇见意外下跌，暂时亏了点钱，也不该表现得很沮丧。换个角度想，当看好的股票跌了，你还有大把现金，意味着你可以以相同的金额，买到更多股票。投资性价比更高了，还提升了资金使用效率，这理应是件值得庆幸的事！

此时，切记不要为没有保住本金而感到沮丧。此前我就解释过，保住本金不可能维持在投资行为中的每一刻。纵然在短期内造成了亏损，只要主观上在你的认知范围之内，你依然理性判断股价还会涨回到你的成本上方，这点坚持比现实亏损更为重要。另从客观上来讲，保持两条腿走路也很重要，股价意外下跌不要紧，你尚有调节成本下降的操作空间。而且从理论上来讲，当你运用辩证法在主观判断上不再将股价上涨看成唯一的选项，看涨时也不再如此迫切了，那么你的判断会更客观一些。

以上说明了什么？凡事我们都喜欢"先发制人"，但股市却是个特例。如果你先发制"股"，一满仓就大跌，向下波动于你而言，就是真正的风险隐患。不过，假如你认同"后发制人"，认同不是所有下跌都是风险的理念，同时留得住资金，那你便摆脱了波动对于你过分的干扰，进而可利用波动，来为自己谋取更大的投资机会。

要达到这种境界，必须看透波动的本质。人的生命在于运动，股市的生命在于波动。不是所有的波动都是风险，而跟风险比起来，我认为波动更像是股市的脉搏。正是由于股市的"脉搏"适度，比期货、期权、外汇等市场平和很多，又比如债券、货币基金等市场更能刺激人的心情起伏，因而股市才成为了最能吸引全球金融投资者的世界级投资场所。

既然股市的生命在于波动，我们就不应该畏惧股市的日常波动。粗略算下来，沪指一年的波动点数，累计下来可轻松逾越沪指自身的点数。如果将这三十多年来指数的波动叠加在一起，跟才三千多点的沪指相比，则更像是一个天文数字。

因而股指的日常波动，不应成为你在投资路上的巨大障碍。涨和跌在理论上是交互的，实际涨的概率更大。我会觉得，做股票本就是一件寻常事，如果你经常感到惊心动魄，那一定是在投资方法或心态上出了问题。

面对股市的日常波动，如果你受到的干扰过大，说明对波动看得还不够透彻，你与之对抗的策略还不够老道。最知名的投资人如巴菲特、彼得·林奇等，他们宣扬曾做过的最赚钱的股票，都是先经历了一波大亏，然后感谢市场给予机会并进行了大肆补仓，结果在股价涨起来后才赚得盆满钵满。

同样是面对股市波动，同样是越套越补，但由于在认知和心境上的天差地别，似乎已经注定了散户的最终结局——总是拿八成以上的时间，在等待股票解套的路上。散户要么是不会选择好股票和好价格，要么就是遇见了一个非常共性的问题——无论选择股票对与错，正常的操作方式是越亏钱越保守才对，散户却普遍是越亏钱越激进，这分明就是"赌徒"心态。最终，该做法是否能适应市场、战胜市场，投资结果可以证明一切。

讲到这里，恐怕值得所有人扪心一问了——在你的投资生涯中，有因为持仓个股下跌而感到庆幸过吗？如果没有，则说明在你的股票认知里，尚不存在风险管理的概念。你与股票之间贴得太近，导致你感受不到股价波动的趋势和全部真相。故而股票一跌，你就惊恐得像只惊弓之鸟。足以证明你不懂得把控自己的投资情绪，对风险管理更是一片茫然。那么对于当下的你来说，其实就是该股票买过量了，超出了你所能驾驭的最大边界。

投资行为易逾越能力边界，到了最后一定亏钱。这里也给予大家一定的启示，假如你买了一只股票，得预想一下，如果买完就大跌你将是怎样的状态。如果你预料到自己会很难过，那说明你要么是买多了，要么是对该股票的认知还不够。既然买股票的数量超越了认知程度，那对你而言还是买多了。

第三章　投资风险的核心命门

让行动与观点保持距离

我必须承认，风险管理常有感性的成分，但必须以理性为主导。好比一名优秀的舵手，就必须懂得如何驾驭海上的风浪。纵然舵手有本事让船沿着线路正常航行，但是面对一个接一个突如其来的海浪，舵手则只能凭经验应对，而不能单靠预测躲避海浪。优秀的股票操盘者亦是如此，要懂得驾驭股价波动，做好风险管控。否则，结局跟蹩脚的舵手一样，都将注定被风浪或波动所吞没。有些风险就像突如其来的海浪，是不可能全都预测到的，说明股市里有很多风险躲避不开，唯有"应对"这一条路可走。应对风险需展现后发优势，越是沉得住气，你就越能掌控投资的主动权，谋定而后动。

谋定的是什么？其实就是在提升投资认知、完善投资行为等方面，对确定性原则的实际掌握和运用。打个比方，就像一名优秀的羽毛球运动员，每打完一拍，他会第一时间回到对他最有利的位置。这样，即便球打来的方向预测错误，也还有补救机会。

球场上的中心位，即是有形的确定性。运动员离开中心位，是为了击球，击完球迅速回到中心位附近，是为打下一球做好铺垫。当看到运动员围绕中心位来回跑动，体力消耗很大却不偷懒，这令我想到了股票，于是我扪心自问，要想持续从股市赚钱，哪点才是最难做到的？

我给出的答案，与羽毛球运动员打球有些类似。作为一名理性且成功的投资人，我认为既要有逻辑清晰、一以贯之的预测和观点，又要让投资行动与自己的预测和观点始终保持一段恰当的距离。这段距离是留给确定性原则的，也就是留给接下来的操作空间的。俗话说"距离产生美"，保持距离能更从容、更客观地看清一些投资实情，进而辅助提升自己的投资认知和经验。比如，你跟股票的小波动保持距离，放弃做T执念，就能在忍受更大的波动之后，逐步理解你过去理解不了的波动和趋势，从而对小级别波动产生更大的忍受力。

如果你从来都没有见证过大波动所带来的巨大收益，当然就无从认知到这一点。从根源上来说，认知到"距离产生美"的原因很重要，只有知晓了这个因，你才愿去做尝试。而核心的确定性，就站在你的观点与市场之间，在那无形的 C 位上，你必须要为此腾出这段距离。

始终保持适当的距离，说起来容易，但要长期做到很难，这是因为我们天生自带主观情绪，无法保证我们的观点一定是理性且正确的。所以说，我们的投资操作从长期来看比我们的观点更理性更正确，那就一定要让投资实操比之于观点再上升一个维度。升维的角度是克服人性的弱点，保持理性、客观，遵循投资规律，走趋利避害的路线，提前为每一步都做好防御。

如果我们的投资实践可以对观点进行降维打击，那必是借投资规律帮我们开启了"上帝视角"，而且让我们变得更理性。这相当于我们将自己分裂成了两个不同的"我"，一个是"我的行为"，另一个是"我的观点"。就好比两块磁铁，如果紧紧地吸在一起掰不开，是没用的；如果两块磁铁完全相斥，还是不行。最好让两块磁铁在同性相斥的同时，保持固定适当的距离，尽管这样看上去有些中庸，但唯其如此，才能减少现实中的摩擦龃龉，笃行致远。

从"舍"字入手做风险管理

这正是点透了投资获取长期复利的命门！但点透了之后，到底该如何做到？其实就一句话：既要有自己的观点，又要和市场保持适当的距离，做法中庸并不可怕，然而最难做到的，终究是一个"舍"字。能否为了总体目标，舍弃掉你看到的很多机会，这非常考验一个人。

于你的投资而言，机会和风险一样。有舍就一定有得，你舍掉的可能是机会，也有可能是风险。但是不管怎样，在该舍的时候舍，从而换回操作空间，这是科学地做好风险管理的良好开端。在前面我就讲到过，投资是非常特殊的防守型行业，"舍"更倾向于防守。但只要防守做到位了，我认为就是最有效的进攻。

其实，只要你拥有风险管理的思维，就已经战胜了一大半的对手。而透过股票投资的宏观世界，在敲定了风险管理的大方向之后（比如如何做投资组合、如何选择板块和个股等，这类问题后续我会各个击破），接下来的事情就是要构建关于股票投资的微观世界。刚开始时，它可以很简单、很粗陋，后面越发展，它将越精细。这完全取决于你自己。

无论多么粗陋的风险管理体系，都有很大的价值。因为既然称之为生态系统，它就必然是符合某些基本规律的，也就是我们常说的道与术。有了基本规律的加持，逐步实现去情绪化操作，再加强各方面专业能力的提升，你的风险管理体系，包括你个人的情绪稳定性，都会随着你投资方面所取得的进步而得到进一步的强化和稳固。你的股票微观世界，也将随之发展得越来越精细、越来越好。

不少人可能还是对风险管理上的基本规律不甚明白。当然，这绝对是无法一概而论的内容，不过我们可以通过举例抛砖引玉。比如，由于不存在百分之百上涨的概率，我们就不该用百分之百的仓位来匹配这样的概率。为了让投资更稳健，我们绝不满仓一只股，最好连投资组合都要留有余地，因为我们同样也无法确定投资组合一定上涨。由此，我们就更是与"融资加杠杆"无缘了。

风险管理的首要目标是实现整个账户的收益性和稳定性，以打开操作空间的方式，保证进可攻、退可守。风险管理的手段是通过管理投资组合中的每一只个股，以及投资组合中的现金而实现的。管理个股最简单粗暴的方式，就是选择好股票、好价格。做好股票，比把股票做好要容易得多。做好股票，毫无疑问是我们的投资方向；把股票做好，要么是看走眼后的补救措施，要么是在做好股票的前提下，借此手段进一步做精细化管理，增加超额收益。

做好股票，就是做有投资价值的股票。但是一定要注意，做价值股，并不代表在这类股上不存在投机性的操作。风险管理的基本规律是要朝着符合投资价值的方向，这样做更容易取得事半功倍的效果。也就是做价值方向的顺势，而非逆势；尽可能做低估值的价值股，而不选择带有极大"泡沫"的蓝筹股和白马股（成长性好的价值股可考虑适当"泡沫"）。

至于是否买到了好股票、好价格，我们不仅要从其基本面出发，认可企业发展的现在和未来，同时在投资价格上要先让自己满意。从投资性价比上来分析，你的把握度是要与仓位相匹配的。但不是说一上来就得买到相匹配的仓位，一定要给未来留下补仓机会以防不测，即为操作空间。因此在建仓之初，就得先做好最坏的打算，然后照此设定交易策略。

须重点一提的是，一只个股最多只能占到投资总金额的多少，这也是要提前规划好的。最大投资限额就是这只股的满仓额。满仓额于你而言，就类似于一条警戒线，实则是给予你的又一道安全垫。有了这条警戒线，在未来意外频出的情况下，即便有了想要越线的想法，你也会慎之又慎，冷静以对。

对于是否要止损，我们也得提前设定严格的标准。假如基本面恶化到令你难以接受，那么止损就一定要坚决。如果你依然认可它的基本面，而股价波动又很大，那就到了操作策略大显身手的时候了。此时，驾驭股价无序波动的铁律就是，在各种交易模式套利之下，坚持低买高卖——这就是让你成本下降的第一性原则。

有的风险管理体系很粗陋。比如对看好的股票采取分仓买入，再结合前面说的那些基本规律，整个投资从长期来看，肯定比没有风险管理思维的人要好很多。而随着认知和实战经验不断提升，风险管理体系逐步完善，当完善到了足以构建自己在投资上微观世界的时候，那时的交易策略之精细，可能连股票的日内波动都会纳入在内。

区分盈利管理和亏损管理

无论如何，只有做好风险管理，从长期来看，投资才会向增加利润的方向倾斜。你得先保证自己不亏钱，然后才有机会在盈利管理方面下功夫。其实，风险管理囊括了盈利管理和亏损管理，所以盈利管理只是风险管理的一部分。我认为，风险管理的目标就是控制住最大回撤，包括盈利后的回撤；而盈利管理的目标，则只在盈利的前提下，在控制盈利回撤幅度的同时，以尽可能地实现收益最大化。

亏损管理和盈利管理之间的差异，其实跟人性息息相关。就人之本性而言，几乎所有人在意亏损的程度，一定远胜过赚钱。因此，我们做投资一定要尽量避免亏钱，投资风格就只能偏向于稳健、保守，而一旦真亏了钱，为了保证心态和情绪不会随着股价下跌变得更坏，则应更趋向于保守求稳的风格。

只有在股票盈利的时候，我说的是相对于亏损时而言，我们的操作模式才可以适当放宽松。这一方面是源于扭亏为盈之后，心态变更好了；另一方面是源于人性，在盈利越来越多之时，我们最害怕的就是坐过山车。因此，我们不仅要做盈利管理，而且盈利管理可做得比亏损管理更灵活。

换句话来讲，盈利管理上的精细，很难让盈利跑得最远。但是风险管理方面的精细，能将最大回撤控制到最低水平。于是，当一只持仓股扭亏为盈，随之而来的变化一般是投资风格将由保守转向稳健，甚至拥有了向激进风格演变的可能。因凭已有利润作为安全垫，利润越多，安全垫就越厚。盈利管理的灵活之处则在于，只要统筹考虑到了投资者心态、市场判断、可用资金及持股组合等，遂可以重点评估收益风险比，以便让利润"跨栏奔跑"起来。

综上所述，盈利管理并不比亏损管理简单。亏损管理重在做得精细，盈利管理则侧重于头脑灵活，风格多变。简单来说，就是权衡当下的各种利弊得失，关键在于管理好这个"度"。李嘉诚常言，"进取中不忘稳健，稳健中不忘进取"，这是李嘉诚做了大半辈子企业的最大感受。我认为，这句话对于做股票同样适用。

很多机构在市场低迷期回撤过大，这就是盈利管理缺失的结果。比如，我们可以每涨5%或10%抛出一定的筹码（随行情决定抛出数量，可多可少）。然而，绝大部分投资人在面对亏损的时候，却总对风险视而不见，又何谈风险管理呢？想必心里根本就不存在风险管理的概念。

大家普遍亏钱之时，市场赚钱效应不强，热度也不够，反正是进退都没谱，也许忍不住就割了。而在最该做盈利管理的时候，那时股价已经历了一大波主升浪。然而，大家偏偏只对最赚钱的主升浪着迷。这时候别说风险管理，不"砸锅卖铁加杠杆"，就算不错了。可是，真正的风险从来都是在人声鼎沸中酝酿、爆发，步步逼近。真等到股价大幅回撤的时候，再想做风险管理为时已晚矣。

遗憾的是，无论经历多少次股市的高潮迭起、周期演变，绝大多数投资人从来都不能正视自己的惨败，并从中拣起一份平常心，买一些平常股票，尝试一些寻常操作，用智慧和经验来战胜数十年如一日的市场。取而代之的是，他们的所想所学，都是如何抓大牛股和主升浪大赚一笔——这就是他们眼中的风控手段，就是要买到"好股票"和"好位置（注意，不是好价格）"。

实际上，很多投资人对于好股票的定义都是不准确的。我听到过的最干脆的回答就是，买了就能涨的股票，就是好股票！就实而论，没有人能保证永远买到对的股票，即便买到了，谁也无法保证今天买到的股票，明日起就能坐拥主升浪。更有甚者，如果你买到的是基本面等各方面都很不错的股票，可随即却迎来大跌，你又当如何呢？

最后作个补充说明，本章先讲清楚风险管理方面大的操作方向和框架，等到后面的章节，我再将实战经验和感悟一一道来。

备战动员篇

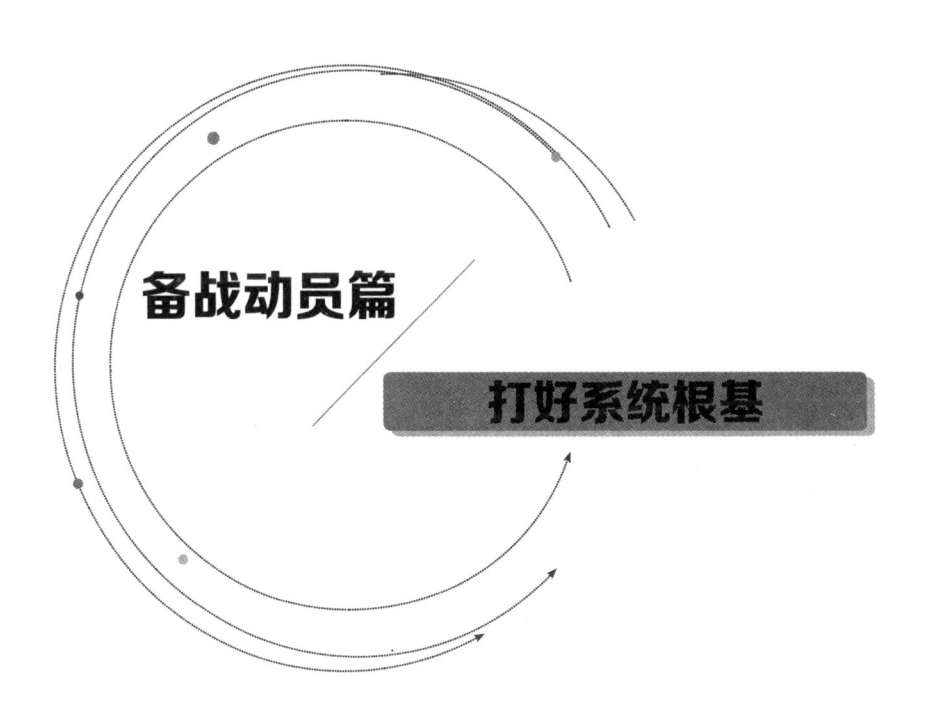

打好系统根基

第四章　炒股制胜的第一法则

在第一章的讲述中，本人从围绕投资行为的一系列基础认知谈起，目的是帮大家贯穿并理解"我—如何投资—股票"这"三位一体"的核心投资要素。其中，"我"以及"如何投资"是最容易被忽略掉的。而在这三个投资要素中，最重要的恰恰就是前两个要素。

如果对市场没有足够的认知，对自己的认知也不到位的话，那么你看股市和股票是什么，它们就是什么。而股票一旦被"妖魔化"，你就很难再探索到股票的本源了。炒股究其根本，其实就是一场概率博弈的游戏。

但是，对于看不透股票的人来说，股票就像一个万花筒，你从没有拆开过它，也没有能力拆开它。在万花筒的最里层，实际上却是个装满股票的黑匣子——你的确买过其中一些股，可你从未真正地拥有和读懂过它们。唯有打开万花筒，穿过重重包装，专注认知这个黑匣子，才是你开启股票投资的第一把金钥匙。

我们认知股票和股市，是为了弄清楚游戏规则，以避免盲目、挥霍之举；认知跟投资相关的所有名堂，是为了更好地参与到投资博弈当中，同时增加自己的胜算；而认知自己，是认知投资的开端，其重要性非比寻常。因为所有与你的投资相关的风险、机会以及你的投资韧性等因素，均是你个人综合认知的体现。这正是应了第一章的标题——认知决定未来。

截至上一章，我们阐释了投资人的"死穴"在哪里，并从投资人总是亏钱的惨痛经历中，反向领悟到了投资赚钱的真谛，即深刻理解并掌握投资的核心风险，做好风险管理，在投资动态中尽力保住本金……学习并掌握这些要点，你就有机会练就一身反脆弱的赚钱本领。

投资之于大众，通常被看作一份长期事业，如果要类比的话，我认为做投资跟开车一样，都是少有的防守型行业。开车和做投资都要遵守各自的规则，长期铤而走险，将难有好下场。无论你是经验多么丰富的老司机，也无论你在此前安全行驶了多少万千米，只要你在最后这一刻出了大问题，不仅车得搭进去，可能连命都得搭进去。

做投资与开车的道理何其相似。倘如此说，前三章内容还算作在教人遵守交通规则，掌握开车基本技能，以避开人车或其他路障的话，那么从本章开始，我们即将翻开崭新的一页，顺利进入投资实操阶段，也算是开启了汽车正式上路的生涯。

对于学车者而言，真实的路况比在驾校里练车时要复杂得多。新手练车，肯定是手忙脚乱的。若直接在大马路上练胆，结果会怎样？恐怕这就是很多人炒股失败的真实写照了吧——学开车无捷径，就是以遵守交通规则为前提，时刻保持风险意识，在开车路上不断积攒经验。

光有汽车理论知识开不好车，光有股票理论知识也炒不好股——学炒股同样也无捷径可走，它们都需要眼观六路、耳听八方，以至熟能生巧、左右逢源。总之，绝不让自身陷入到可见或可提前感知的危险境地之中。

我们学习的大部分事物都是如此，在一开始还不熟悉的时候，往往只能专注于守势。但对于炒股这件事，绝大部分人不是忽略了对防守的训练，就是对进攻太孤注一掷了。正确的步骤应该是，我们要先学防守，学会如何让自己炒股不亏钱，然后再逐步扩大战果。

做投资，防守比进攻更重要，我们的风险意识就要像开车时那样，于何时何处都不能松懈。一名合格的投资人，终究要做到"攻守联合"——不是以进攻取代防守，而是一边盯着防守，一边在捕捉到机会时，敢于组织有效进攻，化被动为主动，化情绪为力量，化风险为机遇……

攻守联合，则意味着在攻守之间并无清晰界限。那么，防守和进攻各自的着力点在哪里？有没有一套"放之四海而皆准"的法则可以借鉴？循着这条路往下探索，我归纳出了本章要讲的重点——炒股制胜的第一法则。该法则具有超强的适用性和适应性，它淡化了防守和进攻的边界，而更注重事实与逻辑的结合，以及预判与应对之间的碰撞和融合。

下面，就让我们从一句忠告开始，来领教一下炒股制胜第一法则的魅力和力量吧——

唯一忠告：抓核心，找确定，坚决执行

如果我将永远离开股市，不过在临别前，我被允许留下一句忠告，你们猜我会说什么？

最关键的十个字

我也曾扪心自问，到底该做何等表述才能让最多的人受益。既然这句是将风险化为"绕指柔"的顶层实操逻辑，那么这句话就一定会被广泛传播、广泛运用，并经得起任何人的推敲和质疑，任何人也都有机会从中领悟出新的内涵。

为此，我收集了不少关于股票投资方面的名言警句，也从多个角度思索、论证了它们的有效性以及局限性。然而，有大量警句是偏离于投资与操作之外的，并不具有实战功能，还有一些不是说得过分简约，就是无法概括全面。

在此情形下，我只能归纳自己操盘基金的真实感悟与得失，并以此打磨前辈们留下的智慧结晶，最终将诸多想表达的内容提炼了成一句话：

权衡股市核心矛盾，找准最大确定性，并努力在执行层面做到攻守联合、知行合一。

简而言之，即：抓核心，找确定，坚决执行。

这十个字看似简单，但其实它囊括了市场的方方面面，辐射于各个隐秘的角落。任何一细微之处，只要你往这句话上靠拢，就一定能产生关联。因而，本章无法做到面面俱到，只能是在某些重要方面阐释一下具体要义，讲讲操作法则和实践。只要是能为你们打造自己的操作系统指引出明确可行的方向，让你们的思考和探索可以继续向前推进，那我的任务就完成了。

恐怕我先得解释一下，为何要续上这句"做到知行合一"？因为我在前面反驳过这种说法，直言"知行合一是伪命题"，现在又拿知行合一来说事儿，这往后的分析还靠谱吗？

其实并不矛盾！我在讲述"知行合一是伪命题"的时候，说的是市场上的普遍情况，大家炒股亏钱的主要原因，并不是"知行不合一"造成的，而是"知"严重匮乏造成的。一般来讲，一个人的知和行，始终会在一个大致相同的水平量级上来回波动。随着一个人"知"的提升，其"行"的水平才会跟着水涨船高。我这里强调的"知行合一"是隐含了前提条件的，即能满足"抓核心，找确定"的基本要求，所以在"知"达标的前提下，我着重强调的是执行层面上的"知行合一"。也就是让"行"的水平，尽量不落于"知"之下。

"行"不拖"知"的后腿对大家是大有裨益的。当你的"行"能越来越频繁地在你的"知"之上波动，你的认知瓶颈才有机会被顶开，认知水平才得以提升。于是，你的"行"在过去的"知"之上波动就会成为常态，进而推动你的"知"和"行"继续相互攉升，形成良性循环的接力赛。

如何"抓核心，找确定"

另外需要特别强调的是，此处的"抓核心"，亦非上一章所强调的"核心风险"。这里的核心，重点指的是核心矛盾点。比如在股价表现上，影响股票涨跌的因素多到数不清，有些因素之间却是相互矛盾有冲突的，但是股价难以做到兼顾，便必然会对其中的核心因素和核心逻辑做出倾向性的表现。所以说"权衡核心矛盾"，权衡的是哪些才是影响股价涨跌的核心因素。矛盾和冲突只是不同的核心因素之间对于股价涨跌的不同选择。但是事实只有一个，核心逻辑也只有一个。而核心因素之间相互作用的核心逻辑是不会矛盾的，也就是说，谁能用逻辑理顺相互对立的核心因素，谁就能大概率掌握了未来股价前进的大方向。

举一个市场上普遍发生的案例。某公司业绩一直不错，市场近期表现也还尚可，可是股价却接连大跌，引来一片骂声。在此例中，优秀的业绩表现与"跌跌不休"的股价就具有强烈的冲突，但对比还是太宽泛了，不够聚焦。假若矛盾不核心，冲突对比不聚焦，就无法找到股价下跌的真实原因，也就无法进一步推导未来的股价。因此，上述冲突还不能算作核心矛盾点，我们要继续聚焦在更细微的关键影响因素上。

比如说，虽然公司业绩在很长一段时间内表现相当不错，但由于是周期性行业，该公司的产业市场可能将迎来骤变。也可能是股价在前一段时间表现甚好，但已经经历了一大波涨幅，而且大股东已明确开始减持。于是，好的市场预期不复存在了，在股票上涨趋势遭到破坏的同时，广大股民显得异常悲观，每日成交量骤降，只要公司稍微有一点风吹草动，股价就跟着遭殃。

在上面的观察中，核心矛盾也显露出来了，冲突对比足够聚焦，基本面和消息面皆支持股价下跌，"公司业绩好"这一支持股价上涨的核心因素经此一对比，也就被无限弱化了。此时，我们能抓住的最大确定性就是，只要公司的基本面和消息面不向好转变，技术面趋势是走坏的，每日成交量也起不来，我们就可以继续看跌。

如果技术面率先发生了反转，那么上述最大确定性的前提就有可能被打破。我们要么就得紧盯着公司基本面和消息面上的最新变化，要么就默认对最新的变化不知晓。如果你坚持认为该公司的基本面和消息面无变化——这当然是可能的情况，但由于技术面反转已经给予了足够的警示，所以我们之前抓住的最大确定性就有必要舍弃。

还是参照上述案例，如果该公司的基本面和消息面变化未知，但股价已开始反转。面对已有的核心矛盾，如果对比冲突不好找也没关系，我们只要放大观察周期，从更宏大的角度来研判整个公司和市场，便有机会得出结论。比如近五年，公司每年营收都大幅增长，毛利率一直维持高水平，ROE[①]稳中有增，股价却正处于历史极度低估位置，就此可判断公司具有巨大投资价值。就此判断公司是有巨大投资价值的，而且股价目前正处于历史超低估位置。那么，此时的最大确定性就与公司基本面和消息面的临时变化无甚关联了。你可以将最新的核心矛盾，看作绝对低估的股价和公司未来极好的发展前景之间的矛盾。而眼下最大的确定性就是，股价迟早会回到正常估值水平以上。于是，你就可以运用交易策略开始尝试建一些仓位，在交易策略中继续运用确定性原则做到趋利避险。

然而，不管例子举得如何详尽，我们都必须得承认，只有炒股经历积累到了一定的程度，你才能吃透这"十字方针"。单凭看别人的分析，对于炒股的实战帮助是十分有限的。就算你一时还不能学到精髓，也不用操之过急。毕竟学习的过程跟投资的过程一样，都是要遵循一些基本规律的。

不过此刻，我可以先讲出"抓核心，找确定，坚决执行"这"十字方针"的具体释义，即一定要在研究和实战中，在基于现实所表现出的各种不确定和关键矛盾冲突中，找到当下最核心的确定性因素，并以一种超脱人性（自我）、超越观点和预测的方式去操作。只要是符合投资规律且带有策略性思维的操作，往往越简单越有效，所以要坚决贯彻如下原则——你能认知到的，就尽可能做到最佳状态，以确

---

① "ROE"，即"净资产收益率"（Return on Equity），它是利润额与平均股东权益的比值，也是衡量上市公司营利能力的主要指标，体现了自有资本获得净收益的能力。

保思想和行为不漂移、不打折（即做到大家所说的"知行合一"），务必做到攻守联合。

■ 压缩重复性质的无效损耗：三位朋友的故事

我的炒股经历可能跟大多数股民还有所不同。我从十几岁开始就耳濡目染接触股票，在专业上又算是科班出身，当年作为商学院开户炒股的第一人，我是带着一肚子的炒股理论知识"杀入"股市的。

先是饱学了一肚子的技术分析，从小赚小赔，到大赚大赔，再到大赔大赚。这一路磕磕绊绊，我用了超过十年的时间，才算真正克服了人性里的"贪嗔痴疑慢"。在艰难地打造出自己的投资体系之后，又经过不断改良和完善，这才实现了较为稳定的长期投资收益。

两份感悟

总结起来，至少有两份感悟值得分享：一份是那些年吃过的各种亏，想要融入自己的骨血并不难。真正难的是，不知该如何将吃过的亏经系统化处理，演化成成熟、稳定的盈利模式，使之深入骨髓。因为没有经历、使用过，所以就很难在大脑皮层留下深刻的印迹。唯有通过反复地试错，在左冲右突中找寻一段段突破自我瓶颈的出路，然后经多方验证，才有可能拼接出答案，并使之成为稳定的系统，越用越顺畅。总之一定要坚信，偶然的一次顿悟，也许在某一瞬间就发生了。而某个可能你很多年都没想明白的问题，可能突然间你就想通透了。

比如，你想买一只强势股的回调，几乎每一次你在下方重要的均线位置死守，一两分钱必争，结果总是痛失机会。其实是当时的你还没领悟到，均线是随时移动的。在了解均线的计算法则之后，再多琢磨琢磨强势股的运行规律，你就该明白了：一旦股价开始快速上扬，短期均线会在当日快速上移，所以在股价上涨之前，股价当日的最低点根本就碰不到均线，但是复盘再看时，由于均线已经上移过，从而导致股价的当日低点，竟神奇地与均线出现了重合。

以多空线 BBI（均线的均线，因此同样适用）为例，如图 4-1 所示，其实股价并没有碰到左图中的多空线。第二天，股票开盘后快速拉升，表面看股价先跌后涨，是在触及 BBI 前一日的支撑位后才拉起来的。实则是稍有低开，让走势看似完美，然后就快速涨起来了。如果你不知晓均线移动的原理，盲目死守前一日 BBI 的支撑位，就很容易错失良机。

图 4-1　以多空线 BBI 为例

另一份体悟是，大家对于炒股解套这件事，可能长期处于拉锯式体验当中。正是因为频繁体验，所以从中吸取的教训并不深刻。相比之下，对于真正有效的一次爆赚，只要有过发人深省的思考，并能助你循此成功路径继续向前，那么这样的成功经历显然更有价值。

这段话如果你还感受不到，甚至不能理解，我认为都是正常的。因为对于股市的参与者来说，"七亏二平"人数就占了九成之多。这就意味着，至少有九成的人无法通过赚钱的体验将自己送上股市"晋升"之路。

第二份感悟亦说明，赚钱体验对于普通投资者的成长其实更有效。当然，这也间接论证了，市场上有太多盲目的参与者，也许一生都将在无效的追涨杀跌和投机倒把中平庸度过，直至黯然离场。

第四章　炒股制胜的第一法则

我能讲出上述两份感悟，并非是为了反复强调学炒股很难这一事实。恰恰相反，我是希望大家可以充分借鉴本人的经验，大量压缩重复性质的无效损耗，加速成长步伐。换言之，用同等时间，你就有机会到达更高的高度。

虽然每个成功的投资者所用的方法不尽相同，但大的道理都是相通的，也一定是与他自身的条件相匹配的。我发现那些成功的投资者，拥有的最大共性就是本章所强调的这十个字。无论他们是搞技术分析，还是做价值投资，都非常善于分析股票最核心的痛点部分，然后沿着最确定的解决路径，心态平和地坚持到最后。这十个字就是炒股最有希望长期制胜于市场的第一法则，也是你建立投资体系的理论根基所在（可参见"认知投资系统"一节）。

三位朋友的炒股实例

如果我只讲理论，相信很多人都无法理解。在这里，我举三位朋友炒股的例子，大家可以以此为突破口，尝试吃透这"十字箴言"。

先讲第一位朋友，他最喜欢追逐热点买股票。追高被套住后，假如他又看到了更好的机会，他最喜欢做的就是，先把持仓股亏钱割掉，只留下一百股，然后再转到别的热门题材上，试图捞一把就跑。他预想的操作路线是这样的，等该股票赚到了钱，再在更低的价格上，将原来的股票接回来，摊低成本，以此实现双重获利。可现实总是残忍的，朋友的本金越割越少……

再讲我的第二位朋友。他在券商待了十多年，若论炒股知识和经验，相信强过十之八九的股民，但就是炒股业绩不太行。最近这一年，他醉心于研究"龙头首阴战法"，一赚就是二三十个点，一亏也能亏这么多，总体算下来，能保本就不错了。

最后讲讲我的一位客户朋友。有一次他问我，说看中了一只股票，他认为行业潜力巨大，但是下方有一个缺口，所以认为会在短期内回补。而眼下他是赚钱的，那有没有必要先出掉，等补缺后再接回

127

筹码呢？他吃不准！聊了一下之后，我明白了他心之所想：由于仓位较轻，他想先卖掉，等补缺后再加仓出击。我的反问如下：

你认为缺口一定回补吗？

他给出了否定的答案。

你认为股价未来一定会大涨吗？

他非常肯定。

在这"一否定一肯定"之间，我心中已有了答案。接下来，我详细给他讲解了追求确定性结果的重要性，不能让自己的操作陷于一片紊乱之中，每一步都要有章法可循。

既然不确定是否补缺，技术上也没有关于"个股的缺口必补"这一说，而现在只是轻仓，本意是想等跌下来再加仓的，那就不要卖了。因为他确定股价长期看涨，即一定有更高价出现，那么现在的核心矛盾是持仓太少，而不是轻仓下跌亏钱。就算轻仓下跌可能导致亏钱，由于股价未来确定会涨得比现价高，所以是早晚能赚更多钱的，你只要解决眼下的主要矛盾就可以了。

针对加仓，我给出的建议是，既然你看跌，可逢跌分批补仓，以防踏空。由于缺口并不是补仓的主要矛盾，所以不必理会缺口。补仓时，可采取等额或等量的分批式买入法，对压低成本有好处。如此一番操作，仓位有效增加，主要矛盾得以解决。

诚然，这世上并不存在完美的策略，有人可能已经发现了这样操作的"漏洞"，如果股价不跌怎么办呢？

我认为，既然你短线看跌，这就是你的短线认知，你清楚这个认知不一定能帮你赚到钱，就没必要硬赚与此认知相悖的额外收益。我们只要给自己留有确定性的操作空间就可以了：跌了，可以补仓；不跌，原仓位还有钱赚。这就是左右逢源的操作策略。再者说，如果股价不跌，此操作策略跟先前客户想先抛掉股票的想法比起来，不正是一种纠偏之策么？而等股价上涨之后，你又有机会打开新的操作空间。比如先高抛，再在不增加持仓成本的条件下低吸加仓。总之就是，无论股价如何走，你都可以应对自如。

阐述至此，有必要说回我的那位券商朋友，为何他的"龙头首阴战法"没有令他获得满意的收益？我认为，该战法具有先天性不足，他的操作更是缺乏有效应对，因而导致了失败率居高不下，每跌必损失惨重。

在现实中，我相信一定有将"龙头首阴战法"使用很娴熟的人。但是，他们依然掩盖不了这类"战法"的先天性缺陷，即永远要追高——既然是抓"龙头股"，不涨高的话，你就无法确认其为"龙头"；可是涨高之后，"首阴"无法保证股价不见顶，这里就一定要有应对策略。如在什么条件下、止损多少，都是有严格界定的，一定要将损失圈定在可控范围之内。

只要胜率有保证，止损又可控，最终盈利就能有保证。只是很可惜，该战法想保持持续盈利的前提条件有些复杂，给人的压迫感也很强，因为每时每刻都是在挑战人性，所以不能只顾战法，而忽略了投资规律。

就像我那第一位朋友，他的操作就完全不成系统，总给人一种在刀刃上行走的感觉。就算是技术高手这么干，也是迟早要吃大亏的。如果你的操作没有章法可依，就等于没有一根操作准绳帮你找到确定性机会，以带来确定性的结果。盈亏同源于此，你在不确定中以赌博心态赚到的钱，未来就很容易以相同的方式再亏回去。

如此看来，想要在股市中持续性赚钱、赚大钱谈何容易啊！

■"十字制胜法则"的关键：找确定

炒股制胜的第一法则，若论最关键的部分，必是中间那三个字——"找确定"。确定性的投资因素与投资规律相比，有一个很大的优点，即确定性因素是相对具体的，它不像规律那么抽象，所以更便于使用。也就是说，规律是对确定性现象和事实的高度总结，确定性虽无可取代规律,但是规律一定具有确定性。因而在若干确定性因素身上摸索,势必能找到规律的踪影。

对此,我举一实例加以说明,相信你们会有所领悟。有一次,我取得了某持仓股的可转债配售权,需要拿现金配债。资金会被冻结一个月,预期收益率是5%~8%。但同时,我认为市场要起行情了,如果我拿这些钱去买我看好的一只能源股,一个月内收益率有可能会超过10%。

如果换作是你,你会做何选择?我最终还是遵循确定性原则,做了配债。我虽然不能说,做配债比个人买股票一定更赚钱,但只要稍加分析,更确定的机会就会显现。首先,配可转债很难亏损到本金,具有得天独厚的安全垫。而预期收益率就算按此前出现过的最差的情况来计算,一个月赚5%,年化收益率也是60%打底。坦率地说,我的基金很难取得年化60%的成绩,因此做配债等于拉高了整只基金的年化收益率,这就是十分确定的操作。由此可见,越是接近于客观规律的高确定性操作,越是容易帮助我们克制人性,战胜自己。

此外,通过对上述三个炒股案例的解析,至少也能让你领悟到部分风险控制的真谛。风险控制实则是利用客观条件,对主观判断和操作所进行的硬性约束。假如没有客观条件作为依托,那么你所设立的安全垫也就谈不上客观,而成了"镜中月、水中花"。如果你只是用自我构造的主观条件,来应对你的主观判断和操作,那么认知以外的风险就会疯狂地攻击你,且毫无保留地表现出它们的无序性、隐蔽性和不可预知性。你在此类风险面前自然毫无还手之力。

"找确定"的内核

找确定,即投资者结合自己做投资的实际情况,针对相关的核心因素,追求最确定的投资机会。然而也有人说,在股市根本就没有什么是确定的。这话有一定道理,正如这世界上没有什么是一成不变的一样。但对于"变"这件事,则自然而然就成了这世上确定的存在。

有生于无，这就是被衍生出来的确定性。

股市中确定的因素很多，只是之于投资操作，普遍缺乏实际意义。比如，股价不会跌成负数就非常确定，但是该确定因素，于我们的投资作用甚微。好在股市的复杂程度，足以衍生出无数个确定因素。在我看来，相对确定的确定性，是很管用的。另外，再由相对确定性衍生出来的绝对确定的成本变化，也是大有用处的。

什么是相对的确定性？这很好解释，就是在核心的投资因素之间，先比较，后确定。其实有很多投资"大佬"的名言，就颇有这种意味。比如冯柳说，投资是把自己当成弱者；邱国鹭说，投资是买月亮不是数星星；芒格又说，投资是赌标错赔率的马。

不过，还是巴菲特的话最简单明了，他说做投资的秘诀就是低买高卖。可如此精准的表达，却几乎被所有人理解成了一句"十足正确的废话"。想一想吧朋友们，你们身边有多少人成天追涨杀跌，偏偏要跟"低买高卖"反着来，还自认为做得很有必要，结果却连本金都保不住。

为什么我们站在正确的对立面，一方面觉得对面是废话，另一方面又找说辞，来为自己的错误做矫饰呢？很多时候，我们认知不到自己的错误，正如认知不到"正确为什么正确"。重点还是不理解"正确"，于是我们主动投向了"错误"的怀抱。

还是拿"低买高卖"来讲。所有人都知道这四个字是正确的，但是就绝对的确定性，即绝对的高与低来说，它确实不堪大用。大多数人只思考到这一层，于是轻易就把真理给舍弃了。如果继续深入思考，进一步探索相对的确定性，这四个字就非常实用。

在投资实战中，股价低是有多低，高到底有多高，我们很难做到绝对的确定。于是，相对确定性就派上用场了。判断股价相对的高低，任谁都可以成为"先知"。比如你10元买的股票，是不是绝对的低点我不知道，但是涨到11元就一定比10元高，你就一定赚钱，这是十分确定的。

假如你无法确定 10 元的价格就一定是底，不过你的核心思维是看好这只股票的未来，于是你选择不满仓，留够现金以备补仓之需。在此条件下，你的操作空间就可以被提前确定。因为无论股价未来如何走，你都可照原有计划跌补涨抛，有条不紊地进行。也就是说，我们只是做市场行情的跟随者，而不是完全听令于市场。而且你还会发现，相对确定因素又能衍生出新的绝对确定性，即持仓成本的变化。比如股价跌了，你选择补仓，成本下降；股价涨了，你赚钱后选择减仓，成本依然是下降的。

在投资实战中，其实无所谓是绝对还是相对的确定性。我做此区分的目的，只是为了让大家对确定性有更深入的理解，以便在投资实践中顺应规律，"正合出奇"。另外值得一提的是，绝对的确定性一定是客观的；相对的确定性可客观也可主观，而且往往是通过比较得出的结论。比如一只成长股，你短期看调整，长期看大涨。相较而言，你看这只股的核心矛盾就是，长期看涨更为确定。而你看的这种确定，则是相对的主观的确定性。

主观的确定性不能做到百分之百准确，它也只是个概率，但是它可以将你的投资往更大的成功概率上做指引。诸如你看涨看跌，皆是主观意识，所以投资离不开主观确定性。但是，如果我们将主观的确定和客观的确定搭配使用的话，就相当于既抓住了那根固定的准绳，又避开了自己扔在地上的香蕉皮，这样你的投资才走得长远。

找确定之所以关键，是因为它在"十字制胜法则"中起到了承上启下的作用。找确定的前提是抓核心。投资中的核心矛盾不止一个，你透过不同的角度看投资，看各种不同的投资要素，就能发掘不同的核心矛盾。也就是说，你能抓住的核心矛盾，仅限于你对市场的了解、掌握程度，它不具有唯一性，亦不存在标准答案。如果你想对市场的核心矛盾把握得更精准，就得加深对市场多方位的了解和学习。

例如，有一只股最近涨得特别好，如果你只了解技术面，就只能观察到主升浪来了，均线多头排列，量能有效放大，有新的游资进驻等。那么,你能抓住的核心矛盾,将限于此范围之内,你能找到的确定性亦会受此掣肘。但是,如果你了解了更多企业基本面的情况,了解其产业趋势的发展,那么对于该股的大涨,你又会豁然开朗,产生全新的认识。

科学的技术分析,确实能临摹出资金流向。但是在产业趋势面前,毫无疑问,资金流又是跟着产业趋势走的。所以通过分析、了解资金流的源头驱动力,顺着产业趋势走,往往能取得事半功倍的效果。也就是说,就产业趋势而言,你又能抓住新的核心矛盾。但究竟哪个矛盾更核心?这又需要你做比较,更进一步找确定。

言下之意是,你了解学习到的越多,你才能做更多的分析,以及做更多的比较。所以,关于做投资的"五碗面",你都花点时间多学一学,是一定有好处的。怕就怕在,你学了很多东西,也知道要学以致用,严格执行,但就是苦于不会"找确定",所以股票总是做得一团乱麻,这该怎么办?

就实而论,一般需要你找的确定性,都要经历先比较,后舍得,然后专注于得,而忽略掉舍。"找确定"是一种升级思维,升级的目的是对其他不够确定的事实和想法形成降维打击,从而突出确定性的重要位置。我们努力找确定性机会,做确定性选择,就是为了走投资正道,避免走弯路。如果你实在不知道正道怎么走,那就一方面提升认知思维,另一方面尽可能地利用确定性原则避坑。当你的避坑能力得以提升,投资之路就会越走越顺。

用确定性原则避坑其实不难。在前面我就讲到过,规律是对若干确定性因素的有机串联和高度总结。因而投资规律都是高度确定的,不必再额外去找。本书就给大家很细致地讲解了投资规律,只要善于活学活用,就能避开投资中的很多坑。此外,确定性原则反馈在操作上,产生的一个必然结果就是要留有操作空间。所以,只要是把操作空间封堵住的操作,你都得避开。

总之一句话,找到核心确定性,是要我们做正确的事;如果没有找到核心确定性，我们就凭借所掌握的确定性原则，努力把事情做正确。在"坚决执行"的层面上，把事情做正确并不简单。"把事情做正确"比"做正确的事"，往往更考验一个人的基本品行。就我的经验看来，执行想要做到第一等，离不开"愚公移山"的精神和毅力。头脑灵活固然很重要，但是提升个人品质，永远避开投机取巧的小心思，其实就是避开了投资事业中最大的坑。

正因为人性是复杂多变的，而投资实际就是人性的综合博弈，所以我们才需要确定的准则及方法策略，以应对来自市场人性全方位、无死角的侵袭。人性的错综复杂，在盘面上表现得淋漓尽致。就说任意一只股票吧，在同一时间、同一价格，有人买就一定有人卖，为什么两人的想法刚好相反？谁才是正确的代表？恐怕没有标准答案！

我最怕的就是那种看似很公正实则很僵化的观点。只凭看了当日涨跌，就妄加评断谁做对了，谁做错了，这很不科学。因为每个人的策略是不一样的，有的人明明看涨，却减持手中的股票，其实是出于拓展操作空间的考虑，这才是遵从各自确定性的科学做法。如你能深刻理解，并坚决贯彻这种类似于"将在外，君命有所不受"般的钢铁意志，则说明你的认知思维已悄然进阶了。

在投资之术上如何找确定

学投资之道，要抓核心矛盾，找核心确定性；学投资之术，亦然如此。以下，都是围绕"术"的范畴，为大家强化对确定性的理解和运用。为此，我再举上一例：有相当多的人喜欢做日内差价。比如我看好的股票本是赚钱的，今天该股低开，我认为很有可能低开高走，于是在低点上加了一些仓，临近尾市股价翻红。于收盘前，可能的操作至少有以下三种：第一，不操作，股数增加，成本升高；第二，当天买的股数悉数抛出，股数保持不变，成本降低；第三，少卖一部分筹码，股数增加，成本或升或降。

这三种操作，都算合理。重要的是，你在综合判断出该股的短中长线走势及账户整体情况之后，希求的是哪种确定性。比如，你觉得股价离成本太近了，内心忐忑，那么悉数抛出短线筹码便是你的第一选择；如果手中筹码太少是你追求的核心，你就不抛或者少抛。

现实情况很可能更复杂一些，需要考虑诸多方面。比如你短线看涨，理论上应不抛或少抛短线筹码，但是你又嫌该股仓位太重了，那考虑的重心就会倾向于多抛筹码。不过你未必照做，毕竟你是短线看涨，可等涨后再抛。而此时你发现账户整体仓位过重，必须得减些仓，以增加账户的操作空间。可其他股还亏着，短线又很看好，只有这只股票减仓最方便，也最确定。那不如就循着确定性原则，减掉该股票的仓位，因而就出现了看涨但是选择减仓的那一幕。

还有另一种"找确定"的方法，人人都能学会，即采用"看后视镜"的中庸手段进行跟随操作。这种操作方式具有平滑波动、稳定收益的优点，可摆脱掉实时预测对操作的束缚。说白了，就是我不再刻意去找自己想要的确定性，而在想好对策之后，你给我什么样的确定性，我就照此操作，轻松应对。

该方法非常简单、实用，也很适合散户。比如你买了一只股票，仓位也比较均衡，买完就开始大涨，涨到了一个你吃不准的位置。想全卖吧，怕错过下一根大阳线；若一点不卖，又怕"坐电梯"。这下该怎么办？

假如实在是没了主意，你不如放弃预测，而采取中庸之法，直接卖掉一半。这样做的好处是，在降低持仓成本的同时，将主动权交给市场，如果后市继续涨，我们可以越涨越卖，直至清仓；若后市大跌，则正中下怀。若你继续看好，就分批回补筹码，成本肯定比原来低；若不再看好，至少伤不到本金，你可以从容离场。那么，剩下的就只是赚多赚少的问题，也就不是问题。

再比如，你有个股票池，股票池里的个股安全垫都非常高。具体该买哪只股，你尚在挑选，可迟迟选不出来。在此情况下，我们可再次采取中庸之法，利用股票在短期内无序的波动，来让市场帮你做选择。

我们可一次性试仓好几只最想买的股票,然后根据后市表现进行个股归集。等哪只股突破了,或哪只股挖坑了,然后再按照个人最擅长的方式进行伏击(既然是每个股都看好,我喜欢买回调的股)。这样做的好处是,不一定非要死守一只股票,等过头了易影响心态,同时存在踏空风险。该做法瞄准了人性的软肋,在一片盲点中给了自己一个确定且高性价比的开始,因而提高了资金使用效率。

我在浏览"股吧"时,也常见人说,某只股票由于长期看好而股价跌得已经很便宜了,若是再跌多少价,他就买多少比例,这其实就是放弃预测、跟随市场操作的一种手段。到了卖股票环节,很多散户也可以形成自己的策略。若涨了多少金额,就卖多少股数,或是将买卖相结合。如此操作下来,不仅在买卖价格上不会出现大的纰漏,而且还非常省心、高效,是值得借以克服本心、明心见性的方法。

总而言之,市场处处皆学问,在个人认知遇到瓶颈的时候,偶尔变换一种思维模式,则可能带来破土开荒的新局面。像这种采用后视镜跟随市场的方法,相信在很多地方都有机会做类似的思考和实操。关键是要"从心所欲不逾矩"——从心所欲,即敢于打破传统,勇做尝试,努力拓宽自己的能力边界;不逾矩,则是对投资规律的长期坚持,不动摇。

最后,特别要强调一句,抓核心,找确定,绝不仅体现在盘面走势上,不局限在技术和操作之中。对于投资者来说,从逻辑上抓核心、找确定,最重要的是抓准行业赛道,捕捉优质企业的精髓,从而锁定住最确定的投资机会——这才是投资之道;其次,才是将这"十字箴言",巧用在投资之"术"上。

新手入门的确定性方法论

如果是做实业,新手入门就比炒股票容易得多。有不少靠实业发家的老板，只要抓住一波经济大趋势，就能实现人生大逆转。然而，靠炒股票赚钱的概率，就小太多了。因为做投资比做实业更考验人性和智慧。当然，智慧也是被包含在人性之中的。

对比做股票和做实业

做实业，有价值商品摆在你面前，低买高卖同样是你赚钱的不二法则，但是你会很好地遵循，不会轻易破除法则。本来货物的价格波动就相对较小，所以做实业在很大程度上靠的是勤劳致富。你只要专注于曾国藩所谓的"结硬寨，打呆仗"，就能赚到钱。

做投资，人却见不到实物，能见的只有价格的剧烈波动，而且并不存在准确反映价格的实物之"锚"。取而代之的是，有无数对股价的干扰因素混淆其中，短期内赚钱的随机性被放大了，赚钱的确定性原则却藏得很深，变得非常隐蔽，"结硬寨，打呆仗"也便失去了有利条件。

有些成功的投资人通常喜欢说，将做股票当成生意做更容易成功，其实就是给股票买卖绑定了价值基准。有了符合价值规律的这根准绳，股票便被当成了实物商品，这样可以摒弃掉很多非核心的主观判断，做交易赚钱自然就成了水到渠成的事。

然而，绝大多数人的赚钱模式与做实业毫不相关，他们在股票交易中剔除了"实物商品"的概念，而变成了纯赚市场波动的钱。市场波动的随机性可以让一些人在某段时间内赚得又快又多，而且还不用像做实业那样干体力活。因而，炒股票竟变成了很多人想要挣快钱的捷径。

炒股票之所以难于做实业，就是因为没有捷径可走。在除了学习诸多专业知识以外，还要在磨炼心智、提升认知和对抗人性等方面下足功夫，少一步都不过关。有很多人面对炒股失利，却总是将原因归结于对经济、企业或技术分析等专业领域不够了解。其实股票是不会轻易跟你探讨经济学的，只要你还做着股票，就永远离不开与之探讨人性，坐而论道！

少"交学费"的两条建议

对于初入股市的人来说，看起来股市遍地都是"馅饼"，但"馅饼"与"陷阱"同在，只是"陷阱"更加隐蔽。残酷的股市洞悉且利用人性，它可以用"奖励错误、惩罚正确"的方式，诱骗到最多的人折身其中。

在不同的股市阶段，错乱的"恩威并举"让做股票变得难上加难。你以为你是猎人，市场是猎物，实则最高端的猎人，总以猎物的姿态出现。这就是跟做实业相比，做股票最无可比拟的残酷之处。既然都明白学炒股一定要"向市场先交学费"的道理，那有没有"少交学费，尽快赚钱"的办法呢？我认为是有的，而且也符合"抓核心，找确定"的第一制胜法则，只是在具体方法论上，还得区别对待，并加以详解。

具体建议有两条。先说第一条建议：学炒股一定要趁早。因为开始得早，大家在年纪较小的时候，能自由掌控的资金也少，所以就算是亏钱交了学费，也不会亏太多。但是那种深刻的亏钱记忆，是能够伴随终生的。你在20岁时亏2万元，跟你在30岁时亏20万元，从中吸取的经验教训应该是差不多的。投资者要从混沌走向成熟，至少需要经历一到两轮完整的牛熊周期切换，这就要8～10年的时间。从复利（包括认知和经验上的复利积累）角度来看，你越早向市场交"学费"越划算。

第二条建议便涉及"抓核心，找确定"，这非常关键。相信有很多新股民，一上来就是到处学到处问，结果是"一说就会，一练就废"。究其原因，由于没有通过具体实践，我们很难凭空产生真正有价值的新思维。但是在新尝试的引导下，形成的新的思维方式反而更容易被我们的本能所接纳（就人之本性而论，一定要有新尝试这一前提，该观点才成立），未来亦更便于融入新的实践。有鉴于此，我们要抓的核心就是，先尝试在市场上生存下来；要找的确定性就是，无论如何先得学会"一招鲜，吃遍天"的赚钱本领。

诚然，新股民普遍缺乏专业知识，但是赚钱的大道理其实并不复杂。新股民要认领的第一项任务，就是要想尽办法躲避长期亏损，并尝试一次次地赚钱。当你尝试得多了，哪种方法是偶然成功的，哪种方法具有反复用来赚钱的潜力，慢慢就能靠自己甄别出来。而你大胆尝试的过程，也提高了你自我甄别的能力。我认为，只要你努力的方向正确，哪怕中途有很多挫折，只要能一一克服掉，就能为自己赢得不错的结果。这就是好的赚钱方法。

不过最难的也是这"一招鲜"，难在了克服人性上。比如好股票，在低估的时候买，在高估的时候卖，就一定能赚钱。但是，这中间的波动一般剧烈而又持久，大部分人都拿不住筹码。只要你能坚持到最后，并能将此成功模式无限复制下去，那么，在认知和心态上你就胜出了，就是成功的投资者。

也许在修炼之初，我们练就"一招鲜"的手法还不够纯熟，操作上可能也很粗犷，不够精细。但是没有关系，只要能让你屡屡赚到钱，这就是适合你的好方法。然后一切围绕着该方法，做动态调整，不要做"一刀切"式的变革，同时搭建专属于你个人的操作系统。你可以一边建设、一边优化自己的一整套逻辑理念，包括选股、做投资组合、仓位控制、交易策略等。

在尝试新技巧、新方法的过程中，我一定要着重强调一下，创新的步子不宜一次迈太大，只适合做小范围内的尝试。创新亦不能过于谨慎了，就算尝试失败了，大不了重回创新的原点，然后再进行新一轮的尝试。一旦尝试有效，那就可以带着新方法继续前进，继续优化你的投资体系……

如此这般，按照"抓核心，找确定"的制胜第一法则循环探究、创新、磨炼下去，每一次的失败，都有一个原点可以作为退路，也都有一个成功的修正过的"一招鲜"作为最强谋利手段。以此之故，所有失败的尝试将不再可怕，它们皆可成为你未来成功路上的垫脚石。那么，你在开拓进取的道路上，保持开放式的认知思维和心态就将变得习以为常，不会再畏首畏尾了。

在你还没有大获成功之前，由于资金量还比较小，如果投资风格太过稳健，将很难快速做大资本金。如果风格太过激进，又很可能遭受灭顶之灾，造成不可挽回的后果。由于心态建设和操作系统的搭建，一定会相互作用、相互影响，两者势必具有反身性。所以，务必时刻留意这一点，不要怕推翻自己的想法，而要着重记录并思考否定自己然后做出改变的根本原因，以便于后续追踪和做进一步的修正。好心态会为你的思考和操作带来便利，甚至是带来好运，而好的操作系统又会强化、升级你的好心态。

小资金的优势

一个合适你的投资风格是修炼一生好心态的前提。请你一定记住，最成功的投资者，其风格一定是非常保守的。我们在炒股初期可适当趋于激进，但一定要把握好这个度。而最容易被忽视的一点是，既然是小资金，就有小资金的优势，很多人并不懂得利用小资金扬长避短，特别是"避激进风格的短"。

我们在适当激进做投资的同时——请注意，这里一定是做投资而非投机——要把握"度"的底线。在底线之上，如果我们还能保持一定的现金流（如工资收入），那么毫无疑问，这又是激进风格的一层安全垫。如何利用这层安全垫呢？要看大资金和小资金在股票操作上的对比。只要抓住了小资金的核心优势（小资金操作灵活，这只是小资金的优势，但并不是核心优势。广大股民却普遍将此优势用在了过于激进的操作风格上，从而导致了将非绝对优势用成了绝对的劣势），确定性方法又运用得当，其扬长避短的效果，还是非常喜人的。

假如一个大户A，一上来就满仓，买了好几百万元的股票，被套得很死。那么，就算他一个月工资不少，除去日常开销，其余的钱都用来补仓，意义又能有多大？

但如果是小散户B，总共只有几万元，买的又是优质的行业"龙头股"，即使被套牢，他可以确定只是暂时的。亏点钱并不害怕，反倒是很有底气。底气来自散户B源源不断的现金流，哪怕B每月只能追投几百股，他的持仓成本也很容易被持续性摊低。这就起到了类似于定投的效果，而且比定投更加灵活。

对比大户A和小散户B，资金量的大小没有绝对的好与不好。其实各有优势，也都各有弊端，谁能抓住自己的核心优势，扬长避短，谁就顺应了市场，获得了制胜的先决条件。当然，较真的人可能会问，如果又来个中散户C，一出手就买几十万元的股票，靠工资补仓也没什么用，那该怎么办呢？

其实本质是一样的，小散户B由于知道自己有源源不断的现金流，所以适当激进的风格，哪怕动辄满仓，都不是他在仓位管理上的核心矛盾，于是他只需挑好股票、好价格，然后放心大胆地去做。但是，轮到大户A和中散户C再这样做就不行了，因为核心矛盾发生了转变，仓位管理在他们的投资操作中已然上升到了举足轻重的位置。所以，大户A和中散户C其实遇到的是同一个问题，只是他们把握仓位管理的度各有轻重缓急之分，只需抓住自己的核心矛盾，把握好仓位管理上的各自的度，就可以了。

据我了解，很多散户总是羡慕大机构拥有源源不断的现金流，这其实是假象。绝大部分基金的募资情况都是符合人性特征的。在行情火爆、基金最不需要钱的时候，钱反而会源源不断地来；在行情惨淡、最需要钱买廉价筹码的时候，基民反而在集体出逃。源源不断的现金流，本是一众小散才拥有的优势，结果却不自知，而把机会都给浪费掉了。有些人甚至一上来就搞网贷，想在股市赚些短平快的钱。这类做法就完全搞反了第一制胜原则，长期这么做，不可能会有好的结果。

我的最后一条建议，就是要做精一只股，做熟不做生。小资金如此，大资金更得如此。要想赚大钱，就要敢于在看好股票的困境反转中下狠手。因为足够了解，所以才经受得住时间和进一步下跌的考验，最终赚取丰厚的利润。这样的赚钱路径在当下也许感觉很慢，但从长期来看还是非常理想的。总之，不要试图赚取每一个波段，那不现实。我们只追求可复制的成功模式，哪怕它很小众，也不出彩，打动不了很多人，但只要能打动你，成就你，对你来说就足够了！

第五章　股票和指数的科学辩证观

从本章开始，我有意将那些重要到不可忽视的理论和经验尽快落地。而针对那些每天都能观测到的市场要素——其中最重要的就是关于个股和指数，之所以放到现在才打算做系统性讲解，是因为一直都有"三座大山"摆在我们每个投资人眼前。

第一座大山——看山就是山。这里说的是市场现象。作为初级投资者的你，此时还看不透也悟不明投资的本质，所以讲深了没用，也不用多讲。第二座大山——看山不是山。此时，你会发现事物的本质与你看到的现象可能存在极大的差别，于是你特别容易陷入焦虑、困惑和彷徨，就算一时不知所措，想来也是正常的——我前面所讲的内容，多与第二座大山有关。至于第三座大山——透过事物本质，回归于现象，从而达成现象与本质之间的辩证统一。这时候的你，看山还是山，只是心中既多了份看透本质的熟稔，又多了份回归现象的自信与从容。这种状态下的你，也就达到"稳坐钓鱼台"的投资水准了。推及至此，在带领大家连续翻越了两座大山之后，我们再来看这第三座大山，你一定会觉得看到的股市现象不一样了，相信现象里带有本质的影子，本质里亦带有现象的味道。

正所谓"仁者乐山，智者乐水"。意思是说，智慧的人懂得变通，仁义的人心境平和。这份变通的智慧和平和的心境，正是来自你思维的绽放。你的思维的深度和广度，决定了你能看到什么样的现象和本质。在不同层次的思维认知下，也许你眼中的本质，反倒成为了别人眼中的现象，因此无法统一而论。能统论一番的，是你将在你所看到的现象和本质之间，开辟出一条怎样的道路，这条道路能否帮你圆满完成任务，也是由你的思维决定的。

既然我们已来到这第三座大山脚下,且面对所有投资人都最具困惑的关于个股与指数之间如何辩证看待和应用的问题,这回不如以个股为突破口,先弄明白"个股",然后再由点及面,搞清楚"指数"。

围绕着股票与指数之间具有怎样的辩证关系,它们是如何联动的,我们该怎样赚市场波动的钱,个股的高估与低估如何判断,择时和择股哪个更重要,选股和投资策略孰轻孰重,以及如何看待定投和做空等一系列问题,我会在本章逐个研讨,以求在我们看到的股市现象与本质之间,开辟出一条切实可行的正道。

▎股票和指数之间具有反身性

我们评判各国股市表现好坏的第一标准,无一不是讨论其指数。指数作为一家股市的"综合评分",是最显眼、最简单易懂的,也是最容易被掌握的第一手数据。一般来说,国际上最常见的多为加权平均指数(另一类是算数平均指数,比较少见),这类指数能更真实地反馈在某一市场所有上市企业涨跌的整体情况。

当然,若要涵盖全部上市企业的股价表现,这是相较于像沪指这样的综合指数而言的。还有像深成指、科创50、上证50、沪深300这类成分指数,更确切地说,它们都是加权平均指数,但是它们仅涵盖了一部分上市企业的综合表现。不过,我们可以将成分指数当成不同的样本。一般样本标的所选取的都是市场内最具代表性的上市企业,因而能一定程度上达到以局部看整体的效果。

关于指数的由来大家完全可凭空想象。在最初没有指数的时候,对于市场上的股价整体表现股民是很难一窥全貌的,全凭对个股的主观预测做买卖。没有指数的股市,个股真可谓是各占山头,乱炒一通。后来才有了指数作为人心动向的"风向标"。

最初的指数逻辑,应该是先有个股,后有指数,指数在原则上并不干扰个股的波动。也就是说，指数表现纯粹是股市涨跌的客观反映。甚至你可以理解为，股市打从出现的那天起，就自带指数。只是这个指数是隐形的，没人看得见，也谈不上对个股有任何影响。

但自从有了具体的指数降临，相信很多炒股老手都能感觉到，指数就像是少了对市场自由调控的一双无形的手，而多了一副手铐。之所以如此说，是因为久而久之，当所有人的注意力都聚焦于指数，指数便沾染了人性，接纳了"社会丛林法则"。这对于处在"食物链上层"的资金来说，实则是笔宝贵的财富，于是指数便被赋予了非同寻常的意义。

指数的真实运行逻辑，在被无数人不间断地激扬预测和指点江山的干扰下，也便具备了索罗斯所讲的反身性，即被过度分析、判断，继而被交易所左右的指数，又会反过来影响个股的涨跌变化。然而，这种影响是极其微妙的，并不具有任何数值上的一一对应的紧密联系。由于指数之于个股是"一对多"，个股之间是没有确定性关系的。所以每一只个股只是指数波动的一个独立因子，其波动可大可小，虽然会受到指数的反身性影响，但是并不受指数的完全掌控。

究其根本，每一只个股的波动直接受其买卖资金所掌控；而指数的波动，则由其包含的所有个股的资金买卖所共同掌控。这种个体与整体关系的例子，在生活中比比皆是。假如一个班级的全体同学进行一场数学测试，全班平均分的高低，反映出了考试的难度系数。而难度系数的高低，肯定会影响每一位同学的考试分数。与此同时，每一位同学的成绩也将左右全班平均分，但是各同学的测试成绩却是完全独立的。这并不是说考试题目偏难了，就不允许有高分出现，只是出现高分的比例会相对少一些。同理，并不是说指数跌了，所有的个股都不准涨。就是如此简单的道理，但是因指数干扰而破坏个股买卖的例子，在现实中却随处可见。

▌股票和指数之间的辩证关系

混迹于市场多年，我常常会遇到以下情景：只要一看跌指数，同时又让大家提前埋伏看好的热点板块个股，就总有人跳出来说，既然看跌指数，怎么还能买股票呢？而在看涨指数的同时，提前让大家减仓锁定利润，也总是会遇到类似的"杠精"。

难道质地优良的上市公司的股票，一遇指数下跌就不能买了吗？事实上，指数下跌与个股下跌并不存在一致性关系。就算股票跟着指数下跌了，在企业基本面并无实质性改变的情况下，股价更低，投资价值更大，这样的股票不是更值得买吗？

当然，这只是一种比较理想化的情形。在现实中，指数与个股的关系要复杂得多。因为有无数个影响指数的因素，也有无数个影响个股的因素。有些因素是既影响指数又干扰个股，指数和个股又可能完全处在不同的走势类别之中……在此简单做个设定，假如指数遇利空而下跌，个股却遇利好，那你是该买还是该卖呢？甚至可以设定得再具体一些，假如指数是在上涨趋势中遇见利空，随即下跌，而个股是在下跌趋势中撞上了利好消息，那你又该如何操作呢？

真实的市场就是这样，同时被无数个干扰项裹挟着。上述设定仅考虑到双重影响因素，估计很多人就已经不好做判断了。要是同时从"五碗面"中跳出更多的干扰项——而此时，你个人关于持仓个股、仓位多寡、投资组合的一系列思考，同样也会融入你的主观判断之中，进而形成新的影响因素，这时你又当如何应对？这真是股票投资中的一门相当大的学问。

个股和指数的关系命门

问题的突破口，直指被无数干扰因素影响下的指数与个股之间关系的命门。言下之意，线索尽在探索个股和指数间的辩证关系之中，除此之外，我至今没能找到第二种解决问题的方案。而且，你只要在这方面增进了足够多的认知，相信再做起股票来，就至少减掉了一半的困惑与焦虑、贪婪和恐惧。

首先，我们要扪心自问一下，假如没有指数，我们还能不能炒好股票。如果你的答案是肯定的，则说明你对指数与个股之间的关系已经有了及格线以上的认知；如果你给予的是否定回答，那你就要好好思考一下，你要怎样做，才能切实做到没有指数也能炒好股。这绝非玩笑话，在最初的股市中，的确是没有指数的。

而无论有没有指数，你都有机会炒好股票，这便为我们揭示了真相：我们对待个股和指数一定要有主次之分，只要你炒的不是指数，就一定要把个股摆在最重要的位置上。指数的出现，只是为我们投资个股带来参考和帮助的。短期看指数波动，更多反映的是市场情绪的波动情况，但笼罩市场的情绪绝不能用来指导个股的具体操作。然而，很多人总习惯性地受到市场情绪的支配，于是就演化成了看指数涨跌，以裁定个股买卖。

长此以往，指数在人性的驱使下形成了"羊群效应"，顶级机构通过操纵指数越发变得得心应手。于是，异常凶狠且变本加厉的操盘手法开始进入主流市场。无数股民成天为指数上涨而奔走欢呼，或因其下跌而陷入忧心消沉。以沪指为首的几个重要指数，它们每日的走势曲线，终究牵动着亿万股民的神经。然而，就拿沪指来说，其涨跌数十年来如一日，个股的变化却有着云泥之别。

个股之间所表现出的巨大差别，绝不是同一指数随机带来的礼物或厄运。而从长期来看，指数根本就没给个股带来任何实际价值。甚至可以说，指数本就是虚拟化的存在，若不考虑指数参考价值和可用来做对冲的辅助价值，其自身内在价值几乎为零。

股票的内在价值却不可能是零。学过金融学的都知道，股票的价格是围绕着其价值上下波动的，股票价格并不能实时体现股票的价值。如果只观察短期，股价的波动具有很大的随机性，而且完全依赖于多空资金博弈的结果；但若看中长期的股价波动，股价表现终将体现股票价值，只是在时间上具有非常大的不确定性。我们唯一能确定的就是，经历时间越长，股价就越能体现出股票的实际价值，股价的波动空间就越是趋于合理。

对此，巴菲特的老师格雷厄姆曾说过一句世界级名言："股票市场短期是投票机，从长期来说，却是一个称重器。"所谓称重器，称的就是股票的实际内在价值，这说明左右中长期股价的决定性因素，完全取决于股票自身，而无关乎其他任何外在因素，当然也无关乎指数。然而，指数却不幸成了短期"投票"市场的风向标。

言下之意，指数无序波动的部分，只能影响到短期股价，中长期股价与指数日常无序波动的关联度非常低，完全可排除干扰。正因如此，许多价值投资人才专注于对个股的研究，而冷落了指数。从长期来看，只要方法得当，这么做更容易取得向好的结果。可是，价值投资并非一颗"万灵丹"，有些人只是披着价值投资的外衣，实际却干着投机的勾当，那结果也不会好到哪里去。而有些价值投资者，哪怕最终的投资回报不错，但其间的波动非常大，过程亦太过曲折，这还是有很大提升空间的。

提升空间在哪儿？将引出下一个话题，即指数引起股价的短期波动是客观存在的，聪明的投资人无论是不是在做真正的价值投资，他都不会完全忽视指数的存在，而是充分利用指数或其他因素所造成的价格波动，来为自己的投资做出更有利的规划。只要投资人的操作方向，是沿着这一套打法在不断适应市场不断升级的，无论他属于哪一类投资派别，到最后成功的概率都会比其他人高出很多。

大多数投资人之所以不断赔钱，有一个重要原因，就是极易被短期的股价波动所利用。其中，有一部分原因是由指数造成的，起到的却是推波助澜的反面作用。但不论基于什么原因，其结果必然是击中了大部分投资人的思维上的软肋，即贪婪与恐惧。

比如，指数一旦大跌，一般意味着大部分股票是下跌的。继而由于指数具有反身性，股民一见指数大跌，普遍会认为股票还有进一步下跌的动力，于是抱着"谁跑得晚谁更吃亏"的心态，纷纷抛出手中的筹码。这又造成了更糟糕的下跌局面。指数的下跌使然，外加反身性，确实能起到双重打压股价的作用。但一定是有的股票跌得多，有的股票跌得少，有的股票反倒能逆势拉起……

难道我们所有人都要依据指数的动向，再做出后知后觉而又本末倒置的决策吗？答案不言自明！这种做法显然是只能被指数利用而无法有效利用指数的。我们要想利用指数，就必须以个股为准绳，而只将指数作为一个附带的参考。假如你看好一只股票，各方面条件都不错，价格也便宜。就在此时，指数动荡突然造成股价急跌，请问你是该慌张呢，还是趁低价分批买入？在我看来，后者充分利用了指数波动，这不正是符合心意的操作策略吗？

既然提到了个股和指数之间的联动，这里有必要阐述一个既定事实：不同的资本市场内，个股和指数的联动性都是不一样的。如果个股随指数同涨同跌的比例越高，那么该市场的有效性就越差，反之亦然。

反观A股，目前的表现特征就是弱有效市场。其个股随指数的同涨同跌比例，相较于全球主要资本市场，一直都是最高。这不仅说明，我们A股市场的指数波动对个股的影响最大，同时也间接表明了，你若利用不好指数，便会被指数摧残。

因而，对于每天看盘看指数，又不想放弃技术分析的每一位投资人来说，你只有先练好技术分析的基本功，做到能分辨出不同类型的个股走势，你才可能在投资心态训练到位的条件下，游刃有余地利用指数波动来为自己谋求最大化收益。

利用指数波动辅助个股买卖

只要你对股市看得足够通透，就一定能明白，这套利用指数波动的打法，不仅是对技术派好使，对于价值投资人也同样管用。他们只是对战术性技术玩得不够精细，于是才忽略了股价短期波动，放大了操作周期。当他们在更大的周期上利用指数波动，并巧借逆向思维对抗人性，相信同样也能取得低买高卖的绝佳效果。

我当然不希望大家刻意去划分投资派别，只要是逻辑缜密、真正管用的技术分析，你尝试多学一些，对投资肯定是有帮助的。无论如何，你都必须将个股摆在最重要的位置上。而关于如何具体利用指数波动以辅助个股操作，无法一概而论，更不能全面解说。不过我可以献上两例，大家均可举一反三：

例如，你非常看好一只个股，基本面你认为是不错的，可惜股价偏高，已经有了一波不小的涨幅。此刻，你至少有两种选择：一是先买后观察，既可以轻仓找盘感，也可以先买上一部分仓位，以满足心理需求；二是耐心等待洗盘机会。从概率论的角度分析，你买一只股票刚好买在底部的概率微乎其微，所以等待其实是有科学依据的。而买入机会，有时是股票的利空提供的，有时是指数杀跌带来的。如果你预判指数将跌，那么耐心等待低价买入的胜算就有可能增加。无论你选择哪种，都请切记，章法大过人性，既然看好，就要尽快找到切入点，以免彻底踏空。

再举个更复杂的例子：假如有一只股你很看好，认为其基本面不错，股价被低估，成长空间也足够大，但唯有一点不好，就是股价尚未摆脱底部震荡区域。同时你发现，在这一段震荡的时间和空间内，该股票跟指数的走势正相关性很高，而且总是指数涨时，比指数涨得多；指数跌时，又比指数跌得多。那么，你就可以在正式突破之前，拿一部分仓位先做底仓，并跟着指数或利用其他因素所带来的下跌，耐心做些差价。由于此时操作的核心矛盾是害怕弄丢筹码，所以坚持先买后卖、多买少卖，这样就可以不断增持筹码、降低成本，耐心等待突破了。

还有一些技术高手，可以利用指数在某些波动比较大的交易日，做出非常高效的高抛低吸。这类方法一要择时，二要适度。但最重要的还是得正确评估自己的操作风格和能力，量力而行。比如，2015年正发生"股灾"的时候，由于当时的指数波动非常剧烈，造成个股的日内波动经常达到十几个点。彼时创业板的涨跌幅尚停留在正负10%的区间。也就是说，因指数总是以超大幅度低开高走，很多个股干脆以跌停开盘，然后又翘板翻红，当时手中留有足够现金又懂技术的操盘手，哪怕是在股灾中，也能赚取相当大的利润。

我始终秉持的投资理念是，存在即合理。指数存在的意义，就是要为我投资所用的。关于对指数的运用不可能一下子就讲全，这需要我们在日常操作中不断去感悟总结，进而提炼出更多有效的招式和方法。总之一句话，只有靠自己思考、领悟、运用得来的认知能力，才是真正属于你自己的投资之道。

如何赚取市场中波动的钱

在股市中，职业投资人习惯以指数作为参照，以赚取长期超越指数表现的超额收益为第一目标。在业内，以此为目标的投资策略主要有两类：一类是依靠精选行业和个股来超越指数的阿尔法策略；另一类是依靠择时来获得超越指数收益的贝塔策略。

从长期来看，个股背后的企业要成长，于是我们在股价漫长的波动之中可赚到两种钱：一种是市场波动的钱，即贝塔收益；另一种是企业成长的钱，即阿尔法收益。

论此两种收益，我们必须要清醒地认识到，股价的短期波动是无法做到百分之百准确预测的。而股价中长期的波动，则以价格围绕价值上下波动的方式持续进行。也就是说，若你想以最确定的机会赚股价中长期波动的钱，其他方法犹未可知，但是这种方法最可行，即在股价被低估时买入，等到股价被高估后卖出。

尽管股价的短线波动无法做到长期准确的预测，但预测本身是没有错的。习惯性做短线预测，并不是投资成败的核心因素。那些总是搞短线失败的人，真正错的是在操作上毫无保留，没给自己留下任何纠错的机会。看涨就全仓买，看跌就立刻清仓不玩了。他们将自己的预测当成了"圣旨"，执行起来丝毫不打折扣。他们的失败，恰恰证明了短线预测的长期无效性。如果你不想成为他们中的一员，则需至少做到以下两点：

一是出于对增强安全垫的考虑，纯投机的短线博弈不要做。这意味着一旦有追高行为出现，由于股价远高于股票内在价值，在概率上其实你已经输了；二是在注重股票基本面的同时，每一只股只做适度仓位的配置。因为股价无法被准确预测，重仓博弈则意味着，股价一大跌你就很容易陷入被动乃至困境当中。一旦如此，再想通过增仓来调节成本就很困难了。基于这一点，我们最好只做估值合理或被低估的股票。而且在建仓之初，就要先做好最坏的打算，并以此做好仓位规划。

只要你能坚持做到以上两点，相信你一定能胜过这市场上十之八九的投机客。那么，市场波动的阿尔法收益和贝塔收益，也就永远被你程式化地攥在手中了。

择股、择时和投资策略

关于择股、择时和投资策略谁更重要的比较，单列为一个专题讲，足见我对此问题的重视程度。不吃透这三点，股票分析的根基就立不住。若不受顶级逻辑的支撑，你的长期收益率则会大打折扣，甚至还会出现反向的结果。

择股 VS 择时

先跟择时比，我认为择股更重要。因为做投资，股票才是根本，而好股票可以穿越牛熊，这便超越了择时的概念。择时若论其本质，则无法做到完全、精准可控。再跟相对可控的择股一比，择时立刻就矮掉了一截。但是，又不能说择时完全没有意义。我的意见是：一定要把大部分的投资精力都花在择股上，但不能频繁择股。同样地，可以适当进行择时，但亦不能频繁择时。周期较大的择时，才更具实践意义。整天想着做高抛低吸，若你认为这也属于择时的话，那很可能是反复在做无用功。

短线实操，我认为更讲究策略制胜，算不上是真正意义上的择时。举个典型的例子吧，假如你认为现在是绝佳买入时机——这算是择时了吧，可当你重仓买入后，很快就发现实际走势不如预期，于是心里犯起嘀咕，估摸着很可能是买错了。那后续该如何操作？你还要再择时，选择大清仓吗？

事实上，那些做短线也能成功的人，根本就无所谓择不择时，只要发现买错了，或是达到了自定的某种标准，他立刻就会斩仓。这属于策略制胜的范畴。假如你没有策略，只知按预测去买卖，自以为是在择时，其实是把你自己当成了某种标准。因为你是情绪化的人，同时又受到自我认知的局限，所以你的主观标准实为放任自流的状态。这种所谓的择时，最终结果是"眉毛胡子一把抓"，对风险和机会傻傻分不清楚。说到头，还是因为缺乏实用性。

只有预测，没有约束；只讲预测，不讲规律。用个人行为无论如何也解决不了自身的认知缺陷。这样的知，实则是不知，任你再怎么按照自己的预测，做到百分之百的知行合一，都是注定要失败的。试想一下，你连一个成功的范本都做不出来，又从何谈起复制你成功的投资经验呢？

我常跟人说，越简单的方法才越有效。因为越简单才越接近于事物发展的规律。如果我们只是在大周期上进行择时，且仅将重点放在股票估值的高低上，那么被简化后的投资功课，相信所有人都懂得该如何做——必然是在低估时买入，在高估时卖出，这就是一种可被复制的成功范本。然而，多数人仅限于知道而已。"不识庐山真面目，只缘身在此山中"，说的就是这个道理。

我们天天盯着股票，心绪都随着股价或指数的波动走，自然就被短期的随机性走势束缚了心智。要想做到大方向正确，就一定要将周期拉长，并战略性地忽略小周期性波动，那么"不畏浮云遮望眼，只缘身在最高层"，才有可能是正解。只要把握住了大周期的择时，对于短期内的股价波动，我们都可以交给策略来解决（如间隔买入、卖出法）。这样做的好处亦相当显著，你只需按照既定策略来进行交易，市场若再出现任何风波，就算在情绪上可能于你不利，也很难再干扰到你了。

择股—择时—投资策略

择股、择时和投资策略之间的差别，以及它们各自的担纲，讲到这里就算引出了大概。我们首先应考虑择股问题，但不能是频繁择股。因为频繁择股等同于短线择时，其自身意义并不大。如在频繁择股上花费精力过度，功倍事不一定能及半。只有在择完股之后，我们才能在此基础上进行大周期的择时。择时又完成之后，再将短期内的股价波动，交给自己最擅长的一套操盘策略。你只要将上述所有流程都确定下来，逐一细化精心打磨，就足以打造出一套可循环使用的交易系统。

然而，大多数投资人的投资策略却是缺失的。没有策略的择时，与他们随性的择股同是炒股中致命的弱点。但于我个人而言，我认为择股优于择时，当然也难于大周期的择时，而研究出一套好的投资策略，其难度比选好股票要大很多。特别是对于后半句观点，之所以如此说，是因为这都体现在不同的认知层面上。

甄选好股票是投资人综合判断上市企业能力的体现，解决的是买什么的问题；而投资策略，解决的是优化投资组合，具体到每一只持仓股的买卖细节，以求组合达到最佳风险收益比的问题。而从认知经纬度上来说，由于投资策略既包含了研究的所有股票，又涵盖了与股市相关的几乎全部内容，而且还得将不断更新的市场状态，通过策略交易实践出阿尔法和贝塔的双重收益。

由此可见，择股是投资策略的一个重要开端，万一择股出现了问题，最终解决问题的还是投资策略，所以我们可以将投资策略放在最重要的位置上。就算你不这么看，你至少也得将投资策略放在跟择股同等重要的位置上。

不妨做个设想：假如没有投资策略，若你还想实现阿尔法和贝塔双重收益的保证，那么你仅剩下一条路可走，就是通过择股长期跑赢指数。单凭择股没有纠错机制，其本质还是在靠天吃饭，因为股价到底能不能涨，何时才能涨，全由不得自己做主，我们等于是把命运全部交付给了所买的股票。

若是能研究出一套好的投资策略，虽说命运依然是交付给了所买的股票，但是我们在很大程度上掌握了自己命运的主动权。基于此理，我才认为投资策略更重要一些。也正是因为大家丢掉了这最重要的"谋生"手段，所以我从不怀疑大家买不到牛股，然而就算买到了若干牛股，最终还是跑不赢指数。

不过，也有出现矛盾的地方。像有些投资人，他们在投资上获得了巨大的成就，但成就只归功于选中了伟大的公司，而且数十年如一日地拿着股票，就没听说用过什么投资策略。殊不知，像这类投资人都有被好股票"死死套牢"的经历，但因超乎常人的多年坚持，不仅于若干年后"起死回生"，反而赚到了丰厚的身家。既然别人的成功于你而言是水中望月，遥不可及，那么再一味模仿别人的成功路径，也是毫无意义的。

有一句话，几乎所有人都会讲：伟大的投资人，都倾向于长期投资、价值投资，既要选择好股票，还要跟时间做朋友。然而，在前文中我讲过更重要的一句话：做长线投资其实有个隐性条件，就是持仓成本必须要足够低。伟大的投资人都遵循了这一原则，唯有你还在傻傻地追高，不知所谓的坚持！

实际上，那些堪称伟大的投资人，都是很能抓住自己投资中的核心矛盾，然后用丰富的经验和高认知解决掉矛盾的一类人。一方面是他们的投资金额都很大，在买卖股票时采用逆向投资、策略投资的方式理应是常态。只是策略肯定做得不如小资金精细，不过在投资之道面前，投资之术自然就显得没那么重要了。另一方面，当股价摆脱了成本区，接下来才是那些伟大投资人的拿手好戏。他们能常年拿得住股票，让复利随之奔跑——精细化的操作策略于超大资金而言，显然已没有多大意义。

但是对于小资金来说，我们应该有所领悟，过于精细的操作策略，在亏损管理中是优势的，在盈利管理中就可能成为阻碍。所以在此前的论述中，我就讲到过"亏损管理要精细，盈利管理要粗犷"的观点。那些伟大的投资家则是先保证了不亏钱（即巴菲特所言，永远保住本金），然后又将盈利管理粗犷到了极致。换言之，如果你也打算这样做盈利管理，别忘了那个重要前提，你先得保证自己不亏钱。

三种投资模式

分析至此，我认为做股票的成功模式大致可分为三种类型：在自身并无致命认知缺陷的前提下，第一种是选股成功；第二种是策略成功（这种基本都是技术派）；第三种是选股和投资策略都成功。

我甚至觉得，只要你具有琢磨出一套好的投资策略的认知水平，就一定拥有甄别牛股的能力。但是第二种策略率先成功的技术派，往往是很难再掉头转向选股成功的。这其实就是技术派和价值投资派之间的一道天然屏障，大家都不愿轻视自己最擅长的绝活，而重新系统地去学对方的看家本领。

实不相瞒，我最希望的是将两者融合，走第三种成功模式。我相信，谁融合得好，谁的业绩就会持续稳定，复利自然不在话下。因而在选股之余，我们有必要花费一些时间专注于研究操作策略。毕竟，我们都要在一定程度上，摆脱"靠天吃饭"的宿命。此外，还有一个重要原因，就是每当极端行情出现，应对最出色的往往是第三种模式。

面对这三种投资模式,我们一定要深刻认知自己——属于哪种投资性格,适合做什么风格的投资。弄清楚这点很重要,因为这涉及对投资策略的度的把握。只要所选择的股票摆脱了成本区,有了做长线投资的有利条件后,我们就应该将持股逻辑是否变化,亏损管理如何转向盈利管理放在第一位。若持股逻辑无变化,那么此后最大的难题,就是该如何跟好股票长期相处,运用好复利魔法。而这些,就是我们要跟投资大师们学习的必修课了。

深度分析上市公司

先讲个真实的故事:

我在学生时代就开始炒股票,还带动了周边好几个寝室的同学一起。有一天,一位同学在门外大倒苦水,说某股票才几倍市盈率,妥妥的蓝筹股,不知道为什么就是不涨呢?他提到的那只股票,其实我心里就跟明镜似的。因为我从小就在那家上市企业的家属区长大,从小耳濡目染,对它的实际情况还是有足够判断力的。当时其股价从最低点开始算起,在短短半年时间里,已经涨了有5倍之多。

这个故事说明:光靠看财报分析上市企业,根本就靠不住!我早年做过财经编辑和记者,在调研上市公司的时候,我会反复查看它近三年的财报。财报数据于我而言,并不是最重要的,这恰与很多价投派人士不同,我更看重的是从财报的各项描述中,提炼出上市企业的商业模式。

商业模式,是一家公司从事商业活动并获取利润的具体方法和途径的统筹称谓。最被看重的盈利模式自然也包含在内,同时又纳入了如公司财务、产品和服务、人力资源、客户群体、销售方式、品牌和知识产权、企业创造力和所处的独特环境等一系列经营要素。值得被投资的商业模式,在我看来是那些务必能提供独特价值,别人难以模仿或超越的，也是能脚踏实地持续经营下去的企业运营模式。

简单来说，好的商业模式是一定能用一句话就讲清楚的。我一直主张，只投资主营业务十分清晰的公司，就是因为如果主营业务太过复杂的话，其商业模式仅用一句话根本就讲不明白。好的商业模式的基因，就注定拥有好的价值主张，因而也更容易生产出好的产品，或提供好的服务；反之，如果没有好的商业模式，即便最初拥有再好的产品和服务，也终究会受商业模式的拖累而急转直下。

像价投派最喜欢讲的"企业护城河"，其实也属于商业模式的一部分。一家企业的"护城河"，如品牌忠诚度、定价权、资源垄断等，到底能有多深？我们如果研究不了太多，那么仅通过看企业产品的产供销以及售后反馈，就大概率能够抓住企业核心竞争力。

彼得·林奇就曾说过："业余投资者只要花少量的时间，研究自己比较熟悉的行业中的几家上市公司，股票投资业绩就能超过95%的管理基金的专业投资者。"对于业余投资者，我也是持同样的投资建议——从围绕在你身边的衣食住行做起。先透过对产品和服务的了解，来反观上市企业商业模式的优劣，没有比这更直观的第一手资料了，也相当于是处在企业调研的最前沿——历来那些为人称道的超长期大牛股，你都可以用这种最通俗易懂、简单易行的方式觅其踪影。

产品和服务的优劣，对于上市企业具有一票否决权。因此，只有通过了产品关，你才有必要进行下一步。否则，对于一家你对其产品根本就不感兴趣的上市企业，你是不可能倾注极大热情的。而对于一项你兴趣寡淡的投资，在深入了解过程中，便很容易产生不客观、急躁、激进等负面情绪。受情绪操控的交易，下重注就必然要冒极大的风险。

过了产品关之后，再过企业财报关。财报的功能，一方面是帮助我们总结企业的商业模式，这是诊断公司前景的重要手段；另一方面就是了解公司基本财务情况，同时也是为了排雷。两关都能完满解决，也别急着高兴，这只是万里长征走完了第一步。我们既然选定了一家被投的标的公司，就要做长期跟踪的准备。在钱投进去之前，我们就要开始这项工作；钱投进去之后，我们更是不能懈怠。

选择一家公司就等于选择了一个行业，那么对于行业的基本信息，我们还是要有所了解的。我在当财经编辑和记者的时候，为了快速了解一个新行业，我往往喜欢采用最笨的方法，当然也是最有效的方法——我会将该企业名称用百度搜索出来，然后将前 50 页我认为有价值的内容都复制在一个 Word 文档内。一般有 8 万~10 万字的内容，只要粗中有细地来回看个三遍，大体情况就都了解了。

分享此方法，还有另一层意思。就是那些我们连它的产品或服务都搞不明白的公司，它的商业模式我们就更不可能搞清楚了，也就没必要再碰了。不然你就算来回研读数十遍文章，恐怕仍是一头雾水。一个连你自己都搞不懂的东西，跟内行人自然是无法交流的。

既然我们做不到"眼观六路，耳听八方"，进一步与被投企业发生联系，换言之，如果我们只能学个一知半解，那必然对投资无益。退一万步来讲，就算最后你全都搞明白了，却因耗费精力太多而错过了最佳投资时间，那也是不值当的。

长期跟踪一家企业，我认为要维系一种"亲情式"的感觉，同时要破除掉"永远都是最好"的执念。维系"亲情式"的感觉，就是对于好的反馈要褒奖，对于不好的反馈也要敢于批评。无执念，那是因为任何事物都是时刻处在变化之中的，没有任何事物能永远处在最顶端的位置。

为了维系感觉、破除执念，我们要客观看待发生在公司身上的一切。不仅要看最新出的财报，也要看公司的各路新闻报道，就连投资人对公司表达的负面评论我们也不能错过。而且越是重要的投资人的表述，所表达的观点越是犀利、具体，我们就越是得当成重点来观察，绝不能大意、排斥，或轻易进行主观的反击。因为这些问题，往往是你透过现象看本质的重要突破口。

▎企业估值的适用方法

给上市企业估值有绝对估值法和相对估值法之分。由于绝对估值法要用到各种折现模型，而取用的数据又普遍是预估值，所以经多轮计算后得出的绝对结果，不一定对炒股有很大用处。另外，股价的波动从来都是非理性的，它总是从一个极端奔向另一个极端，因而你费尽心思琢磨出来的数据，很可能做的是无用功，单凭数据无法有效应对这个非理性市场。

既然市场是非理性的，它总像个大钟摆似的，自我沉浸在巨大的波动之中。那我们选择的方法，就一定得拿捏住钟摆特性，并以此为投资提供确定性机会才算可行。根据钟摆原理，我们只需盯住股市波动的两极，以及估值合理的中间值，投资便可做到有的放矢，掌控有度了。

我们只需在估值低的一极主买，在估值高的一极主卖，这就是最大的确定性机会。而估值高低的评判标准，主要源自与历史平均估值的比较。也就是说，我们不是非要算准企业的绝对估值，只要运用相对估值法，找到或算出那些相关的估值对比数据，然后就可以依据钟摆原理进行股票操作了。当然，运用相对估值法，有两个前提你必须遵循，一是不可以乱投机，二是要多掌握一些操作策略，以保证有错易纠，胜算最大。

测企业相对估值，也有很多种方法。下面介绍我最常用的一种，即比较当下企业市盈率在近几年市盈率波动中所处的高低位置。比如，根据某股票最新发布的年报预测数据，我们将知道上年企业大概的年利润是多少，然后拿市值除以年利润，就得出了最新的市盈率。此数据暂放一边，另需先罗列出该股票前三年的市盈率数据。其中最重要的是要弄清这三年里每一年市盈率的最高值和最低值分别是多少。然后根据这些数据，算出每年的平均市盈率。甚至于可将这三年的平均市盈率再进行一次平均，同理可将这几个最高市盈率和最低市盈率都各自再求一次平均值。然后，我们再拿最先算出的市盈率，与被平均后的三项数值进行比较。

平均后的三项数据就类似于钟摆的两个极值和中间值。一经对比，我们便清楚了解到了目前股价所处的位置。不仅如此，若股价是低估的，大概会有多少上涨空间，若股价是高估的，大概会有多大的下跌空间，我们都能估算清楚。而且做这些功课，只需要小学生的数学水平就足够了。

一开始我其实不太习惯用市值来估算股价的上涨和下跌空间。但用多了之后，发现还是蛮方便的。于是，这种运算思维无形地植入到了我的潜意识里。以后再遇到类似问题，我会第一时间想到用这个方法。

延着上面的思路，我们继续往下推算。由于已知了最新的盈利数据，以及前三年被平均后的最高和最低市盈率，那么再用盈利乘以该市盈率，得到的就是该企业在今年波动的市值区间。当然，这也只是个大致范围，不可能做到十分精准，但很可能是符合正态分布的结果。如果你想把区间扩大，也可不平均市盈率，而分别取最高和最低市盈率的极值。这样做也是可行的，但缺点是空间过大，会增加实际操作的难度。

在有了今年股票市值的波动区间之后，就对应出了股价的波动空间。然后再与当前股价进行比较，到底是高估还是低估，一眼就判别出来了。不过，这里需要注意一大一小两个问题。小问题是，每年的企业业绩是变动的，所以哪怕今年跟去年是同一股价，企业的市盈率也可能大不相同。正常来说，好企业就算常年保持一个较为稳定的市盈率，但由于企业是不断稳定增值的，股价还是会逐年走高。因此，我们既要以发展的眼光来看待企业，也要以动态的计算方式来应对不断变化的市盈率波动区间。

这个大问题其实也是个超级大难题，即防止掉入市盈率周期陷阱。一般情况下，炒股票比较好把握的是从低估值涨至正常估值，及从高估值跌至正常估值这两段。可是，股票的非理性涨跌往往是一气呵成，强行贯穿这两种非理性状态。要么股价直接从极大高估跌至极度低估，要么就从极度低估涨至高估到离谱的水平，而中间正常估值的部分总是被忽略。因此，一般人买股票，只要是吃了低估的这半段，高估的那部分就容易弄丢；好不容易避开了高估的那半段下跌，跌往低估的后半段轻易就将你全程套牢。

我表述出来的，还是比较理想的情况，在实际炒股中，情况远比这复杂得多。比如说，企业突然陷入亏损，就没有了市盈率，这可不好再进行比较和计算了。又或是，万一企业业绩有作假的嫌疑怎么办？

企业的合理估值没人能够定义，唯有历史经验可供借鉴。而且，各行各业的估值标准差异巨大。估值历来就很低的如银行股，常年都保持着个位数的市盈率；但新兴产业里的科技股，却动辄上百倍市盈率。你越是不敢买的时候，它反而越是能涨，市盈率仿佛从来就不存在一样，令人咋舌。因此，我们在给企业做相对估值的时候，就很有必要加入行业因素，来做具体的考量。若是不同行业个股之间做横向比较，又或是同一个股、不同时间周期下做纵向比较，实操起来可能非常复杂，就得具体情况具体讨论了。

最后，再进行两点补充说明：

第一，用相对估值法要重点提防周期类股票。因为周期类股票业绩的周期性特别明显，所以它更侧重于炒预期，从而形成了买在高市盈率、卖在低市盈率的特点。你自己可以做个简单的推演：周期性股票在市盈率很高的时候，业绩开始反转。等业绩兑现后，市盈率已然回落，不知所以就进来抄底的散户可能有很多。这种时候，获利颇丰的主力筹码很容易趁势出逃。纵然如此，周期性股票也并非完全找不到规律可比，只是我们要换一种比较法。比如拿一轮完整的周期去跟上一轮周期进行对比，在同一阶段下借鉴历史周期上的市盈率拐点

（将同类型拐点处的市盈率看作相同）。由于业绩已知，上个周期市盈率的全部拐点又均可借鉴，便可凭此预测出当下阶段的股票高低点。

第二，股市在不同阶段下具有不同的投资偏好及风险偏好。当你感觉到市场的整体或部分正处于非常规状态的时候，一定要保持清醒，慎用常规方法。比如在2019~2020年，市场集体"吹捧"核心资产，凡是价值股都被机构相互哄抬股价，机构美其名曰"价值投资"，这类股票在这一阶段市盈率都出奇地高。这时候，用市盈率比较法做当下的任何分析都是徒劳的。我们需时刻提醒自己，股票的所有溢价皆是泡沫。溢价的高低，是由当下人的群体性意识形态所决定的。我们运用市盈率比较法的最好方式，就是参悟人性、放大周期，穿越过去、笃定现在，只做长周期粗线条式的大比较，便可看清未来。

综上所述，无论在何时、何种情况下，时刻保持清醒的头脑，追求最基础、永恒的价值规律，理应永远放在第一位。

如何判断企业是高估还是低估

衡量一家企业业绩好不好，估值是高还是低，一般会与同行业中的企业来进行横向比较。其产值规模决定了行业地位，毛利率和净利率决定了公司业绩水平（排除其他收入）。在必要条件下，有时也会探究企业管理支出比例的变化，不过一般要比较至少近三年的数据。最后一步，一般要分析主营业务前景，或公司拓展产品（或服务）的上下游产业链的情况……

预测企业未来，以下这些情况你必须了解：行业的市场蛋糕有多大，公司市占率及未来的扩展比例，行业内比肩谁或者预计会超越谁，企业利润的增长预测……

有了企业盈利数据，按照行业平均市盈率，可轻松计算出相对应的股价和企业市值。然后比对股票现价，我们可轻易判断该股票在当下市场的估值水平。不过，该估值只反映当下，并不代表未来。"刻舟求剑"是很多股民都会犯的错误，他们从不将股票看作可升值的资产。

因此，此处需重点提及两点：第一，企业估值是相对静态的，但买股票是买未来，要判断企业未来的估值折现，这就不得不考虑企业未来的成长性，这点至关重要。如果你没有吃透这一点的话，很可能会错过一批大牛股。以此之故，对于高成长性企业来讲，最好不要将其市盈率当成重点参考指标。如果一定要看，不妨选择动态市盈率[①]。第二，券商的投研报告的写作模板，都是非常统一的。它们皆是根据企业未来三年的业绩预估，进而测算出每年的归母净利润，然后再按当前股价进行测算，算出未来相对应的 PE 值——即假设股价未来三年保持不变，企业的 PE 将随业绩做何演变。这其实就是证券研究所对于企业动态市盈率具体算法的长周期呈现。

据此算法，我们从实用性角度出发，只要估算出企业未来一年的股价上下波动正常区间就可以了。具体做法是，取前若干年得出的行业平均市盈率的高低两个极值，再按照第二年预测的每股收益（可做保守预估，也可做收益无变化处理），分别乘以这两个极值，便得出了股价在未来一年中的理论波动区间。

在此区间，可以很容易判断出，当前股价所处的位置是高还是低，是否值得买。然后运用操作策略，管控好仓位和成本——一套程式化的操作，可以让赚钱变得简单。但请你务必记住，只要你能掌控住成本变动的主动权，行情波动对你造成的影响，就会永远朝着你趋利避害的方向在发展。任何事物都具有两面性，唯有把握好投资中的"度"，下跌并非永远都是令人恐慌的敌人。好的投资策略，也会让下跌变成一种资源。

[①] 动态市盈率，是指还没有真正实现的下一年度的预测利润的市盈率。等于股票现价和未来每股收益的预测值的比值。市盈率和动态市盈率是全球资本市场通用的投资参考指标，用以衡量某一阶段资本市场的投资价值和风险程度，也是资本市场之间用来相互参考与借鉴的重要依据。

好股票为何也会"跌跌不休"

很多投资大师都说过，股票在短期内的表现与企业基本面没有关系。如前文中提到，巴菲特的老师格雷厄姆曾说道，股票市场在短期来看是投票机，从长期来说，却是一个称重器。

投票机是谁投的票？我们可简单理解为——人性。人性追求的不一定是对事物本质的准确判断，却一定会在追求中回归人性的本质。也就是说，在群体性主观意识和行为中，由于人性是相通的，而且与生俱来有被人认同的彼此需要，于是最便捷、最易引起共鸣的方式就产生了。人性中的劣根性最具普适性，也易引起共鸣，所以最终被无限放大的就是人的劣根性。毫无疑问，人之劣根性涵盖了人在心理和情绪上的一切弱点。

在前文中我就讲到过，股票是虚拟经济的代表。股价超出其内在价值的部分，统统都是"泡沫"。虽然如此，但股价依然消灭不掉"泡沫"，而注定要与"泡沫"共存。因为股价只需要在一定时间内获得一定人群的资金"投票"便可形成。

其实，在这"一定人群"的认同里仍有水分。因为纵然有人买了股票，但不代表他就认同其虚拟价值。一是因为"羊群效应"，二是因为击鼓传花的思想。只要他相信，在未来有人愿意以更高的价格买走自己的股票——只此一个理由，就足以吹起股票巨大的"泡沫"。你也可以说，是人的意识形态吹起了"泡沫"，"泡沫"反过来又影响人的意识形态，由此构成了不同阶段下的股价表现。

可人的意识是纯主观的思想体现，也是人性弱点的最直接、最具体的表现形式。它本能地继承了人在心理和情绪上的一切弱点。因而在面对股票涨跌时，投资人最典型的表现就是喜欢钻营取巧，主观性强而多变，一心想着趋利，总是忽略避害，在逆境中极易持续性输出不稳定情绪。极度的贪婪和恐惧，往往使人的主观意识过分注重对个人短暂心绪的自我满足，而长久地忽略了顺应客观事实和规律的重要意义。

综上来看，人性必将吹大股市"泡沫"，最后吹破"泡沫"的也还是人性。股市的运行特征必定是在吹大"泡沫"和刺破"泡沫"之间反复摆弄。同样是在人性的加持下，股价表现往往会从极大高估直接跌至极度低估的状态，也很可能再次从极度低估涨至高估到离谱的水平。而处在前一阶段的股票，哪怕业绩再好，在一段时间内也可能是"跌跌不休"的——这里不谈每个阶段的预期，也不讲细微之处的逻辑，事实就是逻辑自洽的最有力的证据。

当股价从高估跌回正常估值，只要此时人性的主张依然占据着主导地位，股票的内在价值就会被集体性忽视，继而秉持着对下跌的"顺势而为"，不幸造就了"跌跌不休"的恶果。而这个果，从来都逃不离人性的包围圈。具体道来，不是从贪婪滑向恐惧，就是从恐惧滑向贪婪。总之，一定是从人性的一侧滑向了另一侧。而无论是滑向了哪一侧，最后表达不满的，却依然是人性本身。

股市之所以具有自我修复的功能，是因为股市是人性的集合。它本身就是个综合体，所以是呈中性的，且中和了其中的劣根性。在我看来，虽然股价不可完全预测，但是人性可以比股价预测得更具体。毕竟人性中也有其理性的一面，理性不会完全消失，阻止非理性的力量则永远存在。而在理性和非理性的不同阵营之间，始终是此消彼长（股市里的资金也会强化这一点）的关系，这就为股市的自我修复功能提供了现实基础。

就算股票已经跌得很深了，要准确掐算股价的上涨时间与周期，依然是极小概率事件。其实还有个说法，那便是人性中的"羊群效应"。股市中从来不缺各大机构充当"领头羊"，它们就像"多米诺骨牌"一样，将人性在股价中的表现放出了叠加效应，所以才总是会出现那么多极度低估和高估的股票。

总是出现这类股票，我们该如何做？这又回到了问题的开头，当你发现已经跌残了的低估票，你能保证它第二天就一定上涨吗？

谁都无法保证！

那第三天、第四天呢？

问题一针见血！我们无处可逃，也无力改变现状！

只能在最后送各位一句话：炒股票就别试图把握每一个明天，模糊的正确比精准的错误更重要，我们只需运用得当的方法，把握住未来，那么你就是赢家！

在个股与大势间做抉择：预测+操作

如果是同时看好或不看好个股与大势，这都很好做出操作选择。本人被问及最多的情况一般是，在大势不好的时候，如果看好个股该怎么办？反之，在大势很好的时候，如果持仓个股不看好又怎么办？

预测和操作不能错配

对于后者，选择调仓换股是顺势之举，这不难做出判断。对于前者，若是我们能逻辑缜密地做出条理十分清晰的判断，那么我相信未来遇到任何在个股和大势之间做抉择的问题，都将不在话下。下面就好好剖析一下前一种情况的逻辑与判断。

做股票投资，"看好"只是你的预测，"持有"和"买卖"才是你当下投资意识的行为映射，它们都是你主观投资思维的具体表现，没有绝对的对与错之分。如果要说绝对，只有盈利和亏损才是绝对的。我们要把握绝对的东西，在主观方面，要把握"度"，但别忘了配合客观投资规律。比方说预测，我认为预测是十分必要的，但是要防止预测过度。

预测和买卖这两种主观意识，就好比买新装时衣服和裤子的搭配，都没有绝对的好看和难看之分。两者搭配在一起首先是要舒适，再就是要令人赏心悦目，同时考虑一下实际支出。你认为性价比如何？只要自己能接受，这就是一次不错的操作。

回到买卖股票上，既然我们看好并持有的是股票，那么市场大势好不好，这只是外在的干扰因素。要切记，预测只是个附加值，是围绕着股票买卖提供参考服务的。在股票买卖的问题上，你操作股票的核心矛盾是什么，就让它掌控买卖股票的决定权。显然在此问题上，起到决定权的只能是：你看好的这只股票有没有发生重大变化，是否已改变了买它时的初衷？

若你扪心自问，答案为"否"，那么预测大势则不能起到决定性作用。它仅起到的作用是，比如你加仓时，考虑到大势这一因素，你选择偏于谨慎少加一点；或是今天加的仓，有利润便尽快 T 出，以保住差价。

我们必须要认知到，你的预测不一定靠谱，或者说，一定会有出错的一天。因此，以错配（非核心因素的预测之于核心操作）的预测来决定核心操作，这就起了偏差；与我们追求绝对把握的规律是相背离的，所以就很容易亏钱，甚至奔向反复利效应。

接下来，我们就具体说明一下预测不错配的情况：

如果是看好的股票自身出现了重大问题，令人彻底转变了看法。在此种情况下，别说你预测的大势不好，就算你预测大势很强，也有必要痛下杀手，以绝后患，否则便涉及巨大的时间成本和机会成本的问题。不过及时止损，要顾及你个人长期操作的概率，不能止损得太频繁了。频繁止损，则说明你选股体系有问题，亟须重构。

如果还是你看好的股票，其本身并没有出现重大问题，你只是对突如其来的利空感到担忧，又或是对其技术面抱有下跌预期。这时，我们还是要注意错配的问题，只不过是操作级别上的错配。因为长期持股逻辑保持不变，那么此小周期预测，对应你持仓逻辑的权重占比，理应是很低的。于是，你可以这样理解，你觉得（靠个人主观评估，并无绝对依据）这一权重占比有多大，你想卖掉的持仓占比就可以有多大——当然可适度微调，但最好围绕权重占比而行。这样才算是匹配的"知行合一",而非再次错配。

当然了,如果是在赚钱的条件下,你想全部卖掉也是可以的,因为你已经抓住了最确定机会的根本,即确定利润。但在预测被兑现后,股价下跌要尽快买回来,这样才能防止所赚的差价与差价级别之间产生错配。因为你看跌的只是小逻辑,本质上你仍是看多的,那么在你的小预测里,就不应大范围地赚到太多差价;若是预测出错,股价不跌反涨,请尽量不要追高,以防止股价回跌,让自己陷入被动。在此情形下,还是想提一句中肯的建议,人性多变是常态,策略做多了难免走样,本来都不是职业炒家,所以能忍住不动的,就尽可能不操作了。与赚这点小差价相比,你脑子里该思考的和你要做的,是更大的周期和坚持。毕竟,赚取主升浪,才是盈利的最大头。

操作这种小波段的真正目的同样是因为人性。一旦被套太久的话,很多人会拿不住,就算理性判断基本面保持不变,由于突发多变的感性因素的影响,也许哪一刻脑门一热,便"割肉"跑掉了。因此,对于一些人来说,如果能通过科学的手段降低些成本,或给予一定的操作空间,从而带来确定性回本的希望,那么这样的操作还是存在重要意义的。

亏钱后的自我救赎

最后一种重点情形——看好的股票是一如既往地看好,但就是亏钱,心理上也始终煎熬怎么办?其实大势你看不看好,都没那么重要,是人都过不了自己心理的那一关,一旦你觉得熬不住,离"割肉"就已经不远了。那个时候,谁还顾得上看好不看好呢?只要再来一次大跌,你就得缴械投降!跌一次不行,就再来第二次……历史上的很多低点,就是这样形成的。多少人就算熬过了底部,熬过了"割肉",可一回本就以清仓的方式寻求解脱,还是因为最终没熬过自己内心的忧煎。

上述讲担忧利空操作不要错配的方法,更倾向于持仓初期,或遇突发状况。下面要讲的方法，则更侧重于在经历了持仓稳定期之后，感觉亏损很难承受，但是持仓的长期逻辑却又没有发生任何改变，我们该如何自救？（如在持仓初期就遇到了心理承受方面的困扰，亦可随机应变，改用以下方法。）

先插一句题外话，有多少人是不回本就一股也不打算卖的？这些人常会遇到如下情况：总是离回本差了一点，你连卖出的委托都设好了，可股价在快到成本之际瞬间转跌，令人捶胸顿足。这其实是有内在原因的，因为股价经历了不小的跌幅，正处于弱势当中。所以你遇到的不是弱反弹，就是一轮反弹过后的快速洗盘期。这时候你忍得住还好，往往忍不住刚一"割肉"，会发现一卖就大涨！

铺垫了这么多，跟我要介绍的方法有关系：要提前卖出一部分筹码，避免纯坐过山车。那该如何科学地制定一套买卖方案呢？我认为万变不离其宗，还是要把握住最绝对的东西——既然盈利尚未兑现，我们就先把握住必然能兑现盈利的"盈利模式"。

为便于理解，不如举例说明：假如我持有股票 A 10 万股，我的成本价是 10 元，现已跌至 9 元附近，等于 100 万元亏掉了 10%，即浮亏 10 万元。内心固然是不好受的，眼看着短期走势太弱，如果选择躺平，任由股价继续下跌的话，恐怕过不了心里这道坎。

如何科学地自救？我们可以以 9 元为基准，尝试建立一个操作模型，开始分笔进行操作，以套取差价、减少损失。在前文中我已做了阐释，很多人一定要等回本后才肯抛筹码，但这时候往往是弱反弹，还没等回本，一跌可能又出新低。与其如此，不如提前卖出部分股票，但一定是有计划、有规划地卖出。方案可能有无数个，这里只抛砖引玉，浅说一种：

如从 9 元开始反弹，我制订的计划是：每涨 0.2 元，就卖出 1 万股，反弹到哪里，我就卖到哪里为止。中间如有买回机会，反正是长期看好的，可以选择买回来一部分，也可不买回，一切视具体情况而定，但绝不进行重复操作。打个比方，涨到 9.2 元，我卖掉了一万股；涨到 9.4 元，我又卖掉了一万股，涨到 9.6 元，我又卖掉了一万股；然后，股价开始回跌，我一共卖了 3 万股。那么，跌到 9.4 元下方，最多只能买回 1 万股，跌到 9.2 元下方，我最多一共只能买回 2 万股⋯⋯以此类推，中间涨跌若仍有反复，依旧遵循买回的筹码总体不超过卖出的筹码这一基本原则。

当然，我是非常喜欢中间反复出现买卖机会的，这样我们每买卖一次，就会有 0.2 元左右的差价。有人可能会有疑问，每涨 0.2 元卖 1 万股，万一股价一口气涨到了 10 元，甚至更高，那不就卖亏了吗？是的，亏和赚既有绝对标准，也有相对标准。如果出现这种你预测之外的极端走势，你选择卖出部分股票，与不卖相比，确实是亏了。但是我采用的操作模式，其实已经抓住了绝对的"不亏"，或者说是"必赚"。这等于是抓住了解决扭亏为盈的核心矛盾，亦即抓住了最确定的盈利机会。

为什么敢如此确定？我们假设行情走向最极端，也就是股价不停地上涨，我们按既定模式不停地卖出。那么，中间没有任何差价可赚，按计划我们将在股价涨至 11 元后完成清仓。你们是否有想过，按此策略清仓的话，我们的盈亏数据其实是可以被提前准确计算并被锁定下来的。你们自己可尝试算一下，最终 10 笔卖单，卖出的均价为 10.1 元，保证你不亏，还略有 1 个点可赚。在不考虑任何交易手续费的条件下，若遇最极端的上涨情形，每一笔交易如表 5-1 所示：

表 5-1 遇到最极端上涨情形的交易示例

卖出价格	卖出股数	所剩股数	最新亏损额（+代表盈利）	卖出后成本
9.2 元	10000 股	90000 股	−80000 元	10.09 元
9.4 元	10000 股	80000 股	−62000 元	10.18 元
9.6 元	10000 股	70000 股	−46000 元	10.26 元
9.8 元	10000 股	60000 股	−32000 元	10.33 元
10.0 元	10000 股	50000 股	−20000 元	10.40 元

续表

卖出价格	卖出股数	所剩股数	最新亏损额（+代表盈利）	卖出后成本
10.2元	10000股	40000股	-10000元	10.45元
10.4元	10000股	30000股	-2000元	10.47元
10.6元	10000股	20000股	+4000元	10.40元
10.8元	10000股	10000股	+8000元	10.00元
11.0元	10000股	0	+10000元	/

当然，选择用这种方法自救，前提是你对该股已经没了主意，不想长拿，更不想"割肉"，只想尽快拿回本金。那么，跟过去"不回本就是一股不卖"的老一套方法比起来，这种自救策略显然要更科学、稳定许多。因为这种自救策略抓住了一根客观的准绳，运用数理法则找到了扭亏为盈的最具确定性的机会。在上述核算中，我们最先考虑了于你而言最不利的走势情况，如果这种情况都能保证你盈利出局，那么在反弹中再有些反复的话，则可以额外再赚到一些差价。

总结来说，在自救行情中，在既定策略下，震荡市和上涨市你都不用害怕；如果是下跌市，我们可以等待，也可以重新设定模式"参数"，以满足化完全被动为部分主动，解决扭亏为盈的现实需求和心理需求。其实，对于一个足够成熟的投资者来说，不管是什么市，模式都是死的，但人一定是灵活的。在每一个具体持仓的环境下，我们皆可依据现实及个人预判情况，从而将该模式"精修"得更加符合你的需求。

如何对模式进行修正？比如，你预判反弹可能较弱，估计到不了10元以上，想先回笼点资金，你可以选择将差价距离缩小，同时减少每笔的卖出股票数量；也可保持差价距离不变，而将每次所卖股数调成倒金字塔状，如第一次以9元现价先卖出5000股，第二次卖出6000股，第三次卖出7000股，以此类推……当然，前提是你得保证按模式清仓后，最终结果必须是赚钱的。

甚至于操作中途，假设亏损额小到你能坦然接受了，同时你又重新对该股票有了底气，那么你可以随时暂停卖出，又或是继续修正策略，比如每一笔卖单，都少卖一点，紧随其后的埋单，都适当加一点股数，如前一笔用 9.6 元卖出 8000 股，跌至 9.4 元又买回 9000 股。类似方法，不一而足。只要是确定能帮你解决投资中核心矛盾的，符合投资规律的方法，你都可做尝试。

案例到这里就讲完了，其中有一道暗线需要挑明。这道暗线，揭示了预测和操作之间必不可缺的理性关系。很多人就是没有把握好这层关系，才将炒股演变成了"豪赌"。本案例刚好相反，在后半部分很好地呈现出了预测配合操作的正确姿态——你预测好的话，可以为自己锦上添花；若预测得不好，自有一套完善的策略模式为你保驾护航、趋利避害。换言之，但凡预测，皆在操作上留有后手，无论如何，投资结果都不会替没有这种思维的人垫底。

▣ "去强留弱"还是"去弱留强"

当市场突然变得很糟糕，因仓位太重而不得不减仓的时候，到底是该"去强留弱"，还是该"去弱留强"？这是即将分析的经典案例，相信每个投资人都曾为此苦恼过、纠结过。而且不同的派别，肯定持有不同的意见。

争论应运而生。特别是对于传统技术派来说，每个人的想法和做法因人而异。但对于价值投资派而言，同样是面对减仓操作，他们可能并不在意也不善于这类口舌之争。一是因为价投派不会轻易受市场情绪的影响，二是个股走势（尤其是短期走势）的强弱一般不构成他们卖出股票的理由。

这就比较有意思了，一语道破了不同投资风格之间的巨大鸿沟。有的人卖股票，根本不在乎走势上的强与弱；有的人就算在乎，当考虑到不同的 K 线周期，或不同的基本面、消息面、题材等因素，又或考虑到不同的盈亏、仓位比重等状况，自然会做出不一样的选择。

就从一般情形开启讨论吧。排除其他一切干扰，只有将持仓股放在同一维度上去思考强与弱，这样得出的结论才足具实用性———般有此疑问的人，无非是想寻求技术定式，以便在未来不再为此问题纠结。于此处，依照最惯常分析和操作之周期，显然最适宜讨论的维度是在日级别上。

说句实话，就算我们依照日K线图判定出了强与弱，答案也很难有统一标准。因为无论你做出何种选择，强与弱皆有其自身的惯性，你不可能刚刚好都踩在它们即将反转的那个转折点上。

结合本人这么多年总结下来的经验，我认为"去强留弱"或"去弱留强"既然被拿来频频讨论，则说明都有存在的必要。特别是"去强留弱"通常不被一些技术派所理解。这只能说明，他们的思维还停留在狭隘的技术分析表面，在整体逻辑上是存在很大漏洞的。因而我认为，只要你的选择符合做投资策略的整体逻辑，你就该坚持自己的选择，而不必拘泥于教条主义。

先说"去弱留强"，为什么时常会出错？

强，不是一个恒定的概念。强和弱，则会相互转化。实际情况却是，强弱祸福相依，强势股一旦转势，就会变成下一阶段最弱势的股票。

区分强势股是否能继续"强者恒强"下去，我有一个评判标准，就是看每日量能。如果在近一段时间，强势股相对活跃，成交量也维持在一个较高的水平上，那强势股还是能维持强势的。若量能开始萎缩了，你就不能再对它抱有太大希望。

关于量能，在这里介绍一条120日均量线。这条线可以自行在炒股软件上设置，一般可设置成5和120这两个参数。如果量能维持在120日均量线上方，则表示个股活跃度很高——请注意，如在某段时间内，量能远高于120日均量线，这是短期热炒的结果，是无法长期维持下去的，后市量能定会减退，股价一般也会随之下跌。另一个相对指标是量比。如果量比达到 5 以上，甚至是远超过 5 的话，那么很可能是有大资金在拉升中出货，股价已岌岌可危。

若无上述异常情形，其他你确认一切如常的话，则可试着保留这类强势股，以观后效。退一步来讲，就算是执行操作纪律，不得不减仓，你当然也可将操作幅度调小一些。

接下来，再说说"去强留弱"为什么有时也是对的？

"去强"肯定是踩中了上述的某些点。于是在大势出现问题后，可考虑处之而后快。反之，弱股为什么可留，甚至还能反向分批加仓呢？

在很多时候，对于看好的股票，我在弱势中其实经常做着这种事，很少抛弃它们。这还是遵从了强弱互化之理。如果一只股票在大盘强势的时候极其弱势，而在大盘走弱之后，弱股表现得还是很弱，但是股价已经很久不创新低了，技术上也可能出现了地量（地量见地价）。尽管表现很弱，但弱中带强，明显好于之前……

此外，经详细了解，你对该股的基本面是认可的，甚至有业绩大涨的趋势。这就形成了一种于图纸之外该股基本面与股价之间相互底背离的形态。对于短期走势，你尽可保留意见，但是立足于中长期（这点至关重要），你对该股票的成长性是毫无保留式的认可——此种思维模式，其实非常符合价值投资的特征。于是，你的做法就与价投派趋同了，大可选择不"去弱"。

纵是技术派内部，为什么还是会为"去谁留谁"的问题争得不可开交？我认为这是因为大家看待个股的操作周期不一样。也许某技术派说要"去弱"，"去弱"后股价可能会顺势跌个两三天，短线来看操作是对的。但接下来迎接弱势股的，却可能是翻若干倍的美好前景。两人若不在同一个频道上，争论再多也是没有意义的。

最后统一做一个说明：上述我的所有举例，仅代表我个人比较熟知的一些情形，因为最具普适性，非常适合拿出来举一反三，但仍有以偏概全之虞。尽管我认为举例大概率是够用的了，但并不意味着不存在其他我没讲到的情形。

将持仓成本做到零有何秘诀

坚守一只股，长期做差价，在持股不变的条件下的确是有机会将成本做到零的。不过，我认为这不应该成为绝大多数股民的追求。因为追求极致的结果，就一定意味着追求极致的纪律、数学运算和反人性，甚至还需要在适当的时候带有一点冒进，这些都是不适合也做不到大众化的。大家只需保证一点：永远不要在股价高位上重仓追涨，谁要是擅长做差价，只要将目标成本做到阶段性底部以下，在有了足够的安全边际之后，我认为就算完成初步布局了。

如要将成本做到很低，乃至做成负数，首先要明确一点，不是所有的股票都适合这么做。像那种流动性不好的、波动率也不高的股票，定然不是首选。还有那种已经进入主升浪的股票，做起来极易因小失大，得不偿失。

其次，"放长线才能钓大鱼"。将成本做到零，一味求快是快不来的，你至少也得把它当成个中长期目标。毕竟在股数、股价都不变的情况下，成本做成零就意味着，盈利刚好已经翻一番了。所以，在心态上就不能急于求成，千万不要一次性T出手中全部的筹码，这样做倒T会形成一种很不好的习惯。只要你成功过一两次，你就永远会抱有侥幸心理，最终将筹码做丢。

为尽可能防止失误，我们最好是分笔做正T。那么，选择质地优良的股票，就为我们做正T提供了足够高的安全边际。此外，保持现金流，习惯于分批操作，科学地降低每一笔操作失误所带来的不利影响等，诸如此类的操作技巧，又进一步为我们增添了胜算。

三种做T情形

在实操中，我们坚持低买高卖这一基本原则，不要被盘中情绪所左右。不过情况必然很复杂，我们至少会遇到以下三种情形：第一，如果建仓完不久，股价尚处在低位，此时资金应该还比较充裕，分笔做正T当然不太有难度。第二，股价跌跌不休，资金已耗尽，却一笔都T不出来。在遇到这种极端行情后，务必要保持头脑清醒，在没有想出全盘计划之前，宁可不做任何操作，只静等股价回升。第三，如股价连续大涨，由于不愿追高买入抬高成本，正T做不了的话，那只能选择倒T。

针对第一种情形，我给出的建议是，能做正T，就不要混用倒T，这样很容易打乱你的思路、节奏和布局。如果你判断是震荡市，差价要求就不要太高，且有买有卖，买卖价格和节奏都是非常清晰的，不要重叠操作。如股价来回震荡，你一笔没卖，就只在差不多的价格上重复买买买，这是错误的做法。如果你判断股价要起涨，差价要求可相对高一点，但也要克制住自己的贪念。频繁撤单改动买卖价格，是操作大忌，纯消耗人的精气神。

针对第二种情形，如果决定做倒T，由于股价实在是不高，那么一定要遵守原则，采用"倒金字塔式"的卖法。这样即便是卖丢了一两笔，由于卖得很少，也不会对整体持仓产生决定性的破坏作用，这是你在操作之前就要规划好的。卖这一两笔，其目的有时不一定是为了赚多少差价，而是给自己定一个基准线，意思就是股价不要再跌破该基准线了，否则你必定回补仓位，拉低持仓成本。

有人或有疑问，这不是打破了"低买高卖"的原则吗？具体详情可参考此前讲解股票自救的方法，虽然在单笔买卖上打破了"低买高卖"的原则，但是在总体策略和交易上，还是遵从了把握确定性机会的原则，保证你总体上是有差价赚的。由于行情所致，一方面是不得已而为之，此实为无法之法，我称之为当下的优势策略；另一方面采取"倒金字塔"的卖法，就算股价不跌回基准线以下，但只要是跌到你所有或部分的卖单合并，在总体上是有差价赚时，你都是可以一笔或分笔回补筹码的。

针对这第三种情形，我认为同情形一一样，既然选择了做倒T，就一定不要再混用正 T，其他原则也应同样遵循。

做倒 T 的反人性法则

以上部分还属于是人性范围内的正常想法，要做到并不算难。接下来，才是我们要讲的重点：做倒 T，可以说十个炒股的人，有九个都会栽在这里。这才是最考验人性的部分。我们一定要放弃每日频繁出现的小机会，只抓取大波段。而且大波段也不能全吃完，我们只吃其中的一小部分。有些人在这里就想不明白了，为什么明摆着的大波段，不吃个干干净净？

"明摆着"的机会其实纯属个人预期，遇重大压力位则预期下跌，这是懂技术的人都会做的事情，关键是卖出之后该怎么办？等预期股价受到重要支撑后，再买一些回来，这是几乎所有人的真实想法和做法。人性的贪婪永远如此。

若股价正处在主升阶段，价量关系又没有出现较大异常，那么所有压力位都将是甩人下车的道具。洗盘的时候，没人知道股价会跌多少，但是最终压力位都是要突破过去的。我们只是想利用这个下跌，而没有真正要"下车"的想法，所以只能采取非常保守的方式，来吃这压力位下的"饵"。

我们的首要任务是保证赢的概率。只要差价长期有利可图，那么这些持股就成了"会下蛋的金鸡"。持仓成本从长远来看，也必然是不断下降。持仓成本越低，承受的绝对风险也就越低。只不过这么想很容易，要做到克服心理障碍，在看跌时买回股票——这对很多人来说，真的是超级困难。

通过克服人性的弱点，在一买一卖中，只预测一半，保留一半，像机器那样去操作，从而保证长期正确。而且为了不瞎琢磨超短线，我认为日级别以下的 K 线图就不用看了。我们只需要以自己最擅长的方式，将那些周、月，当然也可以有日级别的压力位都提前用各技术指标找出来，然后熟记于心，埋伏在这些位置附近守株待兔就可

第五章　股票和指数的科学辩证观

以了。

接下来才是最反人性的地方。只要是价量关系正常的下跌，我一般只要一个点差价，就会自觉买回所卖的筹码。而针对跌到哪里才能止跌，我没有任何想法。如果想要多赚一点差价，我们也可以这样做：将准备买回的筹码分成若干份，先在下跌1%的位置上买回一部分筹码，相当于是做了一层安全垫，然后继续等跌，拿剩下的部分去博更大的差价。如果不跌反涨，也要果断买回筹码，以保证策略整体成功。就算整个计划失败了，也要敢于及时纠错。因为我自己很清楚，这一套模式的出错概率是极低的。

如果是价量关系异常的下跌（也可配合MACD顶背离、多重顶背离），我们此时可以重点关注量比指标。如量比数值已远大于5，那我们就可以扩大战果，果断采用"金字塔式"买入。这里同样要克服人性的弱点，不要等看到了支撑位再考虑买点的问题。

大家不妨换个角度想想，如果买卖点都按你的想法走，你的股票认知局限将不复存在，就连主力机构的思维，你都能了如指掌。然而事实恰好相反，你们懂的技术主力机构都懂，他们就是要利用散户都懂的东西来收割散户。在做差价时重点抓一头、放一头，才是我们唯一的活路。

最后一个要点就是不要刻意去想，我在多久时间内一定要把成本做到多少，如此你才可以卸下思想包袱，更从容地达到自我设定的目标。将道理扩展下去，我们最好在持仓数量、时间和成本上都能做到顺应市场而变，而不是被自己的预想完全限制死。那么从长期来看，该做风控的时候做好风控，该让利润奔跑的时候就让利润全力奔跑，这才是降本增效、规避风险的最佳方式。

实战操练篇

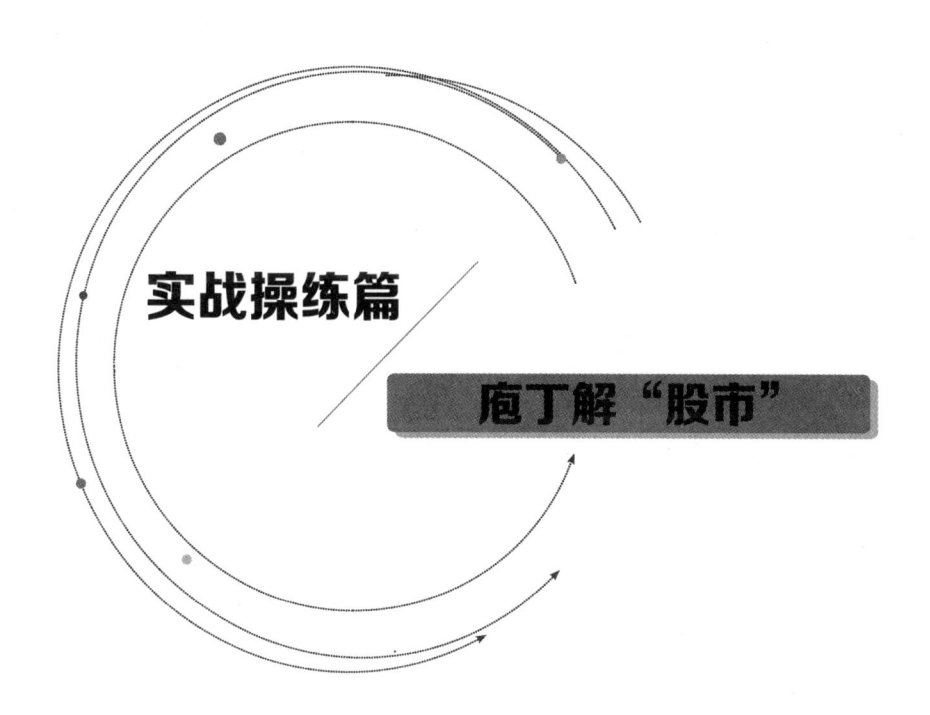

庖丁解"股市"

第六章　投资心理建设与行为指导

在摸索投资的漫长岁月中，我并非是先有了足够认知才开始实践的。刚开始炒股的时候，我还是名学生，可以说对股票一无所知。股票具体是什么，指数是做什么用的，我一点概念都没有。

我怀揣着对炒股的一腔激情与热血只身闯入了股市，然后一边实践、一边丰富自己的投资认知。这一过程亦是不断纠错更新的过程。当形成了一定程度的投资体系后，我发现要进一步学习的内容一点没变少，果真是"行百里者半九十"！即便如此，还是有一部分深层次的投资认知，我在长期的投资实践中始终未能领悟。还是多亏了写这本书的助力，由于要额外地做很多梳理、拓展和总结知识点的功课，于是才歪打正着，有了顿悟，然后用投资实践再去反复验证、强化认知，以求实践和认知双向提升。

由此，也带给了我一些启示，大家一定要养成做投资笔记的好习惯，目的是在日常投资的归纳总结中加深自己的思考，拓宽自己的思路。哪怕你已经有了很多年的投资实践和感悟，一定要反复地想，反复地练，反复地试错，你的认知体系才有机会打磨成型。我之所以先讲认知后讲实践，目的是为给各位投资先铺好理论之路，以便取得事半功倍的效果。

从作茧自缚到实现破茧成蝶，想要打开认知闭环，这是个异常艰难的过程，仅凭前面所讲的理论实践还是远远不够的。再好的投资理论也只是个工具，一旦脱离了使用工具的人，理论就成了几张废纸。于是，从本章开始，我将从投资人的切身角度出发，辅以完善投资人的心理建设和行为指导。

在本章，本人着力于将投资人的投资心理一分为二，先阐释投资心理之道，再悉心谋划投资心理之术。我划分的标准是，有一部分投资心理聚焦于投资活动本身，此乃投资心理之术，是与投资行为紧密相连的心理活动；另一部分投资心理聚焦于整个投资实践的外缘，而又在实践基础之上有所升华，此乃投资心理之道，讲述的是投资人该如何面对投资这一终生课题。

我们总是频繁看到，有相当多的工薪阶层炒股，他们不甘心赚钱太慢，也并不相信各类基金和定投等赚钱模式，他们只看到散户所遭受的不公平待遇，看不到自身的优势在哪里，但依然想靠投机以实现财富自由人生……

▪ 普通工薪阶层的炒股"逆袭"之路

有人问，作为普通工薪阶层，想通过投资股票实现"人生逆袭"为什么这么难？如果仍不死心，有没有可借鉴的成功路径？

现实总是残酷的。实际上，能通过股票实现"人生逆袭"的概率，寥寥无几。虽说在没有资源人脉的前提下，炒股票是实现"逆袭"最便捷、有效的方式，就像寒门子弟通过高考改变命运那样。但是，阶级的跨越必须要有强大的助推力。助推力可以是外力，也可以是内力，但对于需要逆袭的人来说，外力一般是缺失的。因而就一定需要你有强大的内力，如你远超其他人的认知和努力。

在股票投资领域，炒股最难的就是找准前进方向。对于投资者个人，炒股考验的是综合认知能力。对于炒股，在某一阶段内，你很难辨别对错与好坏。因为股市经常会奖励错误、惩戒正确，所以与做其他事情相比，炒股很难找对辨别对错的主观标准，便只能转而寻找更易辨别清楚的客观规律。

即便如此，就算我们认知能力足够强，秉承规律，踏踏实实做投资，可还是免不了常常接受惩罚。惩罚无期限设定，全凭个人实力硬扛，或用时间化解。只要你能承受住惩罚，优秀的投资理念终究会得以自证,"天将降大任于斯人"也就得到了回报。如果你承受不住惩罚,对的也便成了错的,"惩罚正确"可就真成了"惩罚错误"。这样一来,在错误的实践指导下,想要悟出正确的投资理念就愈加困难了。

培养综合认知能力,无关乎你所处的社会阶层。即便一个人所处的社会阶层很高,有令人称羡的投入资金,在信息渠道方面也存在一定优势,但优势其实是非常有限的。而且一旦把握不好,优势也会演变成劣势。

无论是小道消息,还是大道资讯,消息的多寡都不会改变一个人对股市的认知。同样地,于所有投资者而言,股市时常"奖励错误、惩罚正确"的特性也不会发生改变。培养优秀的认知能力,虽无力改变股市的这一特性,但优秀的认知能力能帮助投资人更好地认清股市,划清自己的能力边界。

我在第一章就讲过,认知决定未来。就算一个人所处的社会阶层再高,只要他认知有局限,就会阻碍他形成良好的投资习惯,这才是决定一个人投资胜败的关键。"祸福相依,盈亏同源",用中国的传统文化来诠释投资之道,一语中的。如果你的赚钱方式是通过奖励错误得来的,那市场早晚会将所有奖励都抹杀掉,并令你以相同的方式再接受加倍惩罚。因此,对于"股市阶层"来说,"德不配位,必有灾殃"这句话似乎比对社会阶层更具有震慑力与现实意义。

特别强调一下,所谓综合认知能力,完全可超越炒股票的范畴,因为万事万物皆是相通的。认知任何事物,假如你都能直击本质,切中要害,并提出上乘的解决方案——这样的人势必一通百通,也拿捏得住人性,做很多事情都将游刃有余,比一般人更胜出一筹不说,炒股票自然不在话下。

因此,我认为只要你的综合认知能力足够优秀,通过开拓的眼界、勤奋的思考和大胆的尝试,一定会有诸多"翻身"的机会。如果你迟迟不能"翻身",除了时间或火候未到外,一般人都会将理由推给命运。但我认可《了凡四训》里所讲的"命由我作，福自己求"。如果不成功，大概率是因为个人的认知、修炼还不够，还匹配不上大好的机遇。

在前面提到过，做股票比做实业难得多。假如一个人打工了很多年，依然没有得到升职加薪的机会，成天就想通过炒股等手段改变命运，那么，这样的人炒股票不仅在心态上先落了下风，而且很难比他的工作做得更好。你只是拿业余时间在做一件比你的本职工作更具挑战性的事情。既然你的工作用全职都做不到出类拔萃，则说明你的综合能力还不达标。也就是说，炒股作为副业想要做得顶呱呱的前提，就是你的主业一定要先顶起来。

如果主业做得没问题，作为普通工薪阶层的你，依然想致力于炒股票而实现财富人生，并坚信自己一定能做到的话——这里我还是想着重强调一下——所谓"一定"，就不是赌运气了。而全凭认知能力的提升，获取到稳步成功的机会，这是可以做到近乎百分之百成功的。

对此，我给出的建议是，首先，我们一定要摆正心态，不要急于求成，要坚信磨刀不误砍柴工；其次，一定要将大部分精力用在系统性的学习上。学习最好的方式，就是带着思考感悟去实践，再带着实践感悟去思考。在此之中，我认为大量阅读和勤写投资札记非常重要。阅读的首要目的是开拓自己的思维和眼界；勤写投资札记，则是为了对所见所思和所做进行总结。总之，读和写都是为了在感悟实践中谋求更大的进步。最终，你的眼界有多远，你的未来才能走多远。

▪ 如何压制住投机心理

我见过不少股民，炒股票就跟着了魔似的，压根无法让自己沉下心来。当环顾四周，你会发现真是这样，只要是股票做得不算成功的人，有99%的可能性都没有过长期拿住一只股票，等来翻倍盈利的这样一段经历。

若都是新股民，还算好理解。重点在于，当新股民都炒成老股民了，仍是这样一如既往地飞蛾扑火，这就是问题的症结所在。真的是魔怔了吗？这实际上还是人性中的叛逆成分在作祟。只是这一叛逆心理跟青春年少无关，只跟人性与生俱来的投机心有莫大关联。

投机心理乃人之天性。一个人初涉股市，必然要先解放天性。对于天生的投机心，我们只能压制，无法根除。在初期，不借助外力压制投机心是很困难的。假使你的内心足够强大，强大到纯靠自己就能压制住投机心，那你绝对称得上是"天才的投资大师"。但是"天才"不在我们的讨论范围之列，所以仍需解决问题的具体方法论。

论压制投机心，一定要学会步步为营，每一步你做出调整后所获得的小小成功，对你向目标靠近的意义都非常重大：一要知道未来行动的方向，二要坚定步伐，寻求不断的问题解锁，强化对新思维、新方法的自我认同感。

未来行动或纠偏的方向在哪里？这里我只能做最普适性的解说来抛砖引玉，之后就靠你个人的悟性了。假如你一边搞投机，一边惦记着要矫正自己的行为姿态做好投资，那说明你的投机基本上是不怎么成功的。同样地，如果你自认为是在投资，却总惦记着投机——这时候，你的"投资"太过成功，或太过失败（尤其是失败），你都将难以压制住你的投机心。

不知你能否深刻感知到，无论是做投机大败，还是做投资大败，都会无限激发你的投机心，前者凭的是人之赌性，即"输了就一定要捞回来"；后者凭的是认知局限，人在失败后容易走极端，认为反正做投资是不可能成功了，不如靠投机搏一把。总结来看，我们一定要避免大败，你才有从容破局的机会，才能激发改造自己的潜能。

关于如何避免大败？需详解"投机"这二字中所隐藏的不同条件。投机只是一种操作属性，将其安在不同属性的股票身上，便会取得不同的效果。投机味甚浓的股票，也可能存在投资价值，比如突然被注入了优质资产，股价尚未表现。而就算是投资意味更浓的股票，也可能存在投机性的操作，比如再优质的"白马股"，股价在一年之内涨了好几番，再去追涨同样算是投机。

避免大败的路径，就此清晰：凡股价高企的股票一概不碰，纯投机性质的股票也一概不碰，绝不满仓一只股，只做投资组合（切记：现金也是投资组合的一个重要组成部分），坚决不融资，也不乱做空。在设置了这几道红线之后，再定几条操作上的基本规矩，如给自己每一次的操作设限，不准超过本金的多少比例；给自己每一天的操作同样也设定类似的限制条件。这就是以借助外力的方式，把自己往正确投资的道路上引，投机心自然而然地就受到了一定程度的压制。

"知其雄，守其雌"，"知其白，守其黑"，"知其荣，守其辱"，这是《道德经》里的传统智慧。依照我说，"知其错，方能守其对"，没有谁天生就知道什么是对的，什么是错的。悟到对错的过程，就是一个人进步的过程。因此，出现错误并不可怕，可怕的是坚持错误而漠视正确。然而，这是多少人在股市中永远都会犯的常识性错误！

投资不可能次次成功。就算偶被投机心所打败，但是正确的投资理念和投资之道迟早会引导你重归正途。而且我十分坚信，只要你坚持扛过几次危难，亲身经历过几次重大的扭亏为盈之后，这些你所领悟到的投资智慧将会是你最好的投资教材。另外，我很确信一点，不能给你带来投资回报的任何教材，无论它有多么优秀多么正确，你终究会弃之如敝屣。

领悟投资的真谛，不仅需要你通过长期的投资实践，而且必须得有长期赚钱的结果作为依托。在前面我就讲过，股市特别善于奖励错误、惩罚正确，这着实增添了领悟的难度，所以必须得有长期赚钱的结果，以消除短期内的结果偏差，凸显长期正确的投资理念和方法。

从长期来看，以更好的投资结果为导向，人的自我提升意识是会慢慢将你向更优的方向上逐渐引导的。你可以反向思考一下，如果坚持的是错误的投资理念和方法，虽然你也有赚钱的时候，但是赚钱难度必定越来越大，长期收益率根本就无从谈起。如此一来，你炒股赚钱的时候，实则是被奖励了错误的时候。而在大多数时间里，你只是被惩罚了错误，所以你赚不到长期收益。

反之，在正确的投资路线上坚持，虽偶有惩罚正确的时候，但是惩罚力度和频率都会随着你投资理念的提升而总体呈下降之势，而且奖励给你的长期收益率也会越来越显著。如果你的长期投资结果符合这种特征，则说明你不仅是在正确的投资道路上探索，而且已取得正向循环了。

所谓正向循环，不仅是体现在投资表现上。由于在前期阶段，你已凭借外力做到了认知包括投资理念上的大幅提升。可以想见，提升而来的这一部分认知，是会进行自我增值的，而且是以复利的形态进行增值。言下之意，在投资取得复利之前，你的认知复利不仅要先行一步，而且必须要先增长到能够让你达到掌控投资全局的高度才算过关。

散户该如何扬长避短

跟股民接触多了，让我发现了一个问题，即相较于机构而言，一众小散户本就拥有的优势，却总被自己用成了劣势；而散户自认为的劣势，本是他们能很好发挥的优势之所在，他们却普遍没有发挥出来。

在机构与散户之间，毫无疑问，散户是"仰望"机构的，并总以为他们之间存在着一条不可逾越的鸿沟。在自身优劣对比上，散户往往主动认输于机构，他们通常会认为，谁掌握了更多资金，谁就掌握了绝对话语权。而任谁一旦掌握了足够的话语权，似乎就拥有了翻云覆雨"操纵"股价的权力。当然，理性投资者自当清楚，这是不切实际的想法。如果真是这样，那么多机构就不可能再亏钱了。

现如今，在国家致力于发展多层次资本市场结构的同时，A股作为其中的中流砥柱，有望被进一步做大做强。在此期间，随着国内证券基金业的蓬勃发展，市场机构化愈演愈烈，并带动了超常规发展的量化交易、智能化交易，外资在政府支持下亦纷纷涌入。据此来看，中国股市加速进行着"去散户化"确属不争的事实。

小资金的误区

但我并不认为个人投资者就彻底没了出路。我甚至不认为，个人与机构之间的优劣比较，一定是泾渭分明的。在我看来，有差别也无关宏旨，根本就不影响投资结果。作为一名职业投资人，我自己用的也是最普通版本的交易软件，任何花钱的项目我都没有使用过。

针对个人与机构间已有的差别——这点肯定存在，不可回避，但我依然认为，这些差别是没有绝对的优劣之分的。也就是说，散户们只要认知到达了一定的境界，就能够通过扬长避短趋利避害，进而将自己的劣势转变成优势。我有理由相信，绝大多数总是亏钱的人，应该从来没有认真思考过这个问题。

比如，有多少人居然认为，作为一名小散，最大的好处就是，资金少，机动灵活，发现机会后，可一键满仓，一旦发现势头不对，又可一键清仓，拔腿就跑。在我炒股的前十年，我一度也是这样认为的，散户有这些优势，为什么不好好利用？结果一直赚不到大钱。

当手中掌控的钱越来越多，我才发现这哪里是什么优点啊。正因为散户的操作足够灵活，所以在做重要的买卖决策时，往往因不够慎重而引发了太多无效交易。很多本该让利润奔跑的机会，就这样白白浪费掉了。而本该像机构那样，通过做投资组合就可以大幅降低的风险，很多人却自认为本金太少，不值得那么做，结果永远是"大意失荆州"。

根据表6-1可以看出，账户资金越多的投资人，其投资风格越稳健，盈利水平也越高。反之，账户资金越少，投资人越是想赚取更高的收益，其投资风格也就越激进，投资的整体结果反而越糟糕。

表6-1 股票账户资金额与盈利水平关系

股票账户资金额（万元）	所占比重（%）	盈利水平
1以下	23.2	抱着玩一玩的心态，可以忽略
1~10	48.5	几乎所有人都是亏损的
10~50	21.7	大多数人都是亏损的
50~100	3.7	一部分人是盈利的
100~500	2.62	不少人都是盈利的
500~1000	0.22	大部分人都是盈利的
1000以上	0.12	长期看几乎所有人都是盈利的

资料来源：根据网络大数据统计而得。

股市里的真实景象从来都是，在市场低迷时期基金经理迫切需要资金补仓时，基民反而纷纷赎回；而当股市迎来了高光时刻，基金净值亦不断创新高之时，基金此时一般都不缺钱，然而总是会有超乎想象的"热钱"蜂拥而至。究其原因，还是那句老话，大多数人都克服不了自己内心的贪婪和恐惧。

基金里的钱是流动的，这无疑增加了基金经理的操作难度。而对于个人投资者来说，只要没加杠杆，仅用闲钱投资，就不存在这个问题，可以安心拿着股票。不仅如此，很多散户正是因为资金量不大，于是利用持续的现金流进行补仓，反倒能取得明显的拉低持仓成本的效果，这在机构身上却是很难实现的。

个人投资者和机构投资者之间的差别确实非常大，除了上述差别之外，例如私募证券基金，不仅单只股票持仓普遍存在上限，而且一般都会在合同中设置预警线和清仓线。在如此高压的投资准则下，还得定期向所有投资人披露业绩，毕竟是拿着别人的钱炒股票，又关乎基金经理自己的饭碗，所以一般都很难做到心如止水，不受外界干扰。

总而言之，个人与机构投资者之间的优劣差别，在我看来一定是可以相互转化的，并不存在绝对的优劣之分。唯有学会趋利避害，扬长避短，才是永恒的投资之道。

那么问题来了，小资金该如何实现优劣转化？

小资金的优势转化

灵活机动，固然是资金量小的天然优势，但对于没有形成交易体系的一众散户来说，此优势我们极易使用过度，频频一键清仓或满仓，稍不留神，优势就用成了劣势。资金量小，买卖股票无须担心对手盘，可实现进退自如。

机构囿于资金体量，固然不便于如此操作。但退一步来说，假如摆脱了这一劣势，难道机构每日全仓做高抛低吸，就更容易成功了吗？答案显然是否定的。在可为与不可为之间，大机构是没有可为的条件；个人投资者虽有可为的条件，却往往忽略了最基本的投资规律，这样的可为亦是不可为的。

在同是不可为的现实情况下，我们不仅要比机构更注重于管住自己，而且必须学习机构做投资组合和投资策略等诸多方法。对于多维度的学习，生搬硬套不是目的，最终是为了融会贯通对投资逻辑的自我拆解与总结，对投资规律的掌握及灵活应用。唯有抛弃形式，学到精髓，抛弃幻想，尊重投资规律，优劣互化之理才能有效地融入你的认知。

我个人也是先操作小资金，然后慢慢做大的。大资金能做好，小资金自然更是不在话下。那我是如何将小资金的劣势转化为优势的呢？由于资金分割有限，操作频率太高则失误率会随之增高，只因条件受限，就不允许我轻易犯下致命的错误。于是在操作小资金的时候，融入我骨血的是操作大资金的神韵。也就是我的整体投资风格，会趋于更保守一些，以减少短期内股价的无序波动给我带来的可能出现的负面影响，从而在更大的确定性中寻找躺赢机会。

资金量小，导致投资组合做不大，这从来都不是炒股胜败的关键，关键是要掌握一套行之有效的辩证法和方法论。照常理来说，当投资人在小资金量的投资初期时，投资风格是需要稳健而不失激进的。再强调一次李嘉诚的座右铭——"稳健中寻求发展，发展中不忘稳健"。

稳健和激进互成一对辩证关系，散户却很容易将此二者做反。激进务以稳健为前提，因为稳健考虑的是谋定全局，而激进则只是局部后动的手段，目的是为尽快完成任务，不拖全局的后腿。如此谋篇布局，纵然激进犯下错误，也能被接受而不大乱，这就是好的谋划、好的操作、好的策略。先谋全局战略，再谋局部战术，战术遵从战略，战略辅助战术。战略先确保稳健，然后考虑战术上的激进。而且不是盲目激进，一定要顺应天时地利人和，做最确定最有安全垫的机会。

其实，只要你能以稳健为前提，做出趋于更加保守的投资策略，那么投资组合的大小便不再是能否做好投资的关键因素。又或者是，如果在局部目标上你还想再激进一些的话，做很大的投资组合反会有碍。

比如你只有十万元，已经遇到了价值股跌出极端低估的大好时机，这时满仓一只股实在是过于激进的做法，但一股不买是要承担踏空风险的。如果一味求稳，而将投资组合做到七八只股甚至更多，也是不值当的。此时，比较稳中求进的策略是，选择买入一个三只股票的组合，再留1/3左右的现金作为备用。在此策略中，既然大方向和主基调已经被把控住了，下手时就应果敢、干脆，执行力强——直到这里，才显示出了与大资金操作的不同之处。大资金会考虑到对股票走势可能形成干扰，又或是不想在主力面前暴露建仓意图，所以才会稳步建仓。但是对于小资金，也就是几笔交易的事儿，所以就算在局部买入风格上，激进到一次性就将三只股票建仓完成又何妨？最终结果必定不影响大局，只是盈利曲线会比大资金波动稍大一些罢了。但我相信只要用对了方法，小资金的盈利曲线会比大资金波动得更好。

说到持仓数量，在做基金前后，我的想法还是发生了一些微妙变化的。在早些时候，我认为只要资金量不超过1000万元，持仓股票数量就没必要超过3~5只。这不是随口一说，我只是机械地遵从了数理公式的运算结果。

具体计算方法，凡学过证券投资类课程的，应该都了解过。如图6-1所示结果，当持有股票超过四只，整体持仓的投资风险就几乎成了一条水平的平滑线。意即是说，在持有超过四只股票以后，依靠增添持仓种类以均摊风险的能力，就已经被发挥得差不多了（注意，系统性风险是不可消除的）。

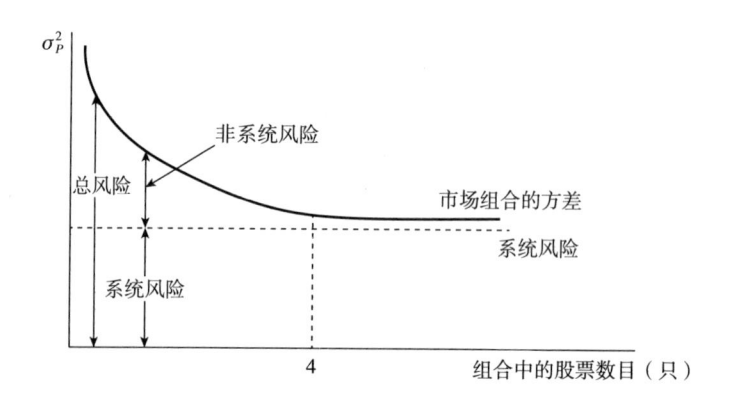

图 6-1 模拟股价波动

当我做了基金，习惯于用基金做超过十只股票的投资组合之后，我对投资组合又有了新的认知。我宁愿选择更多一些的持仓种类，其根本目的既不是为了规避个股爆雷风险，也不为平滑整个投资组合的风险波动，而是为了给自己提供更多更持续的操作空间。

相信不难理解，假如你满仓一只股被套，和满仓三只股被套，操作空间肯定是不一样的。前者让你很难动弹，后者由于三只股票的波动性必不一致，于是便可利用股价间波动性的不同，从而完成一些趋利避害的操作。那我持仓十只股票呢？特别是偶遇极端下跌行情，这时候利用个股波动性差异，所带来的操作空间就真是雪中送炭了。当然，前提是你要精于此法，否则越做越乱，宁可放弃。

综上所述，资金量小也不必担心，只要你能保证至少持仓2~3只股票，操作空间就必然是存在的，同时也大幅度降低了波动风险。如果你只想买一只股，又不愿"割肉"的话，那你的操作空间便只来自留存的现金。如此一来，保持充足的现金流就是你的天职。这是必须经过长期历练才能出师的技术活，小投资组合可比大组合要简单太多了。

总之，要认知到散户真正的长，护住自己真正的短。一个股民的本金再少，普遍也不会少到买不起第二只股票的程度，但依然长期坚持满仓一只股者甚众，这都是执念和贪婪人性所造成的后果。所以，资金量小影响的其实不是你的发挥，而是束缚了你的贪欲。在你还未能做到持续性盈利之前，最理性最聪明的做法，就是要先在战略上做好防守，以待条件成熟时，再考虑战术上的进攻，当然也要敢于进攻。有效的进攻手段不胜枚举，但总体思路非常一致，即无为等待有为，先减少操作频率，然后努力寻找到最大确定性因素以提高胜算。

一切应对之法，均符合"大道至简"的通理。总结起来就是，在平时的投资生活中，我们一定要培养好投资习惯，务求多点中庸，少点激进；多点理性，少点情绪；多点耐心，少点浮躁；多总结，少臆断；多学习，少投机；放宽眼界，减少无效操作。

达不到做空门槛之思

理解优劣互化原理，的确是个超长期的感悟历程。若只用资金量的大小来作诠释，我觉得还不够深入，到底多大的资金才算大，并无统一标准。我认为一个成熟且实用的理论，一定能从抽象走向具体。下面，我就用达不到做空门槛的50万元以下的资金，在该如何在做空问题上进行优劣互化、扬长避短方面，再继续深入我们的话题。

做空其实风险非常大，由于可添加杠杆操作，它通常会放大人性的欲望。就算不考虑杠杆因素，你的风险收益比其实也并不划算。究其原因，如果你做空方向正确，最大盈利空间理论上只有100%，但实际上远远达不到。就不说股指跌成零了，跌一半下去的可能性都微乎其微。可是，做多的盈利是没有上限的，因为上涨的空间无限大。因此，一旦上涨与你做空持续相左，你的本金就有可能全部亏完。

然而，人人都有预测准确的时候，只要自己预测对了一次，就会在沾沾自喜之余，对因达不到期指的资金开户门槛而感到愤愤不平，觉得是遭受了不公平的对待。我很清楚，不少人是这样想的，至少也是曾有过这种想法。我个人觉得，将赚不到钱的原因推给制度，或推给其他人，站在人性的角度来解释就是，当一个人能从某件未发生的事情中得到利益，那么，这个人往往会忽略掉事情发生所带来的风险性，而将注意力都集中在了本不属于他的未曾得到的利益上。

做股票就好比一场持久战，至于武器的好坏，从来都不是最重要的因素。最重要的，从来都是使用武器的人。

做空其实是一把"双刃剑"，能用好这把剑，需要超乎常人的自律和专业。我可以确定的是，在你还没练出持续而稳定的盈利模式之前，做空将对你百害而无一利。因而，制度不准许你做空，其实是在暗中保护了你。

即便你训练出了持续而稳定的盈利模式，做空跟不做空的盈利模式，又是完全不同的两个分支，你又得经历相当长一段时间的摸索和训练，才能小做尝试。这就意味着，你的盈利模式几乎要从零开始重新打造。

且不说新模式因加入做空乃至加杠杆而变得更复杂、更不可控了，就说风险敞口的必然增大，与盈利的不再确定对比起来看，我认为抛弃先前的盈利模式真有些得不偿失，是完全没必要这么做的。如果一定要尝试这套打法，我认为还是要将做空用在对冲和套利上，才算真正体现其价值。否则，就是纯粹的投机，必不可取。

第六章　投资心理建设与行为指导

在做空与做多之间，有一个临界点往往被人忽视，就是空仓。空仓其实也是一种操作，而且是相当难的一种操作。该操作对于小散的意义非常重大。试想一下，很多小散连空仓都没学会，一上来就想学做空，这不是夸夸其谈吗？

我对于期指、期货和场内外期权等金融衍生品还是非常敬畏的，我认为对于99%以上的普通投资者来说，此类衍生品都"只可远观而不可亵玩焉"。这绝非一句谦辞，而是但凡操作带有杠杆，对于止损方面的要求就会异常严格。经自我评估，这是我投资性格中比较劣势的部分，所以我选择了敬而远之。

既然做空是把"双刃剑"，做空对于我们小散而言，势必也能带来潜在的收益。但并不是说，我们就一定得有做空的实质性行动。我认为更高阶的思考模式是，相比于做"空"的行为，"空"的思维对我们更重要。只有多的思维，炒股容易产生偏执。只有多而没有空的思维，投资策略就无法通过权衡以实现中和。故而，虽然制度上禁止我们做空，但是空的思维如果被运用自如，进而转化为成熟的操作理念的一部分，这就是走向成功的第一步。

我们需要在投资策略中找到属于自己的"保护神"——空和多相结合。如果炒股仅凭个人的主观预测思维，看多就满仓做多，看空就全部卖出，这种最原始的操作模式，就是典型的"无保护神"主义，亏钱则是必然的。如在主观判断之余，我们能将多空相结合，运用空的思维，在每一次操作之前都提前给意外情况留有足够的操作空间，以防止出现失误后无法弥补，那我们就等于是间接用好了做空的这把"双刃剑"。

我们正常的投资区间范围，应该是从空仓到满仓。空仓和满仓，可分别设为两个临界点。由此可见，不带有任何对冲目的的做空博弈，则是偏离到了空仓临界点以下，而满仓加融资，则是偏离到了满仓临界点以上。做空和满融这两种操作，由于过分压榨了可能出现失误后的补救空间，相当于是将"双刃剑"的一刃对向了自己，所以我

197

认为这两种做法都不可取。

满仓，就已是我眼中的天花板了。而满仓一个投资组合，则是我所能承受的极限，是我能采取的最激进的投资方式。即便如此，在日常的投资活动中，我也是不会轻易满仓的，我习惯于将现金纳入投资组合中，持有现金和持有股票已变得同等重要。没有现金的投资组合，是不够完整的组合。现金，其实就是空的思维的保证，也是"空"之意识的显化。而关于空的思维，这里也只是先提出概念，于本章最后部分还会有详解。

■ 如何选择好的基金

买基金，就是选人，即凭借个人认知选出最优秀的基金经理。在投资领域，主导投资的人，才是我们最需要了解的关键要素。只要选对了人，暂时的"失"，就只是"存"的一个过程。人存地失，人地皆存；人失地存，人地皆失。

有缺憾的是，我们不一定能从专业角度，来评判一名基金经理的好与坏。考核一名基金经理的指标非常多，如年化收益率、最大回撤、夏普比率等。但我认为，做基金既不是比赛，也不应被看作"赌博"，做基金就是做投资，并且在一定时期内，基金业绩通常存在较大的偶然性。所以我觉得，在不了解一名基金经理的前提下，轻易用几个相关数据就形成了对基金经理的"傲慢与偏见"，这是不合时宜的。

任何人都存在认知上的短板，甚至可以说是认知缺陷，同时，这个市场在不同阶段下又会呈现出不同的包容性。正因如此，在不同的时间周期下，市场的表现风格迥异。但是，市场绝对不会永远只包容一个人的短板，最终它对所有人都是公平的。

在股市中时有奖励错误的情况发生，这不仅是因为市场炒作具有十足的偶然性。从更大层面上来讲，还是因为市场在不同阶段下会呈现出不同的包容性。当市场跨越多重周期之后，市场就会成为一面"照妖镜"，是神是魔，都会在市场面前显露原形。

除此之外，数据不可避免地存在偏狭之处，一种数据不可能兼顾考察到基金经理的方方面面，而且不同的观察者，对数据的理解又可能出现很大差异。假使我面对一只基金，在多种数据都毫无瑕疵的时候，我一定会慎重考虑投入该基金。因为市场极具偶然性，我们的经验又是不够完备的，以致永远都不可能将所有发生过的情形都囊括其中。真正做得好的基金，从来都不是躲避意外的能力强，而只是应对措施做得好。

比如在2018年，一只基金全年最大回撤3%，表现十分亮眼；但另有一只基金，最大回撤已经达到了10%。如果让你选择投入一只基金，你就一定觉得前一只基金比后一只好吗？想来未必！当你更清楚地了解到，前一只基金全年仓位都没超过一成，而后一只基金全年仓位都没低于八成，你又将如何评价这两只基金呢？也许你会表示，前一只基金还得再观察观察。在我看来，后一只基金就算不一定比前一只好，但至少通过这一年的考察，那位基金经理的投资反脆弱的能力则更容易被肯定。

如果一名基金经理从来都不给予市场考验他的机会，不管是他管理基金的时间不够长，还是其他什么原因，我都会认为这样的基金经理可能存在本质脆弱的嫌疑。只要不能证明他在应对市场方面拥有强韧性的投资方法和认知水平，我都会选择放弃。

考验一名基金经理是否具有反脆弱属性，一定要具体情况具体分析，这时候如果只靠笼统的数据统计，恐怕依据是比较单薄的，更是严重缺乏说服力，所以将很难选出你心仪的基金经理。更不用说，如果你想要具体了解一个人的话，他的投资性格的养成、他的投资风格的演变等，这些都是很难一时靠数据和图表全面了解透彻的。

考验基金经理的新方法

当然,很多基金经理除了他们运作的基金,我们似乎很难再了解到与之相关的其他更多信息了。不过没关系,就算你找不到基金经理公开发表过的言论,或写过的投资报告,就算什么都找不到也没关系,我还是能介绍给你一种比较接地气的验人之法,相信你们在未来都有机会用上。

我们可将基金经理想象成一名创业者,就当他是拿着全部家当,在股市创业。看他是否能创业成功,靠股票收益养活自己。假想他的初始投入为 100 万元,只要你们能看懂最基本的基金走向,就能按照趋势图,判断出该基金经理近年来的收益情况,如果他一连两三年(这是我能忍受的最长期限,而且必须要有起码的收益率保证日常开销)都无法养活自己的话,那说明他就是一名失败的"创业者"。

做股票投资,比做实业更考验一个人综合能力和生存哲学。如果他连自己都养不活,那他凭什么可以靠基金养活那么多他的投资人呢?然而在现实中,在悖论合理存在的同时,这类基金经理普遍活得还很体面。可这体面,从何而来?无非是背靠大平台,靠的是众多基民交纳管理费过日子。这样的基金经理就算某段时间业绩突然大爆发,在某些排行榜单上名列前茅,我们也是要敬而远之的。既然他早晚要取之于民,又于民何益呢?

反之,如果一名基金经理"创业成功"的话,那就不是平台在养他,而是他在养平台,这样能力出众的基金经理,也许你一时并没有看懂他或看上他的某些数据,但他一定是有过人之处的。因此可以断定,这个人综合实力足够强,同时具备了反脆弱等特征,将会是各位基民的首选。

最后,我还要补充说明一下,甄选出了好的基金经理,并不意味着随时买他的基金都会迎来"躺赚",择时和逆向思维也是非常重要的。千万不要因为大家都在买基金而选择买基金,一定是因为你看到了某只基金的闪光点,同时手上又有些闲钱,才因理财需要而果断买入。彼时,就算别人不看好该基金经理,或是不看好眼下行情,都不应影响到你做决断——退而求其次,如果你对市场把握不够大,但是对基金经理又很有信心的话,可以选择定投或类定投的方式,分批去买基金。

定投赚钱的秘笈

无论是定投股票还是基金,我都认为定投是一种十分有效的投资模式。在我眼中,定投就如同"傻瓜相机"一般,目的是让外行人获得最简单最有效的投资手段。定投是投资中的一剂良药,但不是万能的"神药",它需要你拥有一定的投资格局,靠自己就能构建出较为成熟的投资体系。有了稳妥的投资体系,确定性极高的盈利模式自然就蕴含其中了。

从另一个角度来说,投资体系的构建同样需要修炼到一定程度的投资认知。这种认知至少要保证你认知到股市中的基本规律。之所以说有了定投投资会变得简单,是因为若是没有外在工具的帮助,一般人认知投资将很容易陷入到"盲人摸象"的困境,因为周遭不确定性的因素太多了,对于新手来说根本抓不住重点。

但是,当你的认知达到了认清市场基本规律的水平,然后你再借助定投这一具体的、固定的投资工具,此时你的投资行为便将以定投工具为主导,它会被动地帮你排除掉很多不确定因素,所以定投可以帮你更快速地走向成功。代价是用一个较长的时间周期,以及可能在此段时间内需要忍受的亏损,来用以弥补个人在判断力或执行力上所展现的不足。

用定投的方式做投资,并不是说你真的就可以什么都不管不顾,只要当个能源源不断掏得出钱来的"甩手掌柜"就可以了。定投工具本身蕴含着一定的盈利机理、技巧和模式。只有在搞清楚了这些内涵的前提下，你才有可能正确掌握定投之法。甚至于，你还能一边定投，一边科学地优化定投，以达到进一步抢占先机、趋利避害的目的。

比如，那些自认为定投很傻的人，总觉得做投资不考虑价格，就是纯博傻操作，这一行为是心思过于缜密的人无法接受的。而那些自认为定投必胜的人，当然是提前完成了功课，他们心里其实都很明了所谓的"博傻"，实则是"大智若愚"的"傻"。只因股市里没有谁能永远掌握精准的正确，所以在未知的波动面前，过分计较得失是没有意义的，这就是用定投驾驭价值投资及投资规律的最佳实践。

做投资首先要克服人性，做定投也一样，而且表现得更直接、更具体。如果克服不了人性的弱点，你根本无法坚持做完一个定投周期。由于缺乏坚持的信仰，你有的只是主观预测，那些本该给你带来信心的价值规律，早就在无数干扰因素的搅动下，被抛之于脑后了。没有信仰就不可能有大局观，没有大局观就看不到大周期。没有大周期，你就彻底失去了坚持的方向和目标。于是，你还是一如既往地喜欢轻信自己的弱点，并不会为此做出任何改变。

我所谓的大局观，其实是需要你自学完成的第一门功课，要深刻领悟到市场的不可战胜之处。所以投资者在明，而市场在暗，因此在人性完全暴露弱点的情况下，市场极善于出其不意。这说明处于极度劣势的投资人，不仅不可完全预测股市，而且已然被激发出了市场的魔性。在魔性的市场面前，人性都是无比脆弱的。我们非常明确，在纯靠自己克服不了人性弱点的时候，想要取得事半功倍的效果，就只能借助于外力。那么，一套最简单易行且行之有效的定投策略，就可以帮我们做到这一点。

简单来说，定投就是个虚拟的辅助工具，它的操作"说明书"其实非常简单。复杂的是那些我们要提前完成的"头脑风暴"，其中最核心的内容就是，我们需要靠自己的大局观来判断，该股票或基金是否凸显了投资价值，是否值得开始定投、如何定投，以及打算到何时

第六章　投资心理建设与行为指导

结束，这才是一套投资流程中最精髓的部分。

以做股票为例，大家赚钱的唯一手段靠的就是低买高卖。永远买在最低点——是不可能的。于是，我们交给定投来解决。定投一旦开始，就意味着，我们是中长期看好该股票的，只是它的短期走势还不够明朗。我们以定投的方式开始买入，等于是放弃了抄底的机会。

客观来说，定投可帮我们平滑持仓成本，虽然放弃了抄底，但总体持仓成本会很均衡。牺牲了将全部仓位一次性买在绝对底部的机会，换来的是"祸福相依"的投资使命，即我们的总成本也绝不可能出现在顶部区域。然而更重要的是，定投帮我们有效地克服了人性中的贪婪与恐惧。

我常说，看对一只股票的大方向不难，要做对才难，换作任何人皆是如此。比如你非常看好一只股，认为它潜力巨大，在你可预见的未来，至少还能涨个三五倍。可遗憾的是，眼下该股已经翻番了，若直接下重仓买入，你还敢果断出手吗？这例子可能还不是最合适的，不过我们可以先记住这个例子。

我换一例再讲，假如你非常看好的股票一直处在下降通道。站在投资的角度，越跌投资性价比越高，可是心里却没了底。从概率上来讲，能一次性抄到大底是极小概率事件，不如选择做定投，既克服了内心的恐惧，又能平滑持仓成本。这种操作不仅在毫无规律的短期波动面前，节省了脑细胞，而且还提高了资金使用效率，确定是一种优势选择。

此例我之所以觉得更好，是因为这一例在大方向上更容易做到不犯错误。在上一例中，股价已经涨得很高了，如大方向上继续看涨，则对该企业成长性的要求非常高。进行成长性预测，光有大局观是不够的，要对该企业乃至整个行业都非常了解才可以。以此之故，为避免投资突然出现致命一击，我们才须将资金的安全保障放在收益前面，而定投肯定是比一次性梭哈要更有安全保障的。从长期来看，它的纠错机制也更强大。

当然，投资思路出于定投，也可胜于定投。在面对一只看中的股票时，我们也可以循着定投的思路和经验，尝试用类定投的方式来进行建仓。定投一是限制了买入时间和金额，二是可能产生大量重复买入的价格，拉低资金使用效率。而所谓的类定投，就是我们要刻意规避此类弊端，只要是认为自己有能力克服内心的恐惧，最终我们可以将建仓的模式改造成每跌到一定程度，就追加买入一定（可等额买，也可等量买）的股票。这种做法也能达到定投的目的，并且效果甚至可以做到优于定投。

再说回定投，定投本身也是可以进行改良的。如果现金流非常充裕，首次建仓便可多买入一些股票，权当多打了些底仓。后续每笔买入的股票数量再依据具体情况酌情进行调整。但是，大体思路须遵循投资赚钱的本质——低买高卖，只要现金流许可，在股价持续低迷的情况下，可酌情追加每笔投资额，而等行情转向火热，可酌情减少投资额或暂停继续买入。但请切记，只宜微调，不宜频繁做调整。

只要你的投资认知足够，这些都是能帮你取得收益更大化，又皆是在情理之中的做法。但是，如果你的认知支撑不起你做较大改动，那就还是按照定投的方法来做。总之，一套行之有效的定投策略，可尽最大可能地帮你在现有条件下规避掉人性中的弱点。这套做法本身均属于"术"的范畴，知道为什么要这么做，才算是"至简大道"！

▪ 被套牢之后如何改善心态

若买股票被套，还能被套得心安理得，要不是太过于"心宽体胖"的话，那我一定是认为所买的股票十分具备投资价值。这里再插一句题外话，就算是你精心（或花钱）打探到的消息股，仍有可能被套得死死的，假如你对该股票的基本面并不熟悉，想必人也是很慌张的。在任何被套牢的情况下，想要不心慌的方法，只能从两方面去寻找：

一方面是朝着投资标的的方向，潜心研究其基本面。了解该股票是否被低估，或是成长性是否很好。总之，你的总体评价决定了持仓态度，只要评价没问题，就算暂时被套牢，对你也是不会产生太大影响的，且在必要时，你反倒会用加仓来表明你的态度。

另一方面是从操作学的角度，学做投资组合及投资策略，且随时保持现金流以做补仓之用。在术业专攻之下，你可以成倍地给自己增加操作空间和机会。据我长期对股民的观察，只要是有操作空间的存在，人一般都不会太悲观。可是，人一旦精气神被消耗殆尽了，就会以"割肉"的方式选择逃离内心的煎熬，只因觉得自己看不到任何希望了。

若是像很多新手那样，一上来就满仓一只股，一旦被套住就动弹不得，除了"割肉"，不会有其他任何操作。这样一来，人的注意力只能高度集中在这一只股票上。过度的注意力不仅是种浪费，而且对持仓股极易带来巨大的反噬效果，相信诸位肯定是有同感的。

正确稳健的做法，一定是先考虑好安全垫的问题：有资金可补仓，这是一层安全垫；做投资组合，这又是一层安全垫。利用个股之间涨跌节奏的不同——有的股票先涨，有的股票后涨，一定会出现有的股票先到达目标位，于是可适度进行高低切换，赚取一部分差价，操作机会就是这样被创造出来的。

坚守正确投资理念，若是只看长期，还是常常会被套牢，这大概率是市场的非理性波动所造成的必然结果。因此，我们必须要坦然接受市场非理性波动的存在，而且我们的操作必须是理性的，一定要为市场的各种非理性或偶然性，提前预留出足够的操作空间。

要知道，高段位的投资者，其投资风格一定是相对保守一些的。到了这种级别的投资人，至少已完整经历了两到三轮的牛熊转换，即便是被全线套牢，在投资心态上也早已日臻成熟了。但在此阶段到来之前，所有投资人都需接受一只"拦路虎"的考验，而且往往会被击败。这只拦路虎就是来自市场接连不断的题材和个股方面的诱惑。

很多投资人忍不住"割肉",往往不是因为持仓股的下跌难以坚持,而是经受不住来自其他自选股的接连上涨的诱惑。

要做到始终专注如一,目标坚定不移,还是非常有难度的。我本人经历过一个相当长的痛苦磨炼阶段,才做到了如今的不乱买,也不盲目"割肉"。但是,坚持拿一只股票到翻10倍以上,我至今还没做到过。我相信大家并不缺乏最基本的判断能力,面对一只被大幅低估或高估的股票,想要判断正确很简单。但是当市场的走向在相当长一段时间内并"不买你的账",这种对意志力的考验就非常摧残一个人了。明明你的持仓股是被大幅低估的,可市场就是"睁眼瞎",一跌起来就深不见底。这时,你的心里该如何有个底?

股价越跌越低,就算你依然相信这只股票会涨回初始买入位置,甚至会涨得更高,但打败各位的往往是半路杀出的其他热门题材股。每逢这种时候,只要你稍微暴露出一点投机心理和走马观花的心思,今天将这个机会"瞅"准了,明天又"抓住"了那只大牛股,紧接着后悔不已,早知道就割肉换股操作好了,现在不仅捞回了本儿,而且还有得赚。如此失悔两三次,你就离正式行动不远了,失败亦将接踵而至。

在正确的投资理念下,要做到心无杂念、知行合一,彻底排除来自外界的干扰。心态若能修炼到这个地步,就已经很不错了。如果你并不满足于此,那就在创造操作空间的方向上继续开拓吧,关键还是在于自控能力的提升。

就以我个人为例,此前我一买股票现金就容易捉襟见肘,不是补仓频率过高,就是忍不住对看好的股票开新仓,以致总持仓经常超过预期。后来,我有意识地进行自控磨炼,这才渐入佳境。

■ 长期稳定盈利的交易心理

做股票,需要什么样的交易心理?我第一时间就想到了积极乐观，不盲目不激进，灵活沉稳，按部就班……但是，如果有一个限定前提，即交易心理一定是要有益于长期，且稳健地获得投资收益，你会发现还能用来精准修饰这种交易心理的词汇，已经很难再匹配上一两个了。炒股界有句老话，炒股凭的是"一分运气，三分技术，六分心态"。心态若足够好，炒股就及格了。之于心态建设，唯有正确地认知实践，才可能有向好的结果。在我看来，一个人的投资心态到底如何，其所有的心理活动、行为表现，以及所获得的投资结果，就是最精准的反馈。诚然，绝好的投资心态不会凭空出现，培养出强大且严谨的交易心理，是历练良好投资心态的基础，而好心态又是锻造优秀炒股技术的灵魂。

这里需要强调一点，心态的重要性其实远不止六分，心态在那三分技术里也占有重要"股份"。心态如果足够好，不仅有助于技术提升，在技术过关后，还有助于提升所谓的运势。这样的话，就算某些时候运气不佳，你也终究能靠好技术扳回一局。

追求稳定须有舍得心理

盈利能保持长期稳定，便可实现复利，但是追求长期稳定谈何容易呢？很多拥有本职工作、资金量不大，又不愿花太多心思在策略研究上的投资人，可能因此就放弃了"稳定"这一目标，只要长期是叠加盈利的就行。而关于每个人所能承受的最大亏损，只能是因人而异的。只要不断学习进步，能为自己的收益风险比带来提升空间，我认为就足够了，没必要太过苛求自己。

但是，对于不愿放弃"稳定"目标的小伙伴，那么就意味着一定要有取舍，既然你想要稳定地赚钱，就一定会因稳定而舍弃一部分潜在收益。用"盈亏同源"来解释就是，超过稳定盈利的那一部分利，你主动选择放弃，最终用以抵消了可能因激进所增添的亏损。因此，赚的时候会少赚一点，亏的时候也会少亏一些，稳定能成功地帮你躲过一些坑，同样它也助你错过一些大涨。

我甚至有联想过，能够将稳定发挥到极致的就是量化交易，回撤一般都非常小，在操作上且无顶底之分。然而，我们人工交易虽然做不到量化这么极致，不过我们可以借鉴量化交易的思维，以获取实现稳定盈利的核心要素。

　　量化交易运用最广泛的就是做对冲，对冲讲究的是有舍有得，只取中间能以最大概率获取的一部分收益。我们不一定非要运用此手段，但恰恰是这种对冲和舍得思维，如果被强化成一种习惯性交易心理，那么在被熟练掌握之后，投资心态会变得非常平和且沉稳。它会时刻提醒你，需要删减杂念、规范操作、戒贪戒躁、笃定策略……长此以往，在习惯成自然了以后，足以令你的投资大放光彩。

　　我本人就是拥有这种投资思维的受益者，在此之前，我也曾出现过好几年的业绩停滞期。在那几年里，我总是小亏小赚、大赚大亏，总是守不住盈利。尽管我是金融科班出身，技术功底也还算扎实，但我总感觉没发挥出相应的优势，自信心也总是备受打击。现在回过头去总结，其实是跟其他股民犯下了同一类错误：操作全凭预测，预测又仅靠单线思维，所以很容易因片面、狭隘的判断而钻进"死胡同"，于是在操作上，就只能呈现一根筋的死空和死多……

　　绝大多数股民都是采用单线思维，在操作时不给自己留有任何余地。看某只股票要涨，索性一次打满仓。别说无数新老股民是这样，就连很多机构也都敢这么做。何谓疯狂满仓？只要是看好的股票，有钱就得买，现金肯定留不住，时间也是不等人的，不买到满仓不算完，不融资买就算不错了。由于这么做非常符合人性，所以这是新股民最"擅长"的操作。

　　可谁不是从新手经历过来的呢？只因看好一只股票，便总觉得大涨要一触即发——对于这种认知，哪怕明知会跟事实南辕北辙，可等下次再遇到此类情形，很多人依然是管不住自己的手。想管住手不难，难的是如何管住自己的主观思想过分外溢。我认为唯一可行的办法就是要将个人的单线思维演化成多线思维，这样再遇到自己看好的股票时,你才能及时管住手,再多从其他角度思考买入的可行性。久而久之,你不仅会培养出发散性思维,而且这种思维模式会帮你抓住买股问题之要害。

要害之处在于,只有将对待单一股票的态度和做法融入到个人的所有持仓组合乃至整个市场环境中,才会显得既有章法,又能在最大限度控制回撤的同时,实现长期复利。诚然,一套固若金汤的盈利模式,会让赚钱无限接近必然,而让亏钱无限接近偶然。赚钱的必然性跟亏钱的偶然性相融合,之所以能产生共存模式以及共生价值,其点睛之笔就在于,在还没有创造出盈利安全垫之前用防守代替进攻,从而防止意外乃至极端情况一旦出现,可能会对投资造成毁灭性的打击。在这点上,做股票与其他竞技类体育项目似有天壤之别。

防守之于股票,巴菲特说得很明白,要先有保住本金的能力,然后再考虑赚钱的事。保住本金,不是三两句话就能讲清楚的,但是不利于保住本金的思想和做法,却能轻易被挑出来。比如说单线思维就是保住本金的天敌。然而,保住本金也并非是绝对的,不是时时刻刻都要把本金保住,这任谁都做不到。而是在投资过程中,可以通过一套非常成熟的操作策略,既做到对保住本金这件事在一定程度、一定周期内可控,又有足够能力带来更突出的收益风险比。

对冲思维和舍得心理的实际应用

成熟的操作策略,足以应对当下和可见的未来。也就是说,一定要在防守上做得到位,你才有可能长期保住本金。其实每一个人都明白,预测市场不准是常态,如何解决掉预测偏差,才是我们的核心竞争点。如果我们将预料之外的情况都提前考虑到位,以便在看多时多想一想"空"的因素,在看空时多思考一下"多"的可能性,并及时、有效地做好反向应对——我坚信,你的多线思维如果能如此做到左右手互搏,那便成功拥有了对冲思维。

对冲的目标是,一旦出现了预料之外的结果,我们还有条件进行补救，以改善甚至是扭转局面。同时，对冲中又暗含了舍得思维，它们之间是互存因果关系的。对冲是因，有舍有得才是果。"因"则具体表现在，既然我们的预测与概率有关，那买入仓位与看好概率应该是不能完全脱钩的。《道德经》里其实就包含了中庸思想，其中一句"反者道之动，弱者道之用"，提纲挈领地讲述了对冲和舍得思维的实用意义。

在资本市场，多数人对正确的炒股方法本末倒置，其根源在于舍掉的是核心方法论，而得到的都是些对于你炒股盈利无关紧要的东西。因而舍得与对冲之间，亦要关系对等，而不能全凭主观臆断。比如一个投资组合就体现出了舍得与对冲思想，不同个股之间的涨跌不同步，可平滑账户的收益曲线，这就体现出了涨跌对冲的效果亦是我们之所得。我们因此而失掉的是，账户如一只个股般地灵活机动。

既是做投资组合，每买一只股票的最高仓位我们都要提前规划好。比如就给自己规定，每只持仓个股都不准超过整体仓位的两成。在此前提下，建仓每只股票，一上来也只能买一小部分，绝不能一次性打到最高仓位。此时，由于我们做的是投资组合，于是就要将这两成仓位当成一只个股的满仓来对待。因此，单票不轻易买到两成仓，跟上述个股不能随便打满仓，其实是同一个道理。

等你的投资组合丰富起来之后，持股种类一多，现金自然就留得少了。但假如你又发现了新的机会，请问一定要出手吗？在此情形下，同样要运用到舍得思维。我们首先要考虑的并不是该股票有多值得买，而应是账户的整体状况到底如何？在给其他持仓股留足理论上可能需要的现金之后，是否还能腾出钱来买这只潜力股？

就算给予自己的是非常笃定的答案，那也不要急买于一时。正如前面所讲，我们需反向思考一下，这只股票是否有哪些不好的因素是之前被忽视的，如果再做一番综合考量，需不需要改变之前的决定？如想透彻之后，还能给予自己十分肯定的回答，那就按照前述的方法开始建仓。然而，舍得思维此后还将有很大的发挥空间。

为啥买跌不买涨？其实超短期内个股的涨跌，具有很大的随机性。买跌则安全垫更高，容错的成本相对较低。只买一点，是为方便后市跟踪观察。同时买入基准也有了，等未来资金充裕了，再大手笔买起来就会底气更足一些。我本人买股票，就从来不打无准备之仗。

我们继续假定，当你同时看上了两只潜力股，而现金最多只允许你买一只，该如何做选择？我个人的长期操作习惯是不太喜欢追涨，如果两只股票的现价我都是接受的，那我就进一步运用"舍得"思维，"得"的是那只在现价基础上偶然给了我更低价格买入机会的股票，而"舍"掉的是那只偶然上涨的股票。

同是偶然性所带来的下跌和上涨，各位请仔细盘算一下：正常的投资年化收益率，一般15%就该满足了。若在你准备建仓之时，一只备选股又涨了3%，另一只却跌了3%，假使你选择跌的这只股票，那么你的年化收益率就更容易超过预期。相比之下，既然两只股票的中长期股价都极大概率看涨，那么在确定性看涨和不确定的涨幅面前，不如就把最优选择权抛给自然概率。仅从客观上来判断，如果你选择了那只上涨的股票，要达到跟上只股票同等的年化收益的话，你至少给自己增加了六个点的难度。

再解释一下为什么我不喜欢"追高"——我们做股票，其实特别容易对个股"暗生情愫"，然后在不自觉的心理暗示中，便形成了个人独特的投资偏好。结果往往是只要看上了某只股票，就得一买了之，等是不可能再等的了。先追高付出高溢价，然后股价转跌，不断引诱我们继续补仓，摊低成本，直至打光子弹，选择躺平。这正是大部分人最容易中的"圈套"。

我也是在吃过很多次亏之后，才发现付出高溢价终导致股票折戟的概率太大了。而吝于付出高溢价的做法，最后似乎总能赚回来，于是我就不再愿意付出高溢价了。

为最大限度地解决高溢价的问题，我通过长时间的实践与打磨，现今最惯常使用的操作模式是首先建立一个比较大的股票池，股票池中的个股一定是在政策导向、行业扶持、企业成长性、基本面等诸多方面，至少具有被我青睐的两三个点，而后我才会将其纳入股票池中细细观察。

其次我才考虑技术面因素，运用技术进行下一步筛选。我一般是不会付出高溢价进行重仓操作的，除非是成长性特别好的个股，我才会逐步加大仓位，争取先挣到一部分盈利作为安全垫。对于技术判断，我需要重点提醒一下，在遇到非常符合你心理预判的完美走势的时候，就是你最该小心的时候，此时一定要多一些反向思考，切不可孤注一掷。

因为在我看来，完美走势符合人性的追求，而投资的过程和结果又恰恰是不可能完美的。所以与其追求完美的形式，不如抱以接受不完美的心态，转而去追求更能自洽的投资逻辑。这样一来，当以后买股票再遇上"二选一"之类的问题时，犯错概率可能会大幅减小。否则，只要是存在降维打击的可能性，你眼中的完美在主力机构那儿可能就是一个可被利用的工具。

对冲和舍得思维，甚至改变了我建仓的方式。我最初操盘两只基金的时候，当看好一只股时，我会两边同时开仓。彼时，多空的平衡感，尚在摸索之中。在过了段时间之后，我发现，两边一起买，就两边一起跌；等又发现好的机会，现金总是捉襟见肘。后来，我给自己定下了一条规矩：两只基金不准同时建仓一只个股。

表面上看，这条规矩没什么，甚至会觉得太死板。但是时间一久，我就领悟了其中的奥秘。主观上来说，我对想建仓的股票肯定是看涨的。假如第一只基金对其建仓，而放弃第二只基金，那么一旦该股票上涨，第二只基金就会错过。不过后来我发现，这样做该股票涨跌对我都是有利的。如果该股票涨，第一只基金就赚钱了；如果该股票跌，第二只基金再考虑建仓，成本就降低了。

长期以这种模式操作下去，你觉得会怎样？大家可以先自己思考一下，然后再往下看，这种操作模式对拥有两个以上股票账户的人来说非常具有启迪作用。

假如长期如此操作，结果则是，我所有持仓个股的（隐性）成本，都会统统下降！由于第二只基金没有买入该股票（去除非买不可，本身就是对冲与舍得思维的体现），于是我会积极寻觅其他优质个股的机会，如果发现了适合的标的，第二只基金就会去建仓。那么，按照我设定的规矩，这只股票我的第一只基金同样是不可以在第一时间"跟投"的。只有当此股跌到一定程度（或至少要跌一个交易日），我才会考虑让第一只基金逢低建仓。长此以往，可以想见我每一只基金的每一只持仓个股的首次建仓，都已是建立在了一次纠错的基础之上的，那投资效率自然就大大提升了。以上就是我运用了对冲和舍得的思维所研究出来的投资策略的一个切面。

虽然已经讲了很多，但我依然认为，我只是阐述了个人对对冲和舍得思维的部分理解，以及惯常做法。我相信每个人理解的对冲和舍得肯定是有巨大差异的。就连我自己，每每隔上一段时间，也总能悟出些新的"干货"，然后再付诸实战去打磨、去修正。因而，大家不一定非要照搬我的方式，而是要先找到正确的思维和路径，然后再结合自身经验和感悟，用自己最舒适最适应的方式去演进。我相信这样打磨出来的操作模式，才是最符合自身特质的，才可能达到最理想的效果。

最后，我想测试一下你的思维有无转变。请问，你尝试过在看跌的时候进行股票布局吗？若没有，你是否特别想进行这方面的尝试呢？

第七章　投资习惯决定最终成败

多年前，我读过汪中求所著的一本书——《细节决定成败》。联想到投资中的操作细节：小到一笔买入成交前的撤单，大到临时起意，重仓某一只股票前的思维突变……也许只要 10 秒钟，就改变了你账户一整年的投资结果！

每个人的资金是有限的，从拿资金换股票，再到拿股票换成资金，交易总是如此循环往复，而只有成功的交易才能在无限循环中不断增值。对于始终失败的交易，资金量的大小，不仅从来都不是你交易受挫的主要原因，而且资金量越大，你越受挫！

由于交易的连续性，所有交易都是一环扣一环的，并且每一个结果皆不可逆，因而哪怕在未来三个月你只有一次非常失败的交易，不光赔得很惨不说，还很可能会继续占用你资金相当长一段时间。但若没有这次失败的交易，也许现金又能在你的其他投资上派上大用场。

你的每一个交易决策及结果，都会对未来一年的投资回报率造成无比深邃的影响。我不妨对大家换一种问法："不论你去年交易了多少次股票，如果给你三次修改交易的机会，你去年的收益是否就变成了令你满意的成绩？"相信多数人会深表赞同！那么，既然三笔交易可定乾坤，则说明我们大部分的交易均是无效交易。然而，很多散户将十之八九的精力，都浪费在了这些无效交易上。无效交易的形成，完全取决于你的交易模式。这世上并不存在完美的交易模式，也就不存在完美的交易，因为没有人可以拥有完美的无懈可击的思维。正是你的思维模式决定了你的交易模式。而思维模式的确立，是你的性格、经历、习惯等内外因素影响下的综合体现。

投资性格决定投资命运。投资命运，即投资结果的最终呈现。与此同时，你的投资习惯穿插在你的投资行为与投资性格之间，它其实已经具备了一定的反身性，即习惯固然会被行为、性格所影响，可它同时也会反过来干扰你的行为，重塑你的性格，改变你的思维……

于是，投资习惯成了这一因果链条上的中转站。之于因果链条上游，我们着力提升投资认知和思维，以助力于养成良好的投资习惯；之于因果链条下游，投资习惯在一定程度上决定了我们投资的最终结果。因而，我们必须要在平时思考和操作的一点一滴中，规范自己的思维模式和交易范式，以在操作的纪律性和规律性方面形成"肌肉记忆"，用理性将自己武装起来。

在本章内容中，我将详细拆解在学做投资的过程中，有哪些捷径千万不能走，因为此类捷径一走，必将扭曲掉那些逐步养成的投资好习惯。更重要的是，我还将拆解哪些捷径可以走，因为这类捷径与投资规律并不相悖，甚而是相得益彰的。然后，我也会分享一些个人的投资好习惯，并逐个解说我们常见的那些好习惯与坏习惯。

▍哪些捷径会破坏投资好习惯

炒股票，想走捷径的人太多。而成功的案例又可能存在"幸存者偏差"。在一心追求投资高回报这件事情上，没有捷径可走。凡事如有捷径可走，那么优先选择捷径，实乃人性使然。所有进入市场的人，都是想赚钱赚得越多越好，赚得越快越好。简单来描述这一目标，便是以极小的风险，尽快赚到尽可能多的利润。

要想实现这样的目标，自然是不适合风险敞口过大的投机，而更适合稳扎稳打的投资。至少在挣足资金安全垫之前一定是这样的，即以低风险博高收益。总之，走任何捷径，必须要保证事情的原汁原味，方是正道。投资若走捷径变成了投机，那可不只是走弯路这么简单，而很可能是，将投资彻底赶上了死路。至此，道理不言自明：你要做的是什么样的事，就考虑走什么样的捷径，只要对事情本身，能取得类似于事半功倍的效果，那就是真捷径。比如你要学做投资，那就选择在投资上能取得事半功倍的事去做，只要朝着这个方向去努力，少走弯路就是真捷径的本质。

也许在很多人眼中，这市场充满了"捷径"。可实际上，真没多少捷径可走。大家看到的很多所谓的捷径，均是表象。赚快钱的机会看似触手可及，无处不在，然而，机会与陷阱同在。而且是，机会在上，陷阱在下；机会易见，陷阱隐蔽；机会诱人，陷阱难逃；机会是糖衣，陷阱却是炮弹……

当"走捷径"被误解成了投机赚快钱的机会——大多数人应该就是这么认为的，那么我的观点则是，不惦记走捷径，不只想着如何少走弯路，就是你炒股路上能走得最"直"的捷径。不惦记走捷径是因为总想着靠走捷径赚取暴利，这是投机心态的显著特征。一旦有了这种心态，就不再可能学到正确做投资的一招半式，更不可能再养成做投资的一切良好习惯了。

诚如上述所言，你的投资习惯决定了投资命运。如果你只是浅显地将投资捷径曲解成了想方设法赚快钱的话，那么你的投资习惯便会跟着走样。毕竟，这世上成功的投资大师尚可如数家珍，可是能与之相匹敌的投机大师，恐怕还真是不好找。

▪ 哪类捷径有益于培养投资好习惯

好捷径的本质

将走捷径理解成探索出一条快速学习成长的机会道路时，才更有益于我们避开投资陷阱，并保持自己的投资习惯向好发展。不过，这条机会道路是有多分支的，我们只有在不断实践、纠错与修正中，才得以兼并出一条主干道。这条主干道最大的特征就是，必须长期保持盈利。只有盈利越稳定，主干道才越坚实。

第七章　投资习惯决定最终成败

当"走捷径"被解读如斯，我们如何才能尽快踏上这条主干道？答案也存在捷径，当然是少不了跟成功的投资人士学习。然而，研究投资大师的人很多，经典的投资著作在市面上亦比比皆是，但是最终能进入成长"快车道"的却不多见。你认为，问题出在了哪里？

就拿段永平学做投资的事例来切入正题。段永平喜读巴菲特，并按照他的方法成功了，还将其写进了自传里。通过段永平的经典案例，我认为段永平之所以半路出家，做投资还能大获成功，在于他将投资当成了企业来做。段永平本身就是做企业的高手，以自己最擅长的方式做投资，于是便成为他通往投资成功的"最捷径"。

段永平也曾走过弯路，投机也失败过。但是敢于像做企业那样，对于不再看好的项目及时叫停，往后对于自己看不懂的企业亦不再触碰，这种企业家的本分操守，在段永平经营小霸王时期就彰显出来了。他一开始上马了电视项目，发现打不赢，宁愿几千万元前期投入水打漂也要紧急叫停；在个人计算机开始走进千家万户时，认为竞争不过外企而敢于舍弃垂涎已久的大蛋糕。可以看到，段永平在创业过程中拿捏住了投资里的劣根性，这些都彰显了一个投资人的优秀品质，所以他才能笑到最后。

我们要向段永平学习的，不简简单单是纯粹模仿投资大师的投资行为，而是要在投资大师们的身上汲取养分，以此来领悟投资大道，培养良好的投资习惯和投资性格。务必要在投资实践中认清自己，透彻领悟人性，这才是最核心的学习内容。

如果你炒股只是盯盘，不去理解事物背后的本质，当然结果很难达到你的理想。因此，我认为比读懂经济学更重要的是，先要拥有哲学的思维气息。在此前提下，如尚有空闲时间，还可以多读一读中国历史和世界历史。因为历史是相似的，也是相通的，历史是人类文明的延续，自然也是经济、政治和人文的延续，更是人性的充分表达。

成功的投资者一旦读懂了自己，便能轻易读懂对手，也就读懂了这场资本游戏。当你还在纠结明天是涨还是跌的时候，假如别人早已参透了涨跌的本质，看到了若干年后的未来。这样的一场博弈，还有悬念可言吗？与其画地为牢，不如向最聪明的投资者学习。要做到上述这些，除了需要有意识地改善个人的投资习惯和性格外，只要最终目的是开阔了眼界，提升了认知，练就了窥探事物的究竟法门，那么做这些事情的意义，是不论你机械掌握了多少炒股技术，都补不回来的。

"塑性"和"塑形"

只要有助于投资秉性的提升，所做的所有事就等于是在走捷径，不要怕慢，这里的慢就是快，这是首要原则。而在"塑性"成功之后，一旦拥有了良好的投资品格，再考虑将大把的精力花在投资技巧上，尽量避免走回头路，此之谓"塑形"。毫不夸张地说，"塑性"成功后，"塑形"也完善了，哪怕是做"价值投机"，成功率和收益率都会比一般人高出许多。这样的炒股技术自然也是更有分量且技不压身的。

讲到"塑性"，即塑造投资品格，在投资行业非常特殊，比的也不是谁更勤奋，而是比谁更懂得放弃。若再往深层次挖掘，其实比的就是谁的中国传统文化底蕴更深厚。既要能深刻理解中庸之道、权衡之术，做到刚柔并济、阴阳相谋，还要能心无挂碍，探究因果律。

在做基金近一年之后，我便遇到了净值滞涨的困境。一开始还好，然后陆续有投资人表现得不淡定了。眼瞅着新能源板块接连上涨，我对这一热门题材却少有碰触。原因之一是我不愿追高，更重要的原因是，我认为所持有的板块在经历了一季度的充分回调后，相信很快就会有表现。

投资人却开始给我提建议，让我尝试做新能源，也可在新年来临之际配置一些白酒等消费股。若按投资人的想法做，我必须要割一部分肉出局，并进行风格转换；如果我坚持风格不漂移，可能还得等上一段时间，就不可避免地要经历这种不被理解的痛苦时光。

最终，我还是选择了坚持做自己。我考虑的点主要在于，漂移会增加投资成本，同时卖低追高，意味着更大的不确定性，我还是更喜欢追求最确定的机会。而就在几位客户赎回之际，以宁德时代为首的新能源，开启了漫漫调整路，我的基金竟在当周神奇般地触底回升了，很快净值便创下新高，再次完成了分红。

我选择相信自己，内因也很重要。由于我十分熟悉投资的三要素——自己、投资标的及投资策略，凭我的市场认知和策略，历来总是能够转危为安，在最后赚下不菲的收益，那我就没必要一改风格，花很大的代价，去尝试各种不确定的后果。

炒股十多年来的经历，已让我深刻认识到：坚持规律，坚持找最确定的机会，做自己最擅长的事，这就是炒股赚钱的"最捷径"。那我又怎么能听风就是雨，在中途临时起意，改走可能充满危险的沼泽地呢？

后讲"塑形"，即塑造相对固定且具有鲜明优势的投资风格。在鱼龙混杂的投资行业，要想塑好自己的形也是非常不容易的一件事。在此，我给出的意见是，以 A 股的"政策市特性"为出发点，借助政策趋势的力量，找到适合自己的投资方式的"最捷径"。

我们自己揣摩政策，一定要分辨出哪些行业的获益只是"昙花一现"，这类股票是务必要舍弃的。我们的终极目标，是要甄选出那些因新政策的出台从而产生了根本性变革的行业，这一类行业要么是刚刚兴起，要么是旧行业的市场蛋糕被拓宽了边界，由于供需关系发生了巨变，因而红海市场又变成了一片蓝海。

在这些行业，市场特性往往是一上来就不辨好坏，一齐炒作，但我还是建议大家，要尽量远离投机思维，最好抱着价值投资的思维和心态，去寻找那些龙头股来做投资组合。因为龙头股市场拥有最大的市场占有率，可以将政策收益变成实实在在的公司业绩，最终体现在报表上。只要业绩持续提升，股价就会在乘数效应的影响下一飞冲天。那么，我们只需重点关注龙头股的市场的变化情况就可以了。值得注意的是，有些影响企业净利润的因素是临时性的，比如原材料涨价；有些却有可能起到决定性的作用。这里面千差万别，我们一定要有所侧重，辨别清楚才好。

最后强调一下，还有另一股"巧劲儿"——明知道自己不行，而借助于能行的人。会看人，为自己选择好的学习榜样，其实也是一种本领，这亦是认知变现的另一种表现形式。我们买基金，其实选择的就是人，只要能看懂基金经理这个人，他的基金就能基本判断个八九不离十。

■ 为什么不能融资炒股票

毫无疑问，融资行为一定会波及投资心态。融资是会上瘾的，一旦用的频次多了，便会成为一种不良习惯。投资习惯将直接决定你的投资命运。

持股心态被影响不难理解。假如你是满仓满融被套牢的情形，那么还要承受额外付息和可能击穿平仓线双重的压力。但是，如果你不融资，只拿闲钱炒股，个人投资者并不存在理论上的现金流危机以及净资产被清零的风险。而人一旦压力聚集得多了，无处排解释放，便可能做出各种昏头的决策，出错的概率将大大增加。

人都会有情绪，情绪是人难以战胜市场的一大不利因素。你若放大自己的不利因素，就等于是面向市场，坦露出了自己的"软肋"。别说个人了，很多机构就是这么被无情逐出市场的。

人的劣根性在于，融资哪怕让你赢一次，你这辈子就很难再戒掉了。我始终将不融资看作个人的最后一道防线。一般情况下，我建议连信用账户都不要开。一旦你开了这个头，早晚你都能找到理由用上它。比如，你一个月后有一笔钱到账，现在有只股票你非常看好，但又怕机会不等人。反正你到时肯定能将这笔钱还上，于是你顺理成章地动用了融资手段。乍一看，没什么毛病。问题就在于，如此打资金

第七章　投资习惯决定最终成败

时间差，一旦多用了几次，你便会逐渐放松对融资条件的限制。于是融资额或融资频率越来越高，你就越来越离不开融资——说到最后，还是成了"一颗马蹄钉"的故事①。

如果你习惯性融资，又遇上"大熊市"会怎样？我们不妨做一个假设：假如你已满仓满融，即将面对的却是类似于2010~2013年那样的深度熊市，持股轻松就可亏掉30%（不考虑融资部分），即四年累计下来的利息支出（一年6个点左右，四年复息近27%）……

看上去已经够惨了，现实情况可不止于此。为了保证金充足（不然会被券商强制平仓），这四年你需要不断地往账户里打钱（补保证金并付利息），可是如果有那么多钱补的话，当初谁还需要融资呢？可是如果没钱补的话，即便是第二年迎来了大牛市，你也早已失去了翻身的机会。

我用身边很多的真实案例告诉大家，无论你有没有融资，几乎都会"在黎明前割肉走人"。因为在大数据面前，你们不走，牛市就不会来。这不是什么巧合，本就是大数据作祟。甚至于市场在转势之前，时有出现连续性杀跌的极端行情，其目的很可能就与杀融资盘直接相关。

我们一定要换个思路来重新思考融资这件事，只要做股票能保持长期盈利，那无非是多等几年，你就能赶上如今加融资后的资产规模。届时，账户里都是你个人的钱，毫无还本付息的压力，这样一想，还有融资的必要吗？只要你行，不融资你也能赚到那么多钱，只是成功会来得稍晚一些，但你成功的路会走得非常稳健；如果你不行，那融资也不过是加速了你的失败。

---

① "一颗马蹄钉"的故事：15世纪时，英国国王理查三世在一场重要战斗开始之前，命令马夫去备战马。马夫吩咐铁匠给马掌钉上马蹄铁，铁匠先钉了三个马掌，在钉第四个时发现缺了一颗钉子。马夫将情况报告给国王，然而国王没在意这第四颗马蹄钉，匆匆上了战场。就在国王冲锋陷阵之时，一颗马蹄钉脱落了，战马仰身跌翻在地，敌军趁机反击，并在战斗中俘虏了国王。就这样，一场战斗败在了一颗小小的马蹄钉上。

绝不能追着题材股跑

"将军赶路，不追小兔"，做股票投资，最需要的就是定力。我自始至终都不喜欢追着题材股满市场打转，这也许跟我的投资性格有关。我只喜欢静中取胜。当然，我也不是完全否定所有的题材炒作。我最喜欢做的是，静静地守候所潜伏的主赛道，然后静等它变成市场上最主流的题材股，这时候是不愁不赚钱的。

"栽下梧桐树，引得凤凰来。"潮流是只能等，不能追的。这里面，其实隐匿着不少关于投资和投机的秘密。比如说引领市场潮流的不仅有指数趋势、热门题材，还有连篇的谎言和欺诈。而关于如何分辨这一切，马克·吐温曾一语道破了天机，他坦言道，"真理还在穿鞋的时候，谎言已经走遍了半个世界"。

这还是追逐潮流可能出现的问题。但是，如果想追市场潮流追不上，落于其后了呢？巴菲特又是这样表述的："首先是创新者来了，随后模仿者来了，最后傻子也来了。"虽然巴菲特形容的是关于科技、产业的创新，但是这类创新的步伐表现在股市上，这些年又何尝不是如此？

既然追逐市场潮流不可取，你追快了或追慢了都有可能迎来灭顶之灾，那我们倾心栽树就好了。可问题是，凭什么你"栽下了梧桐树，就保证能引来凤凰"？这倒是个难点，我对此思考了很多年。思熟想透了之后，我将自己的股票池改造成了一种"自上而下"的选股方式。

在这点上，我们沿用巴菲特的话来进行解说。巴菲特的选股方法众所周知，就是要找很湿的雪和很长的坡，一心一意要将雪球滚大，滚出的就是复利效应。而我所谓的"自上而下"，就是结合当下的经济、政策前景，先选出好的行业，再从好行业中择优选取中意的企业。

第七章　投资习惯决定最终成败

为了追求高确定性，我首先要做的是，通过大量阅读和观察，以及对国内外经济政策进行解读，了解世界发展的某些重要趋势变化。这些变化将对很多行业产生重大变革以及深远的影响。只要你思考问题的方式遵循了人类发展的社会趋向和经济趋势，那么，对于提前感知到市场具体开拓了或即将开辟出哪些新蓝海，这是高度确定的。而一旦认准了某些行业，我们再去找行业内市占率最高的或是潜力最大的企业。

由于直接受益于蓝海市场，这类成长性企业的业绩易迎来爆发式增长，其股价顺势便可迎来"戴维斯双击"①。这类能将故事最终落地的大赛道股，在未来的某段时间内，一定是业内题材股满天飞。而那些业绩稳定、持续增长的真龙头，其股价才能走得更长远。

不过，不是所有的这些好行业和好赛道，我都能在第一时间发现并买入，如果发现晚了又不舍放弃怎么办？如果确实是有机会迎来"戴维斯双击"的好企业，我一般也不会急躁，会耐心等待第一波炒作完之后的回调机会。只要政策倾向不变，行业趋势不变，而企业业绩又确定是大幅增长的，那么下一波的炒作往往比第一波还要猛烈许多。不过难就难在等回调上，短则等一两周，长则需要等上一年半载。

你要相信，市场永远存在它非理性的一面。当深度调整来临时，就怕你被悲观的市场情绪渲染得一股都不敢买。而往往越是在市场悲观的时候，越是给予了充足的时间来了解我想买的股票。在选定之后，无论市场跌成什么样子，我是不会在"买不买"这个问题上纠结的。为顺应市场现状，我只会不断调整我的买卖节奏。

最后再强调两点：第一，选蓝海市场里的好企业，不代表这类股票买了就不能跌。尤其是在大势不好的时候，这类股票该跌还是得

---

① 在低市盈率买入股票，待成长潜力显现后，以高市盈率卖出，这样可以获取每股收益和市盈率同时增长的倍乘效益。这种投资策略被称为"戴维斯双击"。

跌，只不过这类股票受政策扶持，易出利好，股价涨回来得更快。第二，那些脱离了基本面的"疯狂炒作"，我从来都是不屑于参与的。如果真涨得令人瞠目结舌，过于碍眼了，我会选择删掉自选，就当它不存在。这种做法虽有些掩耳盗铃，但却很管用。

是否应该频繁做短线预测

"预测"这种行为无限趋近于人类的潜意识。预测是生长在潜意识里的火种，固然也是人性表达的一部分。换言之，预测即人性！

可能有人会反对，但是仔细想想，如果你说不进行任何预测，却在当下买了股票，那在你买股票的那一刻，我完全有理由相信在你的潜意识里，对该股票是看涨的，哪怕不是短期内的看涨意识，最起码你认为该股票长期看涨。这就是不自觉的预测意识，或者说是预测行为。也就是说，无预测就很难发生股票交易。

于是又产生了新的问题，一定会有人说，那我不进行短线预测总行了吧？在理论上，这是可行的，没有人会被强逼着进行短线预测。而我经常进行短线预测，是因为身处这个行业，又管理着不少资金，短线预测只是我维持盘感的一种看盘方式，你也可看作我的一种工作模式。

但是，如果你全倚仗自己的短线预测，而频繁进行短线操作的话，只要你在仓位上毫无保留，我相信你的结果一定不会好。如果我们不想浪费自己的短线预测，那就要明确短线预测的操作价值在哪里。"凡事预则立"，短线预测也一样，它只是提醒我们要有所准备和防备，便于我们验证自己的投资逻辑。万丈高楼平地起，再顶层的逻辑，也是从底层一点一点构建起来的。短线预测只能被归于底层逻辑的范畴，所以在具体操作上，短线预测只适合进行战术上小的调整，抑或是战略微调。

当实际走势与短线预测相悖的时候，我们更应该究其果、寻其因，明确对中长期投资逻辑的影响有几何，而不是一错就发蒙，继而将整个账户拖死。我相信很多人都是这样操作的，这才是失败的根源。你不能把握好"预测"和"实操"之间的这个度，即等同于遏制不住人性的欲望向外蔓延。

因此，在把握不好短线预测和短线操作之间的关系时，我宁可不进行短线预测和交易。总之，中长线预测是为了让我们选择未来，便于提供更好的操作方案。而短线预测不是我们今天要做什么的全部依据，而是要我们灵活思考、修正当下。为的是明确我们今天要怎样做，才能获得中长线预测出的那般未来。

未来都是由每一个今天构成的。我的长期实践证明，在大多数个"今天"，你都不需要做什么。只要在关键的几个"今天"能做对就可以了。而在关键时刻能做对，对于你的盘感要求也会非常高。同时，你还得在平时保持住那种无为而治的心态，"致虚极，守静笃"。至于盘感如何保持？这又回到了问题的开头。我们只需要多看盘，多复盘，短线预判便在此中应时、应运而生了。

■ 如何克服"一有现金就想买股票"的心理

我认为最好的投资法则是"心到手到，知行合一"。问题是，一上来就想心到手也到，这恐怕实现不了。所以，我们一要先尝试借助外部的力量，二要进一步提升认知，因为心到手不到的根本原因在于"心到的程度还不深"。我们一边借外力，保证留存足够的现金；一边在这种策略体系下，不断地推究感悟，保持充裕资金流所带来的种种好处。

市场不缺机会不假，但这无数的机会只是针对市场本身而言的，不是针对你的。我们要找的是属于你的能看得透、吃得准的机会。我们的精力是十分有限的，市场上有大几千只股票，我们不可能全部兼顾，最多只能在某一段时间内熟悉其中的几十只股票，就已经很不错了。

只有以建立了一套成熟的建仓策略作为前提，你才可能留存足够的现金。如果买股票毫无章法，就是有再多的资金也是不够用的。每个人的建仓策略因人而异，不过有几个大的坚守方向，是能令我基金操作得更顺畅的方法：

第一，不要同时建仓多只股票，最好一次就建仓1~2只。

第二，每建仓一只股票，都要做仓位规划，并且不要一次性买入超过规划最大仓位的一半。比如你有100万元资金，规定自己每只股票最多不可买入超过3成仓位，那么你的初始买入仓位，就不能超过1.5成仓。

第三，建仓一只股，加仓策略要提前规划好，可能用到的资金必须留足，以做到专款专用，就不要再临时起意乱买其他股票了。

第四，如果整体仓位过重，投资组合又表现不佳时，加仓以短线操作为主。

类似的规矩，还可以总结出来很多。需要各位在实战中，自己反复去探究行情和账户，最后亲自总结出的结论才是最深刻最有用的。心只要继续向下沉，向下摸索，从而形成知行合一的良性循环，你就会变得越来越强。

说到这里，我认为有必要给各位再多提个醒，这一点更容易被大家所忽视。要知道，所有的高手都是保守的，这还只是泛泛而论。究其原因，是因为我们的认知局限，而认知局限又造就了我们操作习惯上的局限。

不知你们是否有想到过，只因认知和习惯使然，我们各自选择的股票类型，甚至包括不同股票的买卖点，其实均存在个人的独特性和相似性——这就导致了一种现实情况时有发生，当你认为持仓股要补仓的时候，往往是大部分持仓股都得补；而在卖股票的时候，往往又是多只股票在差不多的时间点被一起卖掉（如果你的持仓种类太少，则可能体现不出这种特性）。于是，你的现金使用情况总是在留太多和不够用之间反复徘徊。因此，我才建议不要同时建仓多只股票，还提出了较为保守的买入策略……

除此之外，我们还有必要借助外力的作用来帮助自己完成较为保守的投资策略。特别是在知行合一的初级阶段，如何借助外力留存资金，则更像是一门技术活。这里抛砖引玉一下：我曾劝人把每次赚到的钱转出账户，拿去做理财。每当迫不得已要补仓的时候，再考虑转入股票账户。还有一个更细致化的方法，我一般是劝人多做国债逆回购，就在股票账户里做，不仅方便，而且还能增加收益，何乐而不为呢？

假如你有 100 万元资金，股票已买了一大半，你还可以做至少 30 万元的逆回购。此时，该怎么做也是讲究技巧的。我会选择于今日收盘之前，分别将 1 天、2 天和 3 天的逆回购各做 10 万元。而后继续循环做 3 天的逆回购，这样每天可保持至少有 10 万元现金到账，又能保持有 20 万元逆回购。当然，你还可以将资金规划得更细致，也可以将钱转出账户，去规划更长的周期。

总而言之，一切尽在于你个人对市场的见解和规划之中，只要是合情合理的做法，你就能长期获益于此。

总想操作短线该如何克制

当有人意识到要克制住自己做短线时，则基本可以断定他是在频繁操作上吃了大亏的。究其根本，还是因认知受限所致。当然，频繁操作短线，尚不能一概而论，还是要分不同的情况。

如果你是坚持看盘，每天都要观摩自己股票账户的炒股类型，那就增添了你犯错的概率。天天盯盘就会令人受到市场波动的频繁"勾引"，直到忍无可忍，便是一通情绪化操作——此非个例，而是投资人的通病。因此，你要做的就是尽可能远离自己的账户。

这样做至少有一个好处——由于注重自控，你能操作的机会将变少，于是会格外珍惜每一次操作的机会，这样在提高交易效率和效果的同时也降低了交易成本。然而矛盾点在于很多股民根本无法做到远离自己的账户。既然如此，只要有意识地与账户保持距离就行，我们能做到什么程度，就做到什么程度。

但对于关键问题，咱还是要从根上来解决。所有人来到股市的目的是投资赚钱，而不是为了来"消费"股票的。想赚钱，就必须要做到知行合一。假如你的"行"是频繁做短线，可你满脑子又是中长线的制胜思维，那按照知行合一的原则，你就要努力往中长线的"知"去努力。这才是问题的源头。

从源头的"知"，逐步过渡到中下游的"行"，为了防止操作被扭曲，我们还是要另想一些招式，以达到事半功倍的效果。在我眼中，有三种状态下的持仓最令股民难忍：一是深度套牢，继续阴跌不止；二是大幅盈利，卖怕股价逼空，不卖怕回落"坐过山车"；三是股价反复在成本线上下波动，股民担心再跌亏钱。

当我们热衷于中长线的投资模式之后，就不要再轻易投机搞短线了。同时，为避免上述情况频发，我们需在建仓期分别给出有针对性的应对举措：

针对状态一，我们一定要挑选安全边际高的股票，不要一味追高。再好的股票也要兼顾估值。不要盲目迎合市场的阶段性偏好，不要轻易在大幅盈利的股票上加仓。对于长期处于下降通道的股票，一定要谨慎买入，加仓亦要采取谨慎策略。

针对状态二，一点不卖是非常难忍的，如果做不到尽量不看，就删除自选。如果依然做不到，那我分享个小窍门：通常我会卖掉几百股，以安抚自己的内心。只卖几百股，一般不影响结果。如果确实是担心得睡不着觉，那就可以考虑用我在前文中介绍过的"同等间隔买卖法"，以多卖少买、高卖低买的方式，实现缓步减仓。

针对状态三，只要你的建仓是带有策略的，只要你买入的逻辑不变，相信就没有什么好值得担心的。如果你还是忍不住，要么回到出发点去反思买入逻辑，要么借用状态二的两种做法都可以。但是一定得提前做好心理防备，即万一卖丢了，千万不要觉得可惜，这依然是认知不够的问题，要相信市场上此刻还有很多更优的选择。对于此股，一定要做到有它没它你都能接受。很多人最后都是输在了对某一只股的执念上。

有没有针对上述三种状态都适用的方法呢？答案是有——转移注意力。其实远离账户，就是转移注意力的一种方式。只是转移得比较彻底，一般人都难以做到。退而求其次，我发现"建立投资组合"就能够转移注意力。只要组合投资得当，不仅上述三种情况都能规避掉相当一部分，而且你还能在持仓组合、股票池和现金之间进退有度，将火候掌控得游刃有余。

假如你偏执地抛弃了上述所有方法，而始终喜欢满仓一只股，不喜欢留现金，那么在被切断了现金流之后，相信水平再高的人在长期处在上述被套情况之中的话，心态也会表现得非常不稳定。

有句"人生格言"，当我给他加上特定的投资标签后，我发现依然成立，就此送给大家：投资思维决定投资行为，投资行为决定投资习惯，投资习惯决定投资性格，投资性格决定最终的投资命运。所以，千万不要盲目崇拜"幸存者偏差"中的幸存者，只要培养好你的投资思维，认真打磨好自己的投资模式，然后照此方法坚定去做，你最后一定能取得不俗的投资成绩！

总喜欢频繁撤单怎么办

股民多有"频繁撤单"这个习惯，也包括我本人。我自己也是在屡次吃亏之后，才暗下定决心要改掉这个坏毛病。知比行更重要，只要有了正确的知，关于如何纠正行的错误，我认为最直截了当的方法，就是朝着知的方向，不断去践行，以直通的路径实现收益最大化。其实，管住手只是表象，关键是要管住心。我一般是这样反问自己的：设置这一单的首要目的是什么？答案一般会有两个选项：第一个选项就是要买到（或卖出）股票才安心；第二个选项是买不买得到（卖不卖得出）无所谓，在价格上要实现利益最大化。

针对第一个选项，在训练管住手的初期，就需要以反问自己的方式来进行自我暗示，在潜意识中强化追求结果的必须性。为达到首要目的，你就很难再进行改价操作了，因为你很害怕拿不到最想要的结果。针对第二个选项，我认为"改价"是可以接受的，但是不能过于频繁地改，对自己要有一个约定俗成的次数限制，如不超过 2~3 次。另外，也要善于运用心理暗示告诫自己——过于频繁地改价，不仅会影响心态，而且从概率上讲，其实是白费心机。

一定要明白这个道理：股价在未来几秒如何波动，是完全随机的。在这上面下太多功夫，就如同预测六合彩，既浪费时间，又浪费精力。在这方面，我通常是允许自己纠结几秒钟。但是，如果我进入到了连续纠结的状态，认知和思维习惯便会迅速提醒我，要尽快结束这种状态，连续纠结不会产生任何实际的价值。

之所以能做到自我警醒，是因为在我的大脑中留存了足够多的实践样本，实践论证的结果非常清晰，这种反复纠结的做法乃是人性的充分释放，就像以人性的贪婪和恐惧所建立的头寸。而市场最惯于收割的就是这一部分头寸。长期实践足以证明，贪小便宜的心态和习惯，用在哪里都不好使。

▪ 不必唯"资金流向"马首是瞻

我一般不会刻意去看资金净流入和净流出的数据，也不将其作为我操作的重要参考依据。

先说明一点，资金的净流入和净流出连统一标准都很模糊。不同的炒股软件运用差异化标准，因此往往得出的是各不相同的数据。就我所知的标准，至少有三个：一是通过主动性买入和主动性卖出之间的差额，来计算资金流向的具体数据；二是计算大单的主动性买入和主动性卖出之间的差额；三是计算一天涨跌过后的市值差额。

第三种计算方式是最没有用的，这样计算出的资金流向数据，其实跟涨跌是成完全正相关关系。因此它并不具备预测功能，只是一日涨跌的数据回顾。今天股价若涨了，资金就一定是流入的；股价若跌了，资金则一定是流出的。实际上，每只股票的总量是个定值，股票也只是通过交易被置换到了不同的投资人手中，所以根本就不存在资金的真实流入或流出。

我们用前两种计算方式来看待此问题也将得出同样的答案。而且无论是用哪一种方式来计算，资金流向数据的功能其实都差不多。它们更擅长的功能是"行情回顾"，而不是做"行情预测"。因为这些数据是当日交易的产物，只适用于反映当日的交易情况，而下一交易日的情况又会产生出新的数据。那么，前一日的交易数据相对来说就已经是滞后的了，参考意义并不大。同是基于此因，包括北向和南向资金的数据流向，我也是不太看重的。

在特殊的情形下，那些数据才会引起我的重视。比如在股价下跌的情况下，用前两种计算方式却得出了资金净流入的结论；在股价上涨时，资金却呈净流出状态。我们以前者为例，说明为何会发生此种情形：一般股价是小量快跌，引起了恐慌性抛售，然后主力在较低位置上隐秘吃货，股价却没有很快涨起来。因此，股价下跌，资金呈净流入状态。这与传统技术中讲述的"快跌慢涨"是一脉相承的。

最后做下总结：在正常情况下，我并不在意这些资金流向数据，只有出现了比较特殊的涨跌状态，我才会关注这些数据。但是此类数据对我而言依然是可有可无的存在，因为如果真出现了异常，我通过价量涨跌关系的判断照样可以分析出来。而价量涨跌关系的连贯性、逻辑性更强，预判功能也表现得更为显著。

如何理解价量涨跌关系

量能是很容易骗人的，这是不争之事实。如果说，一定有种量能不会骗人的话，我坚信唯有地量是骗不了人的，地量往往带来地价，只是转势的时机不太好把握。除地量外，假使一主力左右手互倒，量能便可快速放大。与主力持股不动相比，其实其他一切未变，但据此就能干扰到股民的正常判断和操作。

关于对价量关系的理解，还是得从一些错误的传统观点讲起。比如，散户最喜闻乐见的是"价量齐升"，似乎这几个字就是股价大涨的绝对保证。而一看到上涨无量，潜意识里就觉得上涨不可持续；反之亦然，用同样的思维看待放量下跌，见状就想清仓不玩了，这也是错误的做法。

实际情况并非如此，很多人总是在"割肉"和"追涨"这两种行为中屡屡犯错，就是因为对价量关系的理解出现了偏差。有很多投资人或许从未认真思考过价与量之间的逻辑关系，而只是对着传统理论照本宣科，甚至死记硬背一大串口诀。诸如此类的做法，等同于在错误的基础上，又反复利用自己的不稳定情绪，放大了错误的杀伤力。

价量涨跌之间的真实关系，完全在于对"度"的把握。凡是抛开了彼此，单独谈论价或量都是没有意义的。我们讨论价量关系的匹配度，一定要比对历史走势。而且必须得明白一点，距离现在越近的K线图，其价量关联性越强，参考的价值就越大。

比对数据一多，可进行逻辑分析的部分便愈加彰显，那预测就顺理成章了。不过需要注意，不同的K线周期，价量关系的分析均是不一样的，小周期要服从大周期的判断。其他技术指标可择机使用，以做些辅助判断。

价量齐升固然是好，但其侧重点在于提醒你此股交投活跃起来了，只是更有助于短期炒作，而不是一定得涨。这一隐藏含义却被大部分人忽略掉了。试想一下，假如在你认为价量齐升的时候，其实涨幅很小，可能就两三个点吧，不如之前涨五六个点的时候，可是量能却升得很快。此时的逻辑分析，侧重点就该在"放量滞涨"上。那为什么会出现"放量滞涨"呢？大概率是大资金卖出多于买入造成的。于是，此时就该小心应对了，而绝不应笼统地看作价量齐升。很多人就是因为没搞懂价量关系的内核，才会在此刻选择继续追涨。

以前几日为基准，来判断单日的价量涨跌关系，就一定准确吗？其实也并非如此。技术分析本质上就是个概率，日级别的判断依然属于是小级别的预判概率。比如说，放量下跌这种走势，只属于小级别的预判，所以并不是后市就一定得看跌。在这里，价量之间对于度的把握就非常值得玩味了。因为只要这放量和下跌之间的度在未来若是可以合理维持若干个交易日（或再度出现"下跌缩量"等有利于看涨的价量关系类型），那么此时的放量下跌，反而意味着转势。

此类走势往往见于被连续缩量杀跌的股票。突然某天放出天量来，大幅度杀跌——此时一般不缺利空，主力趁机收集筹码态度坚决，于是几日之内，股价快速见底。而后几个交易日的量能，亦维持着较高的水平。同理，伴随着爆出天量的冲高回落，或放量滞涨，随后股价依然有可能逆势而动，继续放量大涨，就是因为价量关系的度，在你认为出现了异常的档口，很快又恢复了正常。这当然是后验式的分析，其走势往往是大牛股的作风。虽然出现的概率极小，但是要想尽量不被忽悠，增加正确操作的概率，就必须要兼顾到更大、更长周期的价量关系。

投资好习惯有哪些

风起于青萍之末，浪成于微澜之间。好的投资习惯之养成，必定要在细节深处见真章，然后在实战中历经千锤百炼。举个最简单的例子，几乎所有新股民都满仓过一只股票，他会因此大赚一笔，但往往会一次性亏更多钱"割肉"出局，久久缓不过来。

培养好习惯的根源在哪里

从表面上看，新股民没有形成做投资组合的正确理念，仓位管理经验亦有不足，本质上就是无法抵御骨子里的贪婪本性。很多人分明知道满仓一只股的做法不对，但对于新手来说，一旦他决定了要买某一只股票，潜意识里就会认为股价下一秒就会开启上涨。

其实，无所谓新手老手，皆存在思维上的弱点和局限。比如，你习惯了在盘中凭感觉做高抛低吸，就很难做到长期持股；你习惯了追涨热门题材股，就很难再坚持平淡的价值投资；你习惯于打探消息、跟风买卖，就很难再静下心来，保持独立的思考和操作。投资高手和普通股民的区别仅在于，投资高手并不能消灭掉所有非理性的想法，他们只是更懂得克制自己。

做股票本身就是逆人性的，克服人性的弱点除了要利用自己成熟的心智外，还可以借助专业知识、投资经验和投资规律（尤其是自然规律），以强力制约人性的弱点。

一个睿智型炒股选手，在对人性有了充分的把握之后，不仅能够深刻理解、反思自己，而且能够挖掘出对手身上的优势与弱点，这样的人哪怕专业知识不足，但只要具备一些最基本的股票常识，他就能够做得比一般人更出色。当然，睿智型选手也会有自己的执念和不好的习惯。实际上，我们每个人身上的坏习惯，都是知行合一的天敌。比如，很多人喜欢在买卖股票时频繁撤单，这样也许能占一些小便宜，但往往在后面吃了大亏。也许原本你的买卖是有章法的，可被"小便宜"冲昏了头脑之后，章法也就荡然无存了。喜欢高抛低吸做差价的人亦是如此，赚小差价吃大亏，最后总是在主升浪到来之前弄丢带血的筹码……

可遗憾的是，大家都能领悟到这类弊端，但是仅限于"知道"而已,能修正自己的从来都是极少数人。尤其是那些炒了很多年股票的老股民,本人由于从事证券行业多年,所以非常了解老股民这个群体。他们中的绝大多数人,都只是将一年的炒股经验用了十年,就算听再多讲座,都还是原地踏步而已!

股龄跟投资水平之间没有绝对的正相关关系。冥顽不灵的投资者,擅长复制失败;聪明的投资者,擅长总结失败,并以经验避雷、开拓新方法为重要目的。比如,为了不让自己乱动股票,就刻意跟账户保持距离,没必要隔一会儿打开一遍;而睿智的投资者,则可以利用曾遇上过的那些"雷","智"造出战胜自己和市场的新武器。又比如,我们都有屡屡放跑大牛股的经历。其根源有二:一是看好时缺现金,这属于仓位管理的问题,可通过强化训练加以解决;二是看好时觉得股价位置太高了,想等跌到心理价位再买,然后股价就一飞冲天,望其项背了……第二条原因势必常年占据"投资者后悔排行榜"第一名。睿智的投资者若是遇到看好的潜力股,只要不是特别离谱的泡沫价,哪怕他觉得未来可能会跌破自己心理的预估价,但一定会再涨回到现价以上,那就先买几百股打个样——在我看来,这是非常智慧的做法。

大家可不要小瞧了这几百股,这其中大有深意。其一,这是持仓和不持仓之间的差别,因为有了持仓,你跟踪该股会更紧密,时间再稍久一些,你对该股的理解深刻程度是完全不一样的;其二,正如前文所述,如果这几百股亏了钱,人性的"力量"会催促你尽快追加买入,摊低持仓总成本,这时与此前的恐高心态相比,由于你早已有了持仓,便淡化了恐高心理,若再做补仓决策,会更及时有效。如此利用"人性的弱点",以达到尽可能把握住牛股的目的,就是我们努力做投资应该追求的境界!

有人可能会诧异:亏钱后补仓,这不是被大众痛斥的做法吗?我想说的是:文无定法,做投资同样没必要搞形式主义。适合你自己的方法,只要能常年实现稳定盈利,就是最棒的方法。仓的确是不能乱补，若下跌对你来说是意外，属于你预判之外的走势，那当然要谨慎为之。

而这次"抓牛股"，前提是你是看好该股的，认为该股短线可能产生向下的剧烈波动，但中长期会超越当前的股价，那真向下跌的时候，应该是属于自己预料之内的走势。这种买入法我称之为"主动性买套"，没有任何可指摘的地方。自己只要提前琢磨好跌到什么价，该买多少股，做好资金分配就可以了。

我个人的基金操作习惯

既然是讲述我自己的投资习惯，不由得会讲到我所操盘的基金。我的基金换股的频率其实是不高的。在刚开始的前几个月，操作的频率包括换股频率略高，但是一直呈下降趋势。在投资组合通过不断调整趋于稳定后，我操作的第一目标根本就不是短期的盈亏，我更在乎的是，整体持仓成本是否在当下行情中具有优势。

对于赚钱的持仓股，我自然是不愁的，在必要情况下，我随时可以减仓。在降低成本的同时，还能腾些现金出来。而对于暂时亏钱的持仓，只要我依然看好，并认为还远没有到达目标价，便就会运用技术手段将持仓成本和持仓比例都尽量控制在可接受的范围内。一般我的单股持仓不允许高于两成，每一天和每一笔加仓的金额和比例，也均有严格的自我限定。对于加仓的点位也是有间隔要求的，坚决不允许价格扎堆。而在遇到资金吃紧的情况下，还会规定自己要逢高出局，兑现相应要求的筹码。

由于在一套完善的操作法则下进行交易，我的操作几乎可被认定为是线性的，总体上不存在太大的阻隔和断层。我决不允许出现激进式买股票的方式，激进式清仓股票的频率是低之又低，所以整体算下来，我的交易活跃度并不算高。下面，提供一组与交易频率相关的数据供大家参考，交易活跃度也能从侧面印证你的交易习惯是否得当。

如果你平均一个月的交易量大约是资金量的1~3倍，这个交易活跃度是相对适中的，也是可以接受的。如果你的交易偏活跃，已达到5倍上下，这时你就要多进行一番自我审查了，看是否出现了太多的无效交易。负责任地讲，一般交易达到这种程度，我会视你为"股票多动症"患者，你要想办法降低你的交易频率，尽管你是券商最喜欢的客户类型。

这不仅是交易成本的问题。过于活跃的交易势必造成过度的盯盘，情绪紧随盘面，每时每刻都被牵动着，看市场的格局自然就被压缩小了。换言之，你侧重观察的股价变化周期也跟着小了，持股周期当然亦随之变短。这与放长线、钓大鱼的做法是背道而驰的。

频繁交易是典型的短视行为，会严重干扰你对股票的长期判断。就我个人经验来看，5倍于投资资金的月交易量，其实已经达到了一个分水岭。交易若超过这种程度，一般是不可持续的，也便到了最易由盛转衰的一个阶段。由此可见，将投资活跃度常年保持在适度范围内，也是养成投资好习惯的一门必修课。

也许是因为我的中庸或"佛系"，我经常会错过一些短线机会。每当我复盘的时候，相信包括我在内的很多人都会觉得：上次若是清仓了的话，这次又可以多赚不少……每逢此景，我都会尽快让自己回归理智——短线挣的钱均源自短线的思维定式，当此思维定式固化成了操作习惯，未来是一定挣不到大钱的。

八个投资好习惯

在我眼中，好的投资习惯近乎准则，不仅具有普适性，还经得起时间的考验。我认为在学做投资初期，有一些投资好习惯，是你一定要抓紧培养的。这些习惯之养成，将对你投资的结果走向起到决定性的作用。于是罗列出了以下八条：

第一，坚持每日复盘，做投资笔记。我在最初学炒股的时候，就每天写投资笔记，大量浏览财经博客，教炒股的书也会买来看。关于复盘，个人可灵活调节时间。复盘和做笔记，是通过思考总结来提升个人投资能力最有效的方式。

第二，练习长期跟踪一只股票，跟随其一同成长。这是一种特别好的历练，可以培养做价值投资的情操，但是也要避免着相，不能因为你买了它，就肆意吹捧。持续跟踪的首要目的，不是为了发现这家企业有多牛，而是站在企业的对立面，带着质疑去观察和思考，看看企业的问题在哪里，对未来的发展有多大影响？如此练习，不仅能提升你的投资思维，还将提高你的信息搜索和收集能力。

第三，保持看研报的习惯，企业的季报和年报更是不容错过。这并不是说对待所有内容都要面面俱到，你可以有选择地看。如果无法与上市公司取得联系，那就从熟悉上市公司的产品或服务开始，加强彼此之间的"合作关系"。

第四，若无需操作，就不要频繁打开股票账户。有很多无效操作，就是因为随便看了一眼账户，才临时起意想做就去做的，没有经过系统性思考和规划的操作，当然容易一做就错。

第五，多与比自己厉害的人交流投资心得，不一定要全盘接受别人的投资模式或建议，但对于别人做得好的地方，一定要有意识地吸收。这些内容在当下对你不一定有用，不过在你的进阶之路上，可能在某个时刻，对你成功悟出一些道与术，也许会带有不可估量的效果。看对方是不是高手，只取决于你自己的高度。

第六，看淡当下成功的投资结果，多研究那些做失败的案例（自己的，也包括身边朋友们的，还有知名人士的），这对于提升投资水平、管控好个人情绪（特别是逆境中的不良情绪）将大有裨益。一个人在投资困境中的表现，直接决定了其投资段位的高低。

第七，戒贪，对于涨得特别好又没有在第一时间介入的大牛股，如果你不再对它抱有任何买入想法的话，要敢于从自选股中删掉。与其被其影响了心态，进而产生焦躁情绪，不如就当它不存在。别看听起来简单，要做到其实很难，关键在于要保证个人心态不受外界因素的干扰。

第八，养成保持住现金流的好习惯，巴菲特曾说过，"现金就像氧气"。其重要性可见一斑，巴菲特也确实是这样做的。

缠中说禅曾说过，"在市场里，好习惯是第一重要的。一个坏习惯可能可以让你一度盈利，但最终都是坟墓。别怕机会都没了，市场中永远有机会，关键是有没有发现和把握机会的能力，而这种能力的基础是一套好的操作习惯"。

选股的经验和技巧

关于选股和择时，我认为选股更重要。纵观股市里的那些大赢家，也是凭选股赢得财务自由的居多，靠择时实在是难以获得很高的投资成就。

于普通投资者而言，我认为选股技巧比择时技巧更容易学，更好掌握，当然也更有效。它无需你有多专业便可助你规避诸多短板。比如，你没有太多时间看盘，没有能力做深入研究，无法做到频繁操作；等等。但只要你善于选股，外加知行合格，再不济至少也能凭个股将浮亏守回来。

我的选股"进化论"

上述内容阐明了懂选股的重要性。我一般对所选股票都会有一段时间的观察期，即便是复盘后认为股价很适合买入，我也会继续观察一段时间；如果价格不合适，我可能会等很久。当然，如果失去了低价买入的机会，我也会果断放弃。

放弃，其实是一种很高明的选择。想要在股市中有所得，就必须要做到有所弃。因为没有任何一位投资者是全能的，什么股票都能看得懂；也没有任何一位投资者在任何行情下都能做到未卜先知。参照盈亏同源的说法，既然我们摒弃掉了一些机会，也必将在冥冥中避开一些陷阱。

当我们精研舍和得，舍掉的除了一些短期盈利，更多舍掉的是"捡了芝麻丢了西瓜"的恶习，而得到的将不只是坚持长期持股的好习惯，还能收获到别样的投资格局和人生。就我个人而言，我应用舍和得最具价值性的收获和成长，就是由过去的陈旧的复盘系统，突飞猛进地跨越到了新阶段。

在前一阶段，我自认与散户大军无异，最大的差别是技术学得精细一些，但炒起股来就算亏不了什么钱，也总是与赚大钱擦肩而过。此后随着复盘模式的转变，我果敢否定了曾经的自己，就此与散户大军之间产生了极大的分化。我其实也是摸着石头过河，然而最泾渭分明的是，我开始实现稳定盈利了，复利效应亦开始逐步显现。

接下来的阐述，你们可自行细细体会，看自己到底是处在哪种阶段？

我最开始复盘，挖掘个股的模式就是盯着涨幅榜，用技术手段去筛股。这时是比较忽略股票基本面的，后来始终是围绕着这个大方向在进行调整和尝试。我微调的方式无非是增添一些技术指标，更换一些均线，多看几个K线周期；等等。相信有相当一部分自认为比较专业的散户，也是这么干的。这种复盘方式不可谓不好，时常也能发现一批形态良好、涨势喜人的股票。但是经常会判断失误，若出错后不及时纠错，就很容易将近段时间以来赚到手的钱一次性"回吐"干净。这几乎是所有散户落下的通病。

那到底是错在了哪里？其实在前文中我就已经阐释过了，技术只是一个辅助工具，我们错就错在将辅料当成了主菜，天天只研究辅助工具，而忽略了投资标的本身的重要性。股票上涨的潜力能有多大，其最初始、最根本的动力恰是在股票自身，是在于它的基本面，而不在其他"四碗面"上。技术面更是代表不了其他"四碗面"（即基本面、消息面、经济面、政策面）。

于是，我从寻找潜力股（偏向于基本面）的目标出发，重新整理思路，完全舍弃掉了过去的那一套打法，没想到取得了事半功倍的效果。值得一提的是，过去我很擅长技术分析，这回我将技术工具摆在了正确的位置上。因此呈现出的效果是，我操盘的基金回撤远小于市场平均水平，收益率却始终是稳定的。私募排排网上综合了我的各项数据后，给我打上的是"攻守兼备型基金经理"的标签。

跨越到后一阶段，我最大的复盘感悟是：更加注重"五碗面"之间的主次关系，以及协调搭配。在操盘基金之后，我给自己定下了一条规矩就是：没有翻倍潜力的股票，我不坚决不碰。谁承想，结果却得乎其上，偶尔还能挖掘出5~10倍股。有了这一大安全垫，再炒股就很难再赔钱了，而且就算我操作一只股赚不到翻倍的利润，但是赚两三成的把握，还是绰绰有余的。

一定有人疑惑，你凭什么敢断定某些股票一定会翻番？如果还像过去那样只参照技术面按图索骥的话，相信就算是提前看出来了，这个翻番也很可能会被证伪。这其实还不算是最主要的，恐怕最值得令广大技术派们跳脚的是，眼瞅着一只只被看好的个股翻了倍，却已老早下了车。因为技术上已多次显示了卖点，但直到涨了更多之后，才在基本面和消息面上恍然大悟，原来股价不断上涨的原因在这里！所以说，无论是预测股价，还是坚守股价直至翻倍，我们只能从个股的核心——基本面着手来进行分析，此时率先出来打辅助的，不应是技术面，而是政策面和经济面对个股的影响，消息面次之。

我们的股市亦有"政策市"之说，足以说明政策面的影响力。我认为政策面的重要程度仅次于个股基本面。虽说基本面决定了股价的上涨潜力，但是按照索罗斯所讲的反身性原则，政策面对基本面的影响，甚至可以起到决定性的作用。

我的最新选股策略

我的选股策略是"自上而下"的，这与过去的只研究个股有本质上的不同。选择"上"，意味着先选的是行业，选行业就不得不考虑业内的政策走向。我需要先认可行业，择出一条优质赛道，再精心挑选挑选业内的"龙头股"。总之，我要找的是一片蓝海市场，只有政策支持的行业，市场蛋糕才能越做越大，你才容易分出一杯羹。并且因为选择的是行业龙头（或成长股），"龙头股"抢占市场份额的成功率是最大的，效率也是最高的，因而其基本面的持续优化将最为可观，股价上涨潜力自然也是最大的。

我们通过政策面、经济面和消息面分析企业，其根本目的是预测基本面即将发生怎样的转变。然后，技术面分析和买卖策略"闪亮登场"。这里再总结一句话：政策面等其他"四碗面"解决的是个股值不值得买的问题，尽管技术面作为最后一道防火墙，但不起到决定性的作用。技术面的核心作用是执行，即仅在执行交易的层面上具体解决该如何设定买卖策略的问题。

如果觉得我讲得太过笼统，你还感受不到精髓，我可以以自身的操盘情况再详细做下解说：我操作一只基金，整个持仓大概一二十只股票，但是在我的储备股票池里，约有 50 只甚至更多的股票。这些股票都是我用其他"四碗面"筛选出来的，以备长期观察用。至于何时将这些备选股拉入持仓，首先要看我的现金流是否适合买入，如现金流和各方面预判都支持开新仓，技术面在此时便会发挥出重要作用——什么价格可以开始买，先买多少；后续若涨了，该如何设定下一步计划；后市若跌了，又当如何安排交易，这些统统都是技术范畴的事。只要其他"四碗面"无重大变化，我的持仓股一般都会一直拿着（其间只做股数加减），直至在股票池中发现了更优的可替代选择。

第八章　判别操作系统

股市中从来都不缺战法。那些花样百出的战法，与你是否拥有一套成熟的操作系统完全是两码事。战法可以被创造，但是投资规律不可以，它只能被总结出来。因此，战法是总结规律基础上的再创造，并被添加了强烈的个人主观意识和经验。某战法若与投资规律偏离程度较大，则个人主观的成分就多一些，如此一来，战法的有效性就会受到极大的挑战。

即便某战法与客观的投资规律偏离度较小，但不可否认，它依然是包含了个人主观成分的。由于在此前我就讲到过，任何人的思想和经验都不具完备性，我们的认知则一定存在局限。有局限就会有漏洞，有漏洞在未来就一定会撞见挫折与失败。

故而，只注重战法而忽略了投资规律和对自我的认知，就等同于忽略了投资的本质，未来焉有成功的道理？既然我们都会在一定程度上偏离投资规律，若你遵循的是别人的战法，那你运用的就是别人所擅长的经验和认知，你就一定会遇到战法与你个人认知相违背的时刻。如你不选择继续相信战法，那要战法何用？如你选择继续相信战法，又早晚会出意外。

与其在痛苦而又不一定正确的选择中纠结，不如运用个人的认知和经验来进行投资判断。这样尽管还是会在一定程度上偏离客观的投资规律，但是从中思考、纠偏的过程，就是你悉心打造以及改进你个人专属的操作系统的过程。而且完完全全是靠你个人的领悟得来的，因此由你打造的操作系统才真正完全地属于你。

本章重点讲述的是关于拥有操作系统的重要意义，以及如何建立自己的操作系统；在建立之后，如何判别你的操作系统好不好、到底该如何改进等一系列问题；最后问题被扩展开来，我结合自己操作基金的经验，帮助大家解决了一些经常会碰到的棘手难题。

当你的操作系统始终表现出了足够的投资强韧性，同时能让你获得长期稳定的复利，那我认为，你的投资技术已经有条件向投资艺术实现跨越了。只是既要做到从心所欲，又要不逾矩，这是最难跨越的一步。

不要花钱买战法

"战法买得到，操作系统买不到"——这一语道破了战法与操作系统之间的差别。战法就算买到了，它也从不真正属于你；然而只要是自己精心打磨出来的操作系统，就算你没花一分钱，它也百分之百属于你自己，别人谁也夺不走。

我理想中战法该有的样子是：准确来讲，好战法是对市场规律的适度总结。由于规律是抽象的，好理解但不好运用，于是战法就起到了总结经验、具象化规律的作用。理想战法的目标是，既要做到好理解、好上手，又要兼顾市场灵活多变等特性，给认知和经验尚显不足的学习者圈出一个模仿学习的框架来。也就是说，战法的实质是一套包含了市场规律的人为设定的规矩。你在这套规矩内进行投资活动，哪怕经验和认知稍显不足，但是能在一定程度上帮你趋利避害、少犯错误，甚至是提升认知能力。

好战法就能达到上述效果。然而，规矩不同于规律，规矩是人为设定的，规律是自然设定的。规矩一多，反倒增添了犯错的概率。因而同一套战法将很难适应所有的市场阶段。而我希望你们打造的个人专属的操作系统，是为了方便你适应任何市场阶段。

好的操作系统是规律与规矩的大合集。但是从我观察过的那么多战法来看，显然是战法更具有个人主观色彩，好的操作系统更多是基于对客观投资规律的运用。简单做个划分，战法一般是用经验改造并

第八章 判别操作系统

固化自己的操作习惯，操作系统更注重对投资底层逻辑的运用，所以会更科学地改善自己的操作习惯。比较起来，操作系统的概念更大一些，战法是局部的，操作系统是全面的。

无论是战法还是操作系统，都讲究规矩设定。规矩设定的多与寡，均涉及对规律偏离度的把握。我们不妨换个角度想，既然规律是有限的，规矩是无限的，这才导致了市面上的战法多如牛毛。多如牛毛的战法，规律含量太低，规矩含量过高，将极大地增加战法出错的概率。因此，我相信多数战法是对个人经验过度包装的产品，是起不到真正意义上的提升认知、规范投资行为作用的。

假如我们以结果为导向，往回进行反推，也能得出同样的结论。如果有战法好使，那市面上就无须那么多战法存在了。由此可见，战法可不是商业竞争，需要百花齐放、百家争鸣才好。然而现实却是，几乎都被贴上了个人标签的战法，往往充满了商业的味道。

这类商业味道，同样充满了旺季和淡季。在行情下跌的时候，战法仿佛一同进入了"冬眠"，只要行情一恢复，各路战法又如雨后春笋般往外冒。在我心中，这不应该是优秀战法的样子。我认为，一个战法如经得起考验，恰恰是在所有人都被行情摧残的时候，你能用此战法崭露头角。但是这种战法我至今从未见到过。

究其原因，我想到了三点：一是所有战法都无法穿越市场周期，有效性得不到持续保证；二是所有战法都无法确保股价在某特定时间段内一定上涨。相比之下，我认为第三点才是最重要的，即所有战法都无法将使用者在其认知或经验上的短缺，都纳入到战法的考量中灵活处理。

第三点最致命。若使用者的经验认知足够，他就不需要这套战法了。恰恰是因为他在经验认知上存在缺斤少两，他才需要一个外在工具的帮助。只是很多人选择了战法襄助，但是每个投资人的情况都是独一份，而战法却是统一设定的，无法进行个性化设置，这等于是给每个使用者都深挖了一个特有的坑。为避战法里的坑，还是打造一套

245

个人专属的操作系统更靠谱，因为它就是用来帮你填坑的。而需要你花钱才能使用的某战法或某系统，我想就没那个必要了吧。

为什么要拥有个人操作系统

股市里的"常胜将军"，无一例外都有自己的一套长期行之有效的操作系统。系统就好比一部不讲情感、排除了人之杂念的交易机器。机器最大的优点便是能有效克服人性。操作系统并非是一成不变的，也许在某个阶段好使，也许很快又对行情产生了极大的不适应。因此，任何操作系统都需要不断进行升级。当然，核心投资规律是不会过时的，所以紧贴投资规律的好的操作系统也不会轻易被淘汰。

要鉴定一套操作系统好不好使，并不那么容易。我们判定操作系统好坏的标准到底是什么？我认为，至少需要内外两个方面的考量。外在的考量标准，来自别人对操作系统的评价，是否能稳定持续盈利，产生复利效应。只有他人的普遍评价与自我评价相契合，这样的考量才算客观、真实，有意义。内在的考量标准，则在于个人直观的投资感受，这点非常重要。你是感觉整个投资过程很煎熬，不仅影响了正常的生活和工作，甚至影响到了家庭，还是感觉一切顺畅，大部分时间都是程式化的简单应对。就算中途遇到了困难，也终能巧渡难关，实现长期盈利目标。

那些没有建立操作系统的投资人，往往是凭运气赚到了一些钱，然后又凭实力亏回去。我们只有通过高强度的训练和约束，才有可能做到在某种状态下、一定程度上遏制住自己的天性。而所谓的个人操作系统，本质上就是一套 DIY 的约束自己思维模式和投资行为的规范准则。

这样的法则有何用处？一套自我设定的操作准则的出现，其实就是你以自己的认知，谋到了一位适合指导、规范自己具体投资行为的老师。老师无时无刻不在盯着你，同时他/她是免费的，也是铁面无私的。在遇到老师的要求与个人想法相左时，其实也是你理性（逆人性的一面）与感性（人性的一面）相对峙的时刻，你是选择相信自己还是选择相信老师？

这位老师就是你为自己设定的投资行为准则与规范，如果你时常违背老师的意愿，那老师也就没有存在的必要了。当然，有这位老师的好处也是显而易见的，在老师的帮助下，你就能最大限度地压制住自己的本性。无论是在什么样的情绪氛围中，你都能将戒骄戒躁、克服贪婪和恐惧等情绪做得比别人更到位。于是，在泛着理性光辉的操作系统的加持下，你敢于在该贪婪时贪婪，在该恐惧时恐惧……只要投资行为不逾矩，你都能快速做出计划之内的应对操作。

既是如此，优秀的操作系统是不可能没有用武之地的。而一旦拥有了一套行之有效的操作系统，你就会发现，你所有的前后操作都会自动被紧密联系起来，从而变得系统化。系统化操作的好处将愈发明显。比如说，你每一次操作的胜率是60%，如果你的操作是非系统化的打乱仗，那么你最终的胜率是：

f（n）= 0.6×0.6×0.6×…

其中，n代表操作次数，也可被粗略地被看作投资时间，随着投资时间的拉长，你的操作越多，最终的总胜率就越低。

如果你的操作在应对核心风险方面是系统化的，于是，公式则被创造性地加以改造，已然脱胎换骨：

f（n）= 1-（1-0.6）^n

其中，n依然代表操作次数，但是你的投资迎来了华丽转身，与前面不断放大自己的错误相比，你做到了不断用投资规律缩小、消纳自己的错误，那么在投资长河中，时间的敌人也终究变成了时间的朋友。

■ 个人操作系统为何难以建立

好的操作系统说复杂，可以非常复杂；说简单，也可以简单到极致。我们现在需要探讨的是，类似于这种简单到极致的操作系统，为什么多数投资人都认知不到，抑或是说想到了，但还是做不到呢？做不到，归根结底是认知有局限，这将牵扯到"元认知"的问题。

股票投资的"元认知"，其实就是追溯做股票的源头和初心，很多人压根不知道自己不知道做股票赚钱的"道"，甚至连"术"都没有掌握，而自以为是懂行的。这类人炒股票不知道自己不知"道"，而自以为炒股赚钱根本没有"道"，或凭刻舟求剑，或是道听途说，便自以为掌握了赚钱的"门道"——这是所有人在投资路上都会碰上的第一只，也是最大的一只"拦路虎"。

有不少投资人知道自己并没有掌握赚钱的"道"，但是终其一生都未能寻求突破。主要还是由于天生的领悟力不够，也可能是没有遇到好老师，或者没有找对正确的方法。无论如何，这终究是要遵循"大数法则"，多数人连第一条逆人性都做不到，所以注定是要失败的。

投资逆人性，就是要逆自己的本性和本心，务求自我突破。成功突破自我的前提是，除了有足够的投资常识和经历经验外，首先便要学会经常性地"违背"自己的意愿，向投资规律靠拢，这种"不拿自己当回事儿"的做法，可能绝大多数人永远都做不到。而只有剩下的极小一部分人却是在不断地"自我否定"中，最终建立起了有关于个人投资体系的"摩天大厦"。

然而，要做到否定自己谈何容易？如果不否定自己过去的错误与不足，就不可能在认知提升上出现质的飞跃。但是，如果一个投资人做不到自我否定，也就意味着他停止了迈向成功的深度思考与前进的步伐。故步自封一如"逆水行舟，不进则退"，必将与这个瞬息万变的时代脱节。无法再迭代的投资体系，一旦遇上了新的对手或新的招式，很容易就被土崩瓦解掉。

▪ 建立操作系统须引入"假想敌"

综上可知，一个人对于股票投资的元认知，是关乎他最终成败的核心要素。在元认知决定投资成败走向的前提下，自我突破的学习能力和勤奋度决定的就是一个投资人的成功高度。既然如此，假如你炒股总是亏多赚少，在知道了自己并不知道炒股赚钱的"道"与"术"之后，我们该如何改进方法乃至改造自己，从而建立起自己的操作系统呢？

可以说，建立操作系统并不存在统一模板，拥有一个个性化的操作系统还是十分必要的。对于所有人而言，共同的难点均在于两点：一是要认知到建立操作系统的重要性；二是以何为起点，以及从哪个方向去做，才能建立自己专属的操作系统，只此一点，估计就难倒了一大片人。否则，就算你十分清楚股票的价值规律，知道要遵从低买高卖的基本规律和确定性原则，但是你还是很难将其与你尚未成形的操作系统相契合。

接下来，我就以我个人的方式来讲解建立操作系统的起点。方式具有普适性，所以轻易可以给你带来帮助。你可在此基础上再去做深度优化和改进，最后建立起只属于你自己的框架系统。为了便于大家深入了解和思考，后面我会以基金为例来细化操作系统方面的内容。比如，我是如何建立投资组合，如何立足中长线做短线，如何应对套牢的……

在还没有建立操作系统之前，估计你们和我都一样，总会被卡在同一个问题上，苦思冥想很久却找不到答案，但在未来的某一瞬间突然就顿悟了。我的成长历程就是如此，每顿悟一次，做股票都会取得一次跨越式的进步。

那么，如何才能达到顿悟的效果？是逆向思维吗？这说辞显得太宽泛了，不够实用，然而又是必须的。当我频频回顾、体味我的每一次"顿悟"，终于有一天，我悟到了一个简便方法：引入一个"假想敌"。假想总有一个隐形存在的对手，他永远跟你的想法对着干，然后你该如何部署，才能保证你的收益风险比始终处在最佳状态。一旦引入了"假想敌"，我们都可以很从容地去体悟，我甚至觉得在很多关于学做投资的问题上，此法就是连接困惑与悟到之间的最短通途。

"假想敌"只是个人假想，并非真实的存在。他不可能是指具体的某一个人，然而"假想敌"存在的现实意义，却极有可能是某一类群体对你产生的此起彼伏的声讨和打击。也就是说，你并不知道你的敌人在哪里，根本无法做具体的辨认和区分，你只知道他无处不在，无时无刻不在。因而，为了让敌人现形，以免忽视了他的存在，我们就需要这样的一个"假想敌"。

有了"假想敌"的出现，你自然而然地就知道该如何运用逆向思维来保护自己。于是，你的操作总是会趋向于"中和"乃至中庸，你犯错的概率自然就会大幅度减少。反之，如果我们没有"假想敌"，那么在错误地估计了市场形势之后，我们轻易就会陷入到"头痛医头、脚痛医脚"的"一面之词"之中。抓不住核心痛点，多数人的做法必然是守株待兔，抑或放飞自我，因为不知道改进的方向在哪里，所以即便有试错精神，也只能一错再错！

设置"假想敌"，目的是搬出假想救兵。阐述得再透彻一些，就是为避免自己因盲目自信而陷入绝境，以致无法挽救。于是提前设计好第二方案（也是折中方案），帮自己找好退路，以防止被预测完全失败打得措手不及。古语有云，兵贵神速。只要假想救兵提早出动，就可能成为真实的救兵。

最后，我特别想强调一下，在思考问题的方式上，当我们的思维模式出现了"假想敌"，首先要肯定"存在即合理"，这样即便自己一时不理解，但是我们努力朝着理解的方向去思考（一般会因主观印象而放弃），相信你最终得到的答案一定与真实情况最接近。

第八章　判别操作系统

■ 系统性建立投资组合

如何筛选好股票？在前面，我已有过详解。本次重点要讲的是，在挖掘出好股票之后，我是如何走"流程"、建立投资组合的。

我操作股票组合的流程，就像加工厂里的流水生产线，经过日积月累的修正和打磨，已逐步趋于模式化了。我的几乎所有操作都是提前计划好的。正所谓"计划你的交易，交易你的计划"，在第二天开盘之前，行情怎么走，我就顺应行情怎么操作（前面解释过这种"顺走势而为"）。交易品种、交易方向和价格都可以提前写下来，就算我一天不看盘，让人代为执行，也不会受到任何影响。

先抛开细节问题，谈一下我的投资组合建立的整体框架：我有一个大股票池，近期看好的股票都在股票池中，而又被集中在我的自选股界面上。一般情况下，我遇到感兴趣的股票后并不会第一时间买入，由此可以避免"脑袋一时发热"而犯低级错误。我会先将这只股票拉进股票池，再多花点心思了解它的"前世今生"。

我对个股的买卖要求一直都是很苛刻的。就算看好的个股已经连续跟踪了一两周，股价也进到了建仓目标价以内，我依然不会即刻买入。具体还要视投资组合的情况而定。我既要权衡基金整体仓位的高低，还要考虑目标股的投资性价比。

我的大投资组合，一般会持有 12~20 只股票。如果持仓种类尚不饱和，我兴许对建新仓会积极一些——所建新仓，必出自观察已久的股票池。但是在买入力度上，我依然会保持谨慎，甚至只是打个底仓，以便于继续观察。

若持仓品种趋于饱和，我一般会在至少清仓一只持仓股之后，才考虑对另一只标的股进行建仓。就算我决定建新仓，一次性建仓新股票也从来都不会超过一成（一般在 0.5 成上下）仓位。建仓风格偏保守主要是基于，我既要保证该股票后续还有足够的资金进行常规（策略之内）的补仓操作，又要确保投资组合里的其他持仓股在遇到意外下跌之后，还有多余的资金可用。

我始终认为，意外情况的发生，是对我们认知不足的现实反馈。应对意外的最好方式就是留有足够多的现金。如果不仅能妥善应对意外，还能从容地从意外中获取超额收益，那这样的操作系统是无敌的，就是我心目中的天人合一。为接近于此境界，我多年来保持的操作习惯始终不变：一不融资，二不满仓，三不轻易"割肉"。

买卖股票流程如图8-1所示。

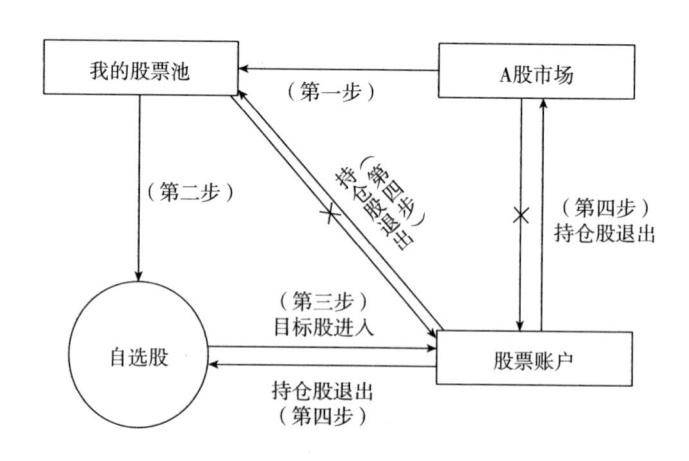

图8-1 买卖股票流程

总结一下我买股票的流程：先建立一个大股票池，只有我感兴趣的且基本面都过关的股票，才会出现在股票池中，然后各自设立目标价，等待机会。机会不仅与目标股有关，还与我现有投资组合的情况息息相关。对于持仓已饱和的投资组合，只有先出局一些股票，然后我才会从股票池中重新挑选新的买入标的。即完成第二步，在新的标的股达到目标价的条件下，我才会在考虑现金流的同时，谨慎地按照既定策略逐步买入——这就是我比较保守的投资风格的真实写照，我会因此错过一些机会，但也会因此避开一些"雷"。总体而论，这样一套流程下来，既降低了我基金的波动率，又提升了夏普比率。

随着经验的积累，我发现平时多留现金也许看着是一种浪费，但到最后总是能派上用场。因为一个人相对固定的投资风格，就决定了他在对个股的选择及其买卖点的选择上，具有很大的相似性，且很可能并不自知。特别是遇到单边下跌的时候，多数持仓股需同时补仓，资金的消耗速度轻易就超出了预期（所以"金字塔式"的补仓在富有经验之前，一定要足够谨慎）。资金只要一吃紧，投资策略则跟着走样，而往往这是在理论上最容易赚到"意外之财"的时刻。

后来，我不断优化操作流程，从中加塞各项更严格的规定，以加倍约束自己。比如在建新仓时，如果持仓种类已然足够，就算是又迎来了等待已久的建仓机会，我也宁可放弃。我对自己做了种种超严格的限制，包括在初始建仓期，每一笔买入不能高于多少比例，每一天买入某只股票亦不能高于多少比例，同时，每笔交易还不能低于多少比例，以减少无效交易，等等。对于现金留存问题，我更是不允许自己主动满仓，后来尽可能让自己保持在八成仓（不同市场阶段下，会有不同的要求）以下，以防止极端行情突然降临，在关键时刻有足够的资金参与自救，同时保证投资策略不变形。

至此，我使用的大的操作框架，想必朋友们已经有所了解了。关于我极少"割肉"，在回答如何筛选好股票的问题时，我就已经解释过：本人非常尊重企业自身价值，将企业的成长性看得很重，将被投企业的性价比也看得至关重要，所以一般在基本面未发生根本变化之前，我是不需要进行砍仓操作的。在战略上，我很注重投资成本。但是在战术上，我会尽量避免投资成本对我的操作策略形成挥之不去的干扰。我加减仓的最大原则就是：低买高卖，坚持规律。

实际上，我做基金至今，还没主动割弃过一只股票（未来不做保证，因为不能保证基本面永不发生重大变故）。不过，有些股暂时是浮亏的，我还一直拿着。个别股已浮亏近两年，而我的耐心和毅力是非常足够的。就算偶有低卖的减仓行为，也只是因极端行情下资金短缺，由整体投资策略进行股票间高低切换所致。一般在资金回笼后，我都会在适当之时，战略性回补曾经被迫减掉过的仓位。

在前面我讲到过，做长期投资的一个隐形条件，就是你的持仓成本要足够低。在战略上，我以从不追高（指在某阶段内，已经历过主升浪从而产生的高点）的方式来降低隐性成本，而只在股价的阶段性中低点上运作；在战术上，通过买入策略，分批建仓，我又能在很大程度上调控持仓成本。当个股的持仓量趋于稳定之后，我还会针对不同的个股，设置相应的子策略，进行低买高卖（建仓期以买入为主，稳定期买卖达到相对平衡，也就是立足中长线做些短线操作，下文还会做解释），以利用股票波动，进一步降低持仓成本。

具体操作策略皆是以股价的等间距加减法则为基础而衍生出来的。我相信最简单的法则也最实用，只要琢磨透了基础法则，操作起来就会很简单。真正难的是不忘初心，时刻保持不被自己的各种负面情绪所干扰，这才是胜败的关键。

巧用开盘价和收盘价做策略交易

我始终信奉见微知著，在细节之处方见真章。在我最关注的诸多细节之中，我认为每个交易日的开盘价和收盘价非常有用，但是往往被人忽视。也有人曾问过我，开盘价和收盘价哪个对我来说更重要？下面就以我的操作系统为例，来为大家讲述我是如何将假想敌、投资基本规律及确定性原则合而为一，同时与这两种价格形成有效串联的。

我认为收盘价对我的操作系统更重要，因为你未来的可操作空间是不确定的，在开盘价之后你还有大把的时间做调整，而收盘价则意味着一天的交易即将结束，面对自己最新的持仓现状，你心里到底是否有谱，是否需要进一步做调整，以达到最理想的持仓状态？虽然不必每个交易日都必须有实际行动，但是我不会停止对当下的思考、预设和演练，我已经习惯了引入"假想敌"——在收盘前的那一刻，我会去假想，当后续的行情演变与我的预判背道而驰，我该如何未雨绸缪？

我十分尊重自己的预测，但同时为可能出现的意外保留空间。那么，在即将迎接收盘价的前一分钟，我会非常慎重且果断地做出我想要的，同时又是非常中庸且贴近规律的一种结果。甚至可以说，我对第二天的操作计划就是建立在前一天收盘价的基础之上的。

我以大家都遇到过的一类情形加以解说：假如我买了一只股，一直是被套住的，但是在收盘前被拉起来了，而且已经非常接近我的成本价。在总体评估了所剩现金和该股票的持仓情况后，我得出的结论是，仓位比之于现金相对较重，于是我就利用收盘价进行减仓。很多人不接受提前减仓，是因为马上就要回本了，贪念促使你卖多少都觉得亏。但是我所做的选择可以兼顾后市不同的涨跌情况，如果股价继续涨，我就赚钱了，可选择继续减仓，降低持仓成本；如果是跌的，那就更好办了，采取分批买回的方式，便可起到降低成本的效果。

既然无论后市涨跌，都能降低成本，我们何乐而不为呢？可能有人要提出疑问，减仓后如果股价大涨，那赚的钱就少了呀。这是典型的利用后视镜看待问题的方式。关键在于，我们在操作的当下，不可能拥有后视镜。而做投资的核心风险是什么？在主观上是你认知以外的风险，客观上其实就是成本。如果你的操作能总是降低你的成本，这才是永恒正确的做法。赚得快当然不如赚得稳且赚得久。

个股如此，通盘思量整个账户也是类似的情况。假如为了多回笼资金，在清仓某些股票时，我有时也会利用收盘价进行操作。可能资金量小的朋友们还体会不到，一旦资金量大了，在盘中砸自己还是比较难受的。特别是那种价高、交投又不是很活跃的股票。但是到了收盘价，你可以在最后十秒钟将价格稍微挂低一点，就可以一次性轻松出局。

里面有个小技巧可做分享：如果你正准备按常规策略卖掉一些股

票，可是已临近收盘，这时一般我会放弃提前设单（我平时有提前设单的习惯），然后在集合竞价开始之后，再把单挂出来。也许，现价跟你设的价格差不多，但是我经常会在收盘价遇上惊喜，偶尔比设的单价高出几个价位也不足为奇。

这就是巧用规则的好处。同样的卖单，只因晚设几秒钟，就能卖高几个价位。如果到了最后，集合竞价并不理想，就算没机会卖出高价，但只要你稍微低设个一两分，大概率还是能按照你想要的价格在收盘价卖出去。

有了头一天的收盘价，在我完成账户的总调整之后，第二天的开盘价算是对我策略调整后的第一个反馈。由于我的策略是延续性的，涨跌均已提前被纳入了操作计划，所以开盘价不会对我造成特别大的影响。不过，只要策略得当，开盘价也是可以好好被利用一下的。比如，我在前一天大幅减仓了某股票，因为觉得短期内受到了技术压制，但还是长期看好它。于是我决定，从第二天开始，每跌1%就买回某固定的股数，不想该股开盘价就跌去了3%+，我遂一次性买回三倍的某固定股数，不仅干脆利落，而且还节约了买入成本。

如果是大幅高开呢？当然，前一天肯定就考虑到了这一情况，要么继续卖出筹码（高开可能导致比你预想情况卖得高），要么维持现状，继续等待。具体的操作，还是要看投资人处在具体情境中，是如何权衡持仓、成本和现金的。我们最大的生存空间和盈利机会，就是不断在夹缝中拓展而来的。

我一次次地预测、假想、否定和顿悟，也努力在投资大道上追求天人合一，表面上看，是为了让自己更了解市场和对手，乃至更了解自己。当更深层次地解构了市场、对手和自己之后，本人DIY的一套操作系统便应运而生了。它不仅助力于打通股票投资上的任督二脉，而且总能在自我优化中适应当下的市场。一套好的操作系统，比的从来都不是谁赚的钱最多，犯的错最少，而历来都是比赚钱的持续性、稳定性、盈利高低以及纠错能力。

谈谈投资周期

我们炒股票，追求的是赚钱的确定性结果。至于在这个过程中你到底是擅长做短线，还是擅长中长线，这并不是最重要的。很多人之所以觉得它重要，一定要弄个明白，那是因为无论如何做风格调整，总是达不到自己的理想结果。

投资周期不是成败关键

既然结果出了错，追本溯源，过程肯定是有问题的。我认为，投资周期长短并非根本问题，存在根本性问题的是，操作的人没有找到适合自己的方法。因而，尽快摸索出适合自己的操作方法，这才是最重要的。只要有方法让你拿捏得稳，能令你保持信心，又总能赚到不错的盈利，那就算你将短线和中长线混搭起来操作，也没人敢质疑你。

不过，为避免走太多弯路，关于做短中长线的一些"隐形门道"，我还是有必要跟诸位讲一讲：

第一，不要将自己框死在某种风格上。在还没有取得较好成绩之前，你有必要进行各种尝试。你这时候最大的投资风格，应该就是"没有风格"。

第二，做短线或中长线都有各自的"规矩"。这些规矩是约定俗成的，老股民应该能领悟到，但更多是靠直觉。至于能否顿悟，能否阻止规矩过度"熵增"，还是要看各自的造化。

做短线还比较容易解说，但如果是做纯投机的短线，则须将严格止损刻进骨子里，一般人很难做得到，而且突发状况也多。因此，若想靠做纯短线实现长期复利，犹如徒手滚巨石上山，鲜有成功的案例。

做中长线的"讲究"，却最易被人忽略。明明是你中长期看好的股票，为什么经常是一回本就跑掉了？在屡屡犯错之后，我发现原因主要出在两方面：一方面是成本，股价若不能远远脱离成本区，即便是基本面再好的股票，你总会受股价波动的惊扰，继而产生情绪操作；另一方面，再优秀的公司也不可能是完美的，越是在股市股价低迷、主力需要吸筹的阶段，上市公司越是利空不断，扰乱人心。

做中长线的超额收益，必定来自股价低谷（或称之为"股价非理性杀跌阶段"）。如果股价在很高的位置上，做中长线其实并不安稳。一般来说，如果不考虑短线波动和操作，长期的年化收益率几乎可约等于企业的平均ROE。你若买在股价低谷，在长期收益率理论上应高于平均ROE；你若买在阶段性高点附近，不仅长期收益率可能低于平均ROE，而且很可能会在相当长一段时间内遭受被套的折磨。时间一久，你的投资心态将受到严重侵扰，投资策略可能亦随之发生扭曲。

短线与中长线相结合

经过一番理性分析，我们确实应该在股价低谷时进入，做中长线潜伏才比较合适。然而，在股价处于低谷时，往往股票缺量多利空，投资者士气比较低迷，心态也可能不稳。据此，我们希望通过长线持股获得长期稳定盈利，又想排除建仓初期的种种干扰，于是提出第三条建议，即要将短线和中长线结合起来一起做。

除非你天生就有很适合做中长线的投资性格，否则的话，按照我的建议去做，你肯定是能少走弯路的。对于将短线和中长线相结合，我个人最擅长的是立足于中长线做短线，以及立足于短线做中长线。如此立意，实则是策略之功，借此圈定的法则，我们可以将人性的干扰抹去相当一部分。而剩下的那一小部分，只能是"师傅领进门，修行在个人"。

先说立足中长线做短线，这就不是纯投机了。因为是中长线看好的个股，只是股价位置可能不算太低（但也不算阶段性高点），如果直接做中长线持股，怕是心理有起伏，于是将计就计（亦是"顺走势而为"），只拿一部分仓位和现金来做短线博弈，一旦有了差价，我们就可以卖出这一笔（如想增加持仓，可适度少卖筹码）。而一旦被套住，也不用怕，由于是我们中长期看好的股票，所以在下跌途中，我们既可坐等股价回升，也可继续分批补仓，对上一步骤进行循环操作。

立足中长线做短线，毫无疑问，重点是在短线上。言下之意，该股即便在未来走牛，你若没重仓押上的话，也不要觉得可惜。一定要提前有这种心理准备，你只是拿小仓位炒了一个短线，请务必得之淡然，失之坦然，顺其自然，争其必然。短线一炒多，弄丢筹码才是必然的，你无惧弄丢筹码的底气在于，你的股票池中还有不少值得入手的备选股。

立足短线做中长线，落脚点自然是在中长线上。既为中长线投资，就要保证你认定的做中长线的最低仓位是一定不能弄丢的。即便你想通过短线操作降低成本，也最好是做正向T+0，除非仓位有盈余，才考虑做反T，而且最好跟做正T一样，一次只拿一小部分仓位，分批做才好。

一般将成本做到阶段性低点以下，做中长线投资就算初步打牢了基础。但此时，你还不足以稳坐钓鱼台，因为股票一旦重返下跌趋势，便有可能再次跌破前期低点。在此期间，建议你多用反T，谨慎追加仓位。否则，你的成本就会被快速抬高，而面对越来越低的股价，你的操作会显得尤为吃力。

在此过程中，股价可能大幅创新低，也可能不会，中间需要灵活处理的空间还是很大的，非常考验每一个投资人。而如果股票止跌转入震荡，或直接进入主升浪，这时候的操作就轻松多了。假如你对仓位满意，可保持持仓不动，也可以偶尔做T；假如你嫌仓位偏低，可以再通过多加少减、低买高卖的方式增加仓位，同时达到进一步降低成本的效果。

下面重点要说的是，股票都有交投活跃期和冷淡期。如果到了交投活跃期，股价波动相对较大，一般也是处在转势或蓄势之中，此时可增加做 T 频率，降低成本的效果也是最显著的。如果到了冷淡期，一般也是股价的下跌周期，此时你若重点放在短线，理应尽快抽身；若重点放在长线，则尽量不要加仓，或放缓加仓节奏，做 T 也要以分批倒 T 为主。只需留有适度的中长线仓位就好，一定不要拘泥于或死守某一个很重的仓位。

综上所述，无论做短线还是中长线，你都要学会驾驭股市周期和规律，来主导你的投资，而不是被动接受市场所给予的一切反馈。任何人面对市场，务必要在市场面前争取到一定的主动权，那才是真管用。在炒股世界里，与其永远被股市牵着鼻子走，不如摸索出一套适合自己的投资策略。唯其如此，才练就了我们核心竞争力的强大与投资上的反脆弱属性。

不"抄底逃顶"却总能创新高的秘密

做基金至今，我没有空仓过一天，当然就躲不开任何大跌。实际上，我大部分时间都保持着八九成仓位，几乎没低过四成仓。所有该经历的大跌，我都经历了，至于说最后总是能创新高，我觉得这是对于"道"与"术"的探讨。关于"术"（具体方法）的问题，我在前面已经讲透了，此处不妨一览众山小，站在足够的高度，重点讲讲"道"。

频繁抄底逃顶非常态

面对市场阶段性下行，尤其是针对那种突如其来的暴跌，甚至是毫无征兆的连续暴跌，如果你偶能逃脱的话，技术因素估计是有的。但是每个人的精力和视角都是有限的，无法做到每一次都精准预判。就我个人而言，我曾经有过精准预测，只是成功的概率非常小，要么预测得过早，要么就是完全预测反向了。实际来看，这种预测的意义并不大。只因有无数散户爱看，鱼龙混杂的股评行业才有了如此之大的发展空间。

不过话又说回来，即使预测对了又如何？万一你的股票逆势大涨了呢？这类情形，相信谁都真实遇到过。股民们都是因为股票看涨，所以才会买股票。买了之后也消停不下来，要预测指数，比照国内外市场，解构上下游产业链，同时还得琢磨各项经济数据，研究技术指标、个股和行业消息……假若这么多信息，一股脑儿地都摆在你眼前，有利好也有利空，你该怎么办？

股市中不确定的因素太多了，然而在不确定的基础上，散户又偏好于追逐各种不确定的猜测。建立在不确定基础上的多层级推论，推论链条越长，结论越不靠谱。然而，却总被大家拿来作为仅有的操作依据，这就跟纯赌概率没什么差别了。

道术结合，为自己雪中送炭

在股市中赚钱，是有规律可循的。这一规律，就像隔海两岸之间的浮力线。你准备做多久的投资，这两海岸之间就有多宽。从此岸游去彼岸，只要一天还没上岸，你都需要借力于海上浮力线。这一条条的浮力线，就是指引你走向成功的规律。客观上来讲，浮力线比之于整个海平面，是非常稀少的存在。除此之外，再无游向彼岸的成功路径。

投资之道，顶多就是个无形的指南针。仅有方向的指引是不够的，而投资之术，才是受明确方向指引的具体方法论。道与术缺一不可，而从它们共同牵搭的浮力线可知，让人亏钱的反规律的适用范围，实则太广阔了。可是很不幸，散户最偏爱的，正是那些让无数人亏到血本无归的反规律。面对那些亏钱的人，我也不得不感慨一句：赚钱的规律总是相似的，亏钱的反规律真是各有各的不幸——有的人四处打探消息，有的人喜欢预测，还有的人执着于高抛低吸……种种乱象，不一而足，结果都吃了大亏。

总之就是，亏钱的反规律也是一种规律，我们若能成功找准规律并选择避开，赚钱的规律无论有多么隐蔽，都将为我们敞开大门——这亦从侧面印证了我此前讲过的一句话，"做投资，最好的进攻就是防守"。防守，决定了投资风格上的保守。胜不胜在敌，最终输不输在己。防守做得好，是不输的关键，做股票不输就是赢。炒股票要在各种不确定中找到最确定的机会，然后用自己的认知和实际行动，去捍卫和坚守客观规律引导下的确定性机会。

有客观规律和事实作为依托，可以帮助你排除很多杂念。这里简单举个例子，当你发现一只股票常年保持着非常不错的营收增长，净利润也跟着水涨船高，可股价的涨幅远远没跟上业绩，你确定此股的确是被严重低估了，你只是不确定股价是否已就此见底。这其实很好办，你未来的赚钱秘诀无它，就是低买高卖。既然确定了未来有更高价卖出的机会，那么现在就将资金分成若干份，见跌分批买入就可以了。

当投资策略完成后，你还在乎指数要怎么跌吗？外缘的这些因素，其实都将变成你策略中的一分子，可无条件为你所用。就比如说，未来三天的下跌，促使你完成了计划之内的分批加仓，那这样的下跌还令人畏惧和讨厌吗？当你面对意外波动，如果能由最初的被动接受变为主动拥抱，且利用它完成超额收益，那你就成功掌握了用确定性法则对抗各种意外的投资秘诀，你也就顺利克制了人性的弱点，拥有了在股市持续获取复利的能力。而这个秘诀，就算你大声告诉全世界，也是知音难觅。

最后回到我们的话题。偶尔一次成功的抄底和逃顶，靠的主要是"运"。但是，想在股市中求得长远的发展，你不能只靠运气，还得靠你的认知。好运，时有反噬的效果，也便成了厄运。好运厄运一中和，注定了你多数的顶和底都是逃不掉的。

所以，我一定要对那些希求将抄底和逃顶演变成自己的投资常态的人说，抄底和逃顶永远是谱写最多的神话。你最终赚钱与否，跟你在大跌之前逃了没，以及有没有抄到底关系都不大，而只跟你的投资反脆弱的能力紧密相关。你的综合认知水平越高，投资韧性就越强。而高水平的认知又可能在无形之中提升你的运势。不过，就算好运能帮你多避开一次大跌，那也只是起到了锦上添花的作用，但是在投资领域，锦上添花远没有雪中送炭重要。

只有当你经历足够丰富了以后，才能深刻体会到，往往锦上添花的是不确定性，而能雪中送炭的，就是你自己对于确定性的不断探索！每逢危难时刻，不确定性所引发的各种意外，总让你黔驴技穷，而最终能帮你渡过难关的，只有你所掌握的一切认知和规律。

满仓操作的注意事项

我总劝大家不要满仓，这一情况属实。我做基金时偶有满仓操作，这也是实情。但有几点必须要讲明，不然不足以服众：

第一，一般情况下，不要进行满仓操作，我可以接受偶尔被动加满仓，但坚决反对满仓一只股。满仓和满仓一只股之间，还是有巨大差别的。我做基金的确是满仓过，但是从来都没有（由于规则限定也不可能）满仓一只股。满仓一只股就太被动了，一旦被套牢就很容易被限制死。满仓一个投资组合的话，利用个股之间不同的涨跌节奏，倒还是能留下不小的操作空间。

第二，我都是按照既定策略，被动买到满仓的，从不会一口气将子弹打光。比如我要买股票 A，会选择每跌到一个位置，就加仓一定的比例。一般是以相同模式，同时加仓了股票 A、股票 B、股票 C 等，才被动加至满仓的。但是，因为我的投资策略偏保守，所以这种情况不会轻易出现。即便真出现了，一般也是出现在极端下跌行情的后半段。而对于这种下跌的持续性和可控性，我都是有足够准备和心理预期的。于是，投资组合中一旦出现提前踩好的反弹到位的点（必然符合低买高卖），我会尽快回笼一些资金，而不让满仓状态持续太久。

另外，有些大幅盈利的持仓，在资金短缺的情况下，有时也会被我拿来当准现金使用。

第三，如果市场长期陷入悲观，满仓一个投资组合，是我能接受的底线。我坚决反对融资。满仓投资组合哪怕是暂时没现金了，我们也完全有机会扬长避短，充分利用满仓的优势，在被套的情况下进一步降低持仓成本。比如我看好股票 A，到了买点位置，股票 A 却接连杀跌，在持续买入的过程中，我无奈已提前将子弹打光了。我的买入策略是每跌 0.3 元买 1000 股，子弹打光后我只能面对下跌，无动于衷。其实，这也是一种"无为而治"。就这样过了些天，通过其他持仓股反弹，我又腾出一些钱来，这时股票 A 已比上一次加仓跌去了 3 元之多。其实反过来想，这对于我们反而是"利好"，你可以在此一次性加仓 10000 股，或运用你擅长的小技巧慢慢加。不管怎样，巧借"后视镜"加仓，与每跌 0.3 元加仓 1000 股一路加到现在相比，还是能省下不少成本的。

第四，满仓投资组合固然有好处，但也有弊端，即往往在绝佳机会到来时，账户却总是极度缺现金。从长期实践来看，我认为满仓的弊端要远大于其好处，所以哪怕是做投资组合，也要尽量避免满仓。每当在快要被动加满仓的时候，一般我都会在操作上趋于谨慎。如果最后实在是不可避免地满了仓，首先心理上不要有负担，这时就要开始扬长避短了；其次还是要以尽快降低仓位为操作的第一原则。

第五，市场上必然存在那种满仓做价投，要干一番大事业的投资人，而且买的股票可能好多年都不动，我充分尊重这种选择。我只是觉得，你要拎得清自己属不属于这类人。再退一步讲，就算你确定属于那种极小成功概率的"投资人种"，我也依然认为，不满仓的话，你一定有机会做得更好。

几轮操作下来，如果你满仓的频率总是过高，问题大致会出在两个方面：一是投资组合种类过多，需要筛减；二是加仓幅度或频率需做相应的调整。至于说到底买入多少个股票品种才算合适，到底怎样加仓才算稳妥，这都是在长期实践中由个人领悟得来的，没有统一标准。但大的原则框架是一样的，就是一定要让整个投资策略趋于保守，可能有很多现金在平时根本用不着，可是一旦碰上意外情况，这些现金就让你成为有准备的人。道理虽不难理解，但是要做到却难上加难。不过，一旦你体会到一次赚大钱的全过程和超快感，你可能在一瞬间就明白了炒股发财的核心机密。

自定一套清仓标准

我的清仓标准可能跟很多人都不一样。有相当一部分股民，一旦预测指数要下跌，或者看到有重大影响事件出现，哪怕该事件对个人持仓影响很小，但还是会毫不犹豫地清掉手中所有的，包括仍在亏钱的股票。

不同的风险等级结构

这类不明就里式的清仓，一年可能要出现几十次，这种错误在本质上是认知问题，可是要具体阐述是哪方面的认知出现了问题，就要用到"风险相关性"这个词。可以想见，着实有很多风险因素，其实跟持仓之间的风险相关系数非常低，可我们总习惯把它们之间的相关系数当成1来处理，这些都是脆弱的投机心理在作祟。

如果两种风险因素之间的风险相关系数为0，我们就不能混为一谈，要自动隔离开；如果两者之间存在一定的风险相关性，那么，我们要先搞清楚它们是正相关关系，还是负相关关系。然后再进一步解剖其风险相关性，我们能观察到在不同的风险因素之间，其实存在着相对应的等级结构。最后还得考虑，它们的风险等级是相一致的吗，还是完全处于不同的量级？

因模糊了不同的等级结构，很多股民经常会做出错误的判断和操作。比如有些风险因素，足以撼动整个大盘；有些因素可以带动某些行业板块；还有些因素却只能影响个股的短期走势——这就是消息作用于股市并产生不同影响力的三种经典等级结构。

若要继续细分下去，那就太复杂了，理论上并不实用。比如有不少突发消息只能影响到个股，有的可以带来好几个涨停板，有的却只能换回一个小高开。这其实是需要在具体情况下具体讨论的。我只是希望大家在了解了风险因素存在不同的等级结构之后，就此记住上述三个经典等级。如此，绝大部分风险等级的划分问题，你就可以轻松解决了。

就算偶有风险因素，尚处于等级模糊地带，由于经典等级结构是一目了然的，你便可以思路清晰地在不同等级之间找准模糊地带的均衡位置。比如央企改革的消息对"中字头"股票是利好，又由于"中字头"板块体量很大，对指数将不可避免地带来提振作用，所以这一消息对股市的影响，是高于板块同时又低于大盘的。一个人如果没有这种思维模式，就会轻易将个股、板块和指数问题混为一谈。

我的清仓标准

我们频繁遇到的种种风险因素，绝大部分都不是我清仓个股乃至清仓投资组合的关键所在。我清仓的标准只有一个，就是我认为持仓组合的估值都有些高了，而当我放眼于整个股市，却找不到其他更有吸引力的股票来做替换，一般到了这种时候，我才会考虑清仓所有股票。这一清仓标准十分苛刻，我平时都很难用得上，但若只是清仓个股，那标准就简单多了。要么是找到了更好的替代品种，要么就是我认为持仓股估值涨得太高，或预期变差，总之是偏离出了我的接受范围，那么我就会考虑卖出。而投资策略、技术形态等，影响的只是我清仓的具体方式，清仓的结果是不受影响的。也就是说，个股基本面若发生了变化，我是否清仓会最先评估基本面的影响；如果基本面没问题，我是否清仓则会先考虑企业估值或成长性预期。至于个股的技术形态，还有我的交易策略，此时均被放在了次一级的位置上。

由此可以看出，与指数或行业紧密相关的风险等级因素，从来都不是清仓个股的主因。然而，这却是在很多人身上都能看到的错误，说明你认知的风险等级与你认知的股票操作之间最终还是错配了。"错配"源于你的认知漏洞和局限，也就此对投资的基本规律发生了偏离。

而即便是突发的个股消息，也不会轻易引发我的清仓操作，对其基本面的最新研判，以及来自技术和交易策略的悉心防御，都是我的投资行为之于基本规律尽可能不发生偏离的安全垫。换言之，我的技术手段和交易策略，从来不是本人个性的尽情挥洒。

我的关于投资组合的清仓理念，跟巴菲特其实是非常相似的。只是在跨越时间周期上，我们确实比不过他，这是他投资性格上的巨大优势。如果想学习巴菲特投资的精髓，针对努力方向，我一定要向大家提两个建议：

一是要注重扬长避短。持股时间并非胜败关键，我们要发扬A股的"长处"，充分利用A股波动性大、个股板块联动性强、情绪性强、易产生周期性涨跌等特点，而不是被市场利用——你用得好，这些就是A股的长处；你用得不好，这些就成了你的短处。

二是要更加注重对大小投资规律的掌握。他选择了"无为而治"，走的是大道至简的捷径，掌握的是投资之道。而对于投资之术，巴菲特用"无为而治"加以躲避（犯各种小错），也就不甚需要了。我们则恰好相反，喜欢动股票就等于给自己创造了多犯错的机会，因此务必要借助规律和规则，帮我们尽可能地规避风险，特别是人为造成的风险。于是，这又回到了上述认知风险等级与认知股票操作之间的错配问题，这个漏洞是必须要填补起来的。

重仓股连续杀跌总想"割肉"怎么办

一般遇上重仓股连续杀跌，无论是新手还是老手，都将陷入两难之中。如想卖股票，根本卖不上好价格，面对越来越低的股价，卖掉也着实有些不甘心；但如果不卖，被套牢是早晚的事，心里没底、盘面上更是见不着底，冷不丁地又得挨一记大跌。其后的每一根大阴线，都是相较于此前呈几何数量级增长的煎熬、恐惧、后悔和绝望。

在希望破灭之后，散户大军都特别喜欢"割肉"。最绝的割肉心态，我也是有所了解的，往往在很多时候，他们明知道此时割肉很可能会酿成大错，但只要股票还握在手里，一再见到下跌，他们的那根心弦就会绷得很紧。可是，不论后市涨跌，只要在这一刻清掉了股票，那么从下一秒开始，他们就将如释重负，彻底轻松心情和心态。他们最在乎的，只是当下个人的内心感受。

炒股老手们一般遇上这种行情，也不是不会感到心慌，但是心慌只是一时的，他们会很快让自己冷静下来，然后认真思考连续下跌的因和果，以便提前做好投资规划。当然，他们也有可能出现昏头的操作，因为是人都会有侥幸心理，有侥幸就会有投机。就算没有侥幸，也可能因误判了形势而做出错误操作。但总体上来说，炒股老手们正是因为经历过无数次这种大跌，所以是有机会看见未来的。

总之，经验越丰富，对未来就临摹得越清晰，未来出现闪失的可能性也就越低。借鉴炒股老手们的经验，我们至少可以学习一点，就是绝不能让情绪主导操作，在明知自己情绪状况欠佳的时候，一定不要轻易做决策。要让自己先冷静下来，好好考虑清楚大跌的来龙去脉，然后再科学地做出进可攻、退可守的操作策略。

当然，经验也不是万能的。堵住经验漏洞，靠的依然是对投资基本规律的长期坚守。而运用投资规律的经验，不断摸索、完善且紧密贴合投资规律的方法论，也都是能产生实际效用的。

提及长期坚守投资规律的方法论，我认为无论在任何情况下，都要提前给自己建立一道"割肉"的准则。简单来说，就是给自己立规矩，然后照章办事，以防止出现情绪化"割肉"的操作。我们一定要杜绝此类事件的发生，哪怕你侥幸做对了一两次，到最后的结果一定是大错特错的。

在重仓股连续杀跌之下，我们一定要想清楚，这种连续杀跌是由外因造成的偶然现象，还是由股票内因所导致的必然结果？如果是外因使然，股票基本面并未在短时间内发生质变，这说明投资该股票的性价比变得更高了，不仅没必要"割肉"，反倒有加仓的必要。对此，我们可另做计划。但如果是内因使然，即股票的基本面发生了不可逆的衰变，那该权衡的问题就将变成是直接"割肉"，还是等反弹出现有计划的减仓？当然，这需要具体情况具体分析。

对此，我想分享的经验是：如果发生的连续大跌不是个例，而是蔓延到了整个股市，那么只要股市整体不是处在相对较高的位置上，这种走势往往是吓唬人的成分居多。一般是用来逼退散户、筑就阶段性底部的——正是因为下跌空间有限，所以才采取了连续杀跌的极端方式。即便从概率上来算，在经历一波大跌之后，市场总体呈现的投资性价比也是骤然陡升的。不过最终操作决策一切还是要落实在个股上，毕竟个股基本面才是股价反映长期涨跌的根本落脚点。

如何破解总是补仓在"半山腰"

"总是补仓在'半山腰'"这种经历，其实是有价值的。它向我们揭示了一个事实——不能轻易进行大手笔的补仓。当然，这尚属感性认知的范畴。我们也不能因为总是越补越跌，反过来就认为不如"先割肉，再买回"这样的操作就一定是对的。因为你不能确定高抛后，就一定能低吸回来，实际上连理论支撑都没有，所以这同样是感性认知。

感性补仓不可取

感性认知从来都是人看待股票的第一面。同时，这一面源自某次或多次观察而非长期实践，所以我们看到的表面现象，势必会因我们过分趋利避害的想象而显得客观不足、主观有余。由于缺乏论证，"一个偶然的因"当然推不出"一个必然的果"。比如连跌五天就是这样"一个偶然的因"，所以你推不出还得跌到第六天"这样必然的果"。你若想得到必然的果，唯有抓住现象的本质，才可能将概率论变成十足的因果论。

基于此，在回答该不该补仓之前，我们先要考虑清楚的问题是到底持仓逻辑变没变，这是不是该坚持到底的股票？因为一旦逻辑发生变化，我们不仅不能补仓，还得及时止损。鉴于我们探讨的重点是如何补仓，所以此处默认是值得持仓的好股票。那么接下来我们就专讲要不要补仓，以及该如何补仓的问题。

先说"不补仓"的问题。我认为，站在理性那一面这么做也许在某段时间内是对的。但是这样做终究会输给感性。暂且不论你忍不忍得住不补，就说在未来股价"起飞"之后，你还是会陷入矛盾和痛苦之中：为什么低价的时候不敢买，难道现在高价了才要加仓吗？心里肯定是有些不甘的，也许还有些不敢。

从感性层面分析完之后，再说说理性认知：由于是你认为值得投资的股票，那么股价快速持续下跌，反而导致投资的性价比骤然升高，此时补仓，有利于提升整体投资的长期收益率。然而现实总是，一补就补在了半山腰上。但这并不能说明，我们的操作就是完全错误的。只要坚守到最后，仍可以扭亏为盈，便证明了我们操作逻辑中正确的一面。

我认为，我们的操作是足够理性的，但股价波动却无法时刻保持理性。因此，我们用理性的操作来应对股价非理性的波动，就一定会露出弊端。而一旦弊端露得足够大，就有可能让我们的理性认知，被感性局部或完全吞噬掉。很多人炒股频频失利，就是在理性被感性吞没之后，感性独大对投资造成了不可挽回的反噬。反噬带来的结果是，越补亏越多，底部割肉时亏最多——不补仓的提议由此而来，但这只是理性被感性打败后所产生的结果。

运用补仓策略

如果连你都认为自己的理性认知不够强大，那我当然建议你不要轻易补仓。但如果你认为理性认知可以战胜感性认知，那就可以考虑补仓策略。前提是，一定要为股价的非理性波动留有操作空间。当然，对于补仓策略的改良，我认为是渐进式的，不可一蹴而就。因为它需要实践的反复打磨，既要有理性操作，对非理性的股价波动进行对抗，同时又要有理性认知，对不断变化中的感性认知进行对抗。

对于补仓策略的打磨，基本规律可以将人性轻松拿捏住。如果单凭人的感知来补仓，人是很难在持续亢奋的操作状态中保证能完全控制住自己的。为避免出此纰漏，因此亟需补仓策略。补仓策略就是个无形的工具，其本身没有感性变化，因而可用来对抗人性。然而，补仓策略的使用者是形形色色的投资人，如何保证补仓策略一以贯之去实行，仍是个人认知的体现。认知越高的人越是善于运用工具，于是补仓策略这个无形的工具，则让我们的操作变得简单且高效。

即便是运用补仓策略，我还必须指出两点：补仓策略亦无法避免你补仓补在半山腰上，这其实是炒股常态，补仓策略只是可以将补仓补在半山腰的危害降到最低，其实质是先弃后取，反败为胜。于是便引出了至关重要的另一点内容，补仓策略只是战术，运用的前提是战略要过关，补仓的个股也要过关，否则就是盲目的，胜率将得不到保证。

当你尝试运用此法之后，如效果并不显著，那我再送上三条运用技巧上的指引：

第一，每笔买卖最好保持等股或等额，最好是等股，可免去计算流程，便于操作，而务必慎用"金字塔式"。因为随着股价的下跌，你若以"金字塔式"买入，那么就会面临消耗资金越来越大与资金越来越短缺之间的矛盾，所以此法很难把握好节奏。如有追加投入的需要，可自行额外设定，而不必流于形式。

第二，一定要将极端下跌的情况考虑在内，保持适度（一般偏保守）的补仓频率和每笔资金投入，如遇突发状况，也可进行自我调节，不必拘泥于最初的设定。在上涨行情中，亦是如此，而要不要以"倒金字塔"的方式卖出可另论。

第三，在补仓过程中，为便于增加可用资金，同时提高资金使用效率，我能想到的办法是，有补也可有卖，在反弹到一定程度时，也要敢于抛出部分（或全部）补仓筹码。至于何时抛，抛多少，都得视具体情况而定，且只能靠个人实践总结。比如，你可通过设定，将每笔补仓筹码都分别加上固定的盈利点数，从而进行程式化的止盈。这样做的好处，不仅是短平快，提升了资金使用效率，而且每一个固定间隔的卖点，都能起到定点的作用。只要再度跌破之前的卖点，你就知道低吸的机会来了。因为此前你已经高抛过，所以这笔交易一定符合低买高卖的基本原则（只不过是倒置的，其实是先高卖出，后低买回）。既然短线走势不可完全预测，那么完成一笔后验式的高抛低吸，便不会有错。

小到补仓策略的完善，大到投资体系的建立，均离不开个人的综合认知能力。不可否认的是，一个人的认知水平越高，其感性的浓度就会越低。这样的人长期做交易，会越来越像机器。我反倒会想，像机器没什么不好，七情六欲可以很好地被控制住，不用多动脑就能靠程式化地操作持续赚到钱。这样的"炒股机器人"一定是契合了最基本也是最重要的投资规律，才让做投资变成了一件简单易行的事。

■"低买高卖"的原则是否永不可破

假如将股票卖掉后，股价又涨了，按照确定性低买高卖的原则，就不能再买这只股票了吗？当然不是！曾经我有过这种错误体验，也因此错失了很多机会。后来随着认知的提升，我发现自己至少忽略过两样东西：

第八章 判别操作系统

第一样东西，是企业的成长价值。时间对于优秀企业来说是有价值的资产（对于好的投资策略也是）。特别是对于成长型企业，时间价值便是我们要充分考虑的投资因素。假如你投资的一家上市企业近三年每年的净利润都能翻上一番，那在股价保持不变的情况下，第二年其市盈率就将被腰斩。所以，哪怕你卖出后第二年该股票匆匆暴涨，后又快速下跌，就算暴跌后的股价依然比你卖出的位置要高一些，也是可以进行综合考虑的。

第二样东西，便是你手中的现金。现金对持仓成本可起到调节的作用，而且调节结果均可被提前、精准地测算出来。运算机理倒是不难，真正难的，是必须逆人性，即逆自己喜欢猜测但又不一定猜对的本性。

简单来说，就是你理性地劝说自己，感觉并不靠谱。因而，就算你预测股价还会下跌，考虑到你长期看好该股票，且手中又有大量现金可在未来用以调节成本，你还是可以考虑建仓计划的。只是需要坦然面对可能出现的短期亏损，硬着头皮逆着心境去建立头寸，这是非常不容易做到的。

人们一般都会这样想，既然是高价买少量股票，涨了赚不到什么钱，跌了还得亏钱去补仓，那还不如不买，等它跌到位了再说。人总是存在侥幸心理，永远在主观意识的幻想中"趋利避害"。明明是客观上的概率事件，却总把它当成确定性事件来处理。

没有人可以在股市中获得长久的运气。正确的做法是，只要是自己看中的长期投资机会，一定要先买上一部分，占好自己的"位"（利弗莫尔也有过类似的表述）。否则，你就很容易在这只股票上陷入盲点困境，而心生侥幸。由于你只有盲点，没有位置；只有猜测，没有策略，所以侥幸心理只会助你一拖再拖，你是无法轻易迈出建仓这一步的。

如果股票真跌了，侥幸心理的满足感和成就感会瞬间加倍，也就平添了你迈出建仓第一步的阻碍。如果股票就此涨上去，内心的破防不言而喻，要么你得追高，要么侥幸心理又会暗示你再等等，紧接着在未来相当长的一段时间内，你都将与该股票失之交臂。如此顺应人性的做法，卖股票时的境遇可想而知，大抵也是相似的。那么从长期来看，频丢位置，一定还会让你丧失信心。

最后做个总结，"低买高卖"的原则可局部破除，只要你手中留有足够的现金，就能调控持仓成本，最终保持总持仓的低成本原则。借此灵活多变的手法，我们就相当于从股市（主力）手中夺回了部分主动权。

而对于高买的这部分筹码，除了"占位"之外，我尚有其他解读。解读始于，我们为什么要"占位"，为什么要主动性买套？如果股价直接开涨，这很好解释，其本身就符合"低买高卖"的原则。如果股价一直下跌，我认为不过是高抛低吸的倒置。由于我们长期看好该股，相信它未来一定是有巨大上涨潜力的，那么我们当下的每一个低吸动作，甚至是一再下跌、一再低吸，都是为了未来更高地抛出筹码。

当我们放宽眼界，熟悉了这一操作周期之后，再来观察主动性买套，就更能理解什么是"吃亏是福"了。表面上看，的确是先亏了点钱，但我们明确自己做的是先低吸、后高抛。只要你低吸成功，高点在心中又十分笃定，那么接下来就是拿时间换取差价的常规操作。而且，你也充分利用了下跌这一波动类型。既然涨跌都能赚到钱，那投资的技术也就被你玩转于"股掌"之中了。

价值拓展篇

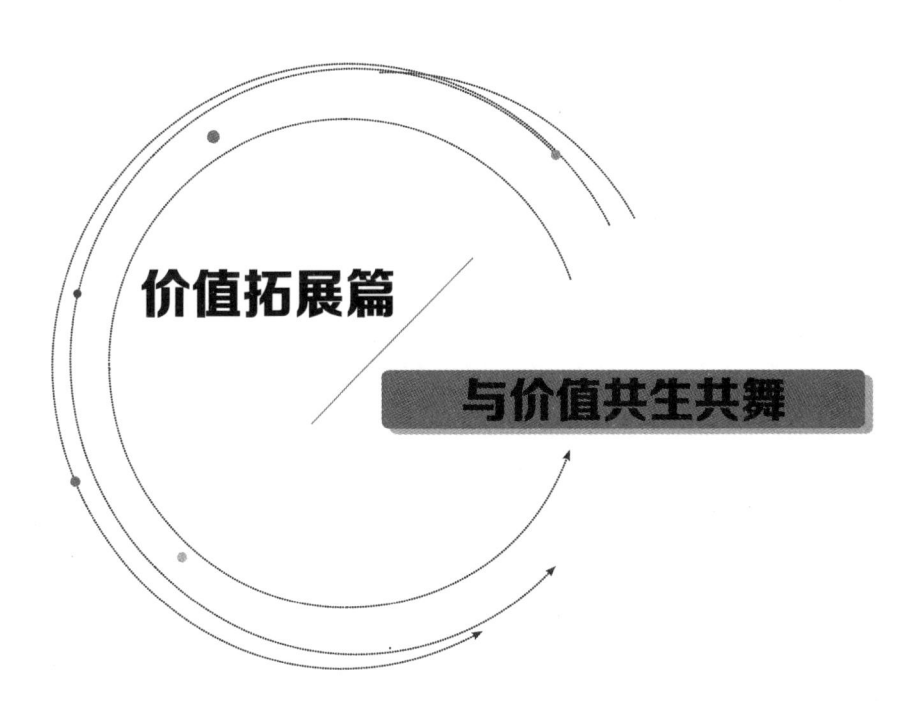

与价值共生共舞

第九章　价值投资之道

到底什么才是价值投资？

价值投资的价值最终体现在哪里？

怎样做才算是获得了价值投资的真谛？

……

诸如此类的发问其实并不罕见，也有很多投资书籍给予过回答，但还是要在长期投资业绩中见真章。

现实情况却是，一众投资"大佬"的业绩皆不稳定，有时有做得不错的长期年化收益率，可是一回撤起来也真是毫不含糊，跌得比指数还令人心惊肉跳。还有一些用价值投资来标榜自己的投资者，尽管著书立说，但是业绩实在是有些惨不忍睹……

到底是哪里出了问题？虽然我从不以"价值投资者"自居，但是心中始终有一种价值情结，从未在投资实践中放下过。我总结出的想法是，关于价值投资的真谛，只谈常识、经验和主观理论都还远远不够，长期投资业绩才是对价值投资之领悟境界的明证。

投资人对价值投资的领悟普遍出现偏差，是因为只谈论主观经验和理论最易令自己画地为牢、"陷于着相"。而追寻投资之真谛，终究还是要从对股票最基本的认知开始谈起，同时还要对做投资的底层逻辑和客观规律下狠手。

另外，我认为价值投资不仅体现在投资端，对于募集、投、管、退中的任何一环，都应有所体现。但大部分的基金公司都忽略了这一点，尤其是在募集端，它们普遍表现得激进异常，完全是走向了价值投资的反面。

对于我在开头提到的那三个问题，落脚点均在"价值"和"投资"这两方面。只要弄清楚了这两点，毫不夸张地说，就等于是弄清楚了关于价值投资的一切，自然也就解答了这三个问题。关于本章内容，我以价值投资的"价值"二字为切入点，提出了一种另类解说。

对"价值"之解说，再加上我对"投资"本质的探索，此二者"双剑合璧"，由此构成了我对价值投资的独家观点，鲜明而又深刻。在投资者"参悟"到了之后，就能从历史经验的束缚中摆脱出来。相信投资者今后再看到关于价值投资的问题，以及再做价值投资的时候，都会豁然开朗，而不再频频受困了。

无数价值投资人频频被行情困住，其实就是认知局限的问题。当你从价值投资的根本上解决了困扰，那么以后在认知价值股以及操作价值股方面，就不会再像过去那样总受束缚了。诚如我接下来对引申出来的问题的解析，你心中自有答案，一切明了——

买市盈率才三两倍的股票，难道就一定是价值投资吗？买超过100倍PE的股票，难道就一定不是价值投资吗？那当价值投资者遇上了预想中的阶段性高点，难道就非要像投资"大佬"们那样，一拿好多年一股都不卖才算是价值投资吗？

……

当回答完这些问题，我突然意识到了，纵然我无法对市场或人性下一个准确的定义，但由此我重新定义了价值投资，定义了我们所处的价值投资新时代。毕竟我们面对的是越来越错综复杂的投资环境，重新定义价值投资，去其糟粕取其精华，想来应该不是一件坏事。

■ 重解价值投资的"价值"

关于投资，我在第一章中就讲到，它涉及"谁"投资"谁"，以及如何投资这三方面的认知。对于"投资"二字的解读，重点应是吃透"价值"。于是，这些年来我对价值追本溯源，在心态和理解上都发生了巨变，理解价值的含义也变得层次分明了起来。

第九章 价值投资之道

价值投资的"价值"≠股票价值

有些人一谈到价值,就必定要谈而且只谈股票价值,然后很自然地就过渡到了对股票价值的评判标准上。而在确立股价是被低估了以后,价值投资人开始买入价值股,并且越买越套,越套越买——这仿佛成了价值投资者的标配,甚至是不可或缺的一环,如少了这一环,价值投资就像失去了存在的意义。因此,他们总是劝你在股票被套后要敢于加仓,敢于死守阵地。

总而言之,价值投资人的一切投资行为,都紧紧围绕着股票价值,不是探讨过去和现在的企业价值,就是预测未来的企业价值;不是衡量高估或低估,就是在计算合理的估值区间。可问题是,为什么价值投资人如此理性,投资作风又如此严谨,却依然摆脱不掉做投资总是暴涨暴跌的宿命呢?

实话实说,能掌握自己命运的投资人才是合格的投资人,股票暴涨暴跌实属常态,任何股票都避免不了。既然好股票也避不开,那价值投资人只围着具有投资价值的股票转,而忽略了战术的重要性,忽略了股市基本规律,动辄以满仓状态进行博弈,这多少有些"赌博"心理作祟。

于是,我们可以这样理解,如果一位价值投资者的投资业绩随着股票普遍出现的暴涨暴跌而具有相似幅度的暴涨暴跌,这足以说明此类投资人并没有掌握价值投资的核心命脉。在我看来,他们做的顶多算是"投资价值",而不是"价值投资"。因为价值是体现在多方面的,只要把握住了股票价值,就能获取投资股票价值这一部分的盈利。

同理,只要把握住了市场特性的价值,就能获取额外的来自市场波动的盈利;把握住了人性的价值,就能额外获取战胜对手的价值回报。在一般情况下,所谓的价值投资人的赚钱比率,确定要比一般投资人高出不少,但同时他们的业绩波动也相当大,就是因为他们只善于抓住股票价值，而忽视了对市场价值和人性价值的探索。

如此一分析，思路就清晰了：传统价值投资人的业绩之所以打不破暴涨暴跌的魔咒，问题正是出在了"价值"二字上。由于对价值的理解有局限，这才导致了业绩容易陷入瓶颈。若是遇到暴涨还好说，遇上暴跌带来的损失就太可怕了。暴跌不仅打击人的信心，还会严重击垮长期的复利效应。就冲复利效应来对标价值投资者，恐怕十个投资者里有八到九个都要折戟于此了，剩下一到两个就算能做到复利，却很可能在应对暴涨暴跌上不合格。

绝对价值和相对价值

问题还是从股票的本质说起，在前面我就讲到过：股票除去其自身的内在价值，溢价部分在理论上是不存在的（因此，股票是虚拟经济的代表），也就是俗称的"泡沫"。泡沫本就虚无，可大可小，这一真相间接解释了彼得·林奇说过的一句话——股票的短期走势与企业基本面基本无关。

在短期内，企业基本面的变化可忽略不计，股票走势只跟参与者的心理博弈相关。心理博弈直接推动了资金博弈，进而推动了股价的升跌。抛开股价波动不谈，人们总以为股票的价值可以被估算出来，也可以在不同股票之间相互衡量做比较，其实估算出来的都是人们过去的经验值，即以现在的人心评估过去的人心。人心不可估量，因而，我们只能根据历史经验来做评判，但又不能完全依靠经验。经济学家默顿·米勒曾说过："从严格意义上说，如果世间一切活动都是往日重现，那么所有风险都将不复存在。"就是因为人心不可测，故而"泡沫"不可测，经验才会有漏洞出现。

"泡沫"不可测，意味着估值的虚无。企业的高估值和低估值都是从历史经验中总结出来的，只有股票的内在价值，才可以做到相对客观一点的评估，但也很难做到绝对的客观，不然就不会有那么多股价跌破净资产的情况发生了。市场上也偶有两三倍市盈率的股票出现,而且还是以连续大跌的形式出现在眼前。当股票的投资价值都被击溃了,经验也不好使了,那么价值投资的价值还有用吗?

股票价值的确有可能面临暂时失效,但股票价值是无法离开所有人而独立存在的,"泡沫"也是一样。因此,价值投资不可能只考虑股票的绝对价值,跟人性相结合的价值预期,也一定要纳入重点考虑范围。简而言之,价值投资的价值存在绝对价值和相对价值之分。绝对价值是指股票的内在价值,是相对客观的价值存在形式;另一种价值是相对价值,即在股票内在价值以外,股票现在有多少溢价,未来又该有多少溢价,这是相对主观的价值存在形式,也就是人心衡量现在和未来的价值预期。人们常说,炒股炒的是预期,一是说明价值投资也不能脱离预期,而且不仅限于价值预期;二则说明由价值预期产生的股票相对价值,由于跟人性贴合得更紧密,所以在投资中比股票绝对价值更重要。但是,投资人往往注重的只是股票的绝对价值,而忽略了股票的相对价值。

价值预期的本质

价值预期的本质,即在未来某一段时间人性关于股票溢价的价值理解和预测。股票价值只是人性对价值预期的一个重要指引,而并非绝对方向。所以你可以这样来理解:价值预期就是先知先觉者的预期,预期就是未来如何引领"羊群效应",而大部分人必将跟着"羊群效应"走,其自身的预期有效性很差。

究其原因,主要来自两个方面:一是人心随市场剧烈波动,后知后觉者的价值预期的时效性往往跟不上,且他们的情绪波动一般会更加剧烈;二是人性关于价值的预期有理性和非理性(情绪化)之分,后知后觉者容易放大情绪、抵抗理性。最终,非理性程度一高,价值预期的误差就大。股票最重要的相对价值你若拿捏不住,无论你对股票的绝对价值判断有多么精准,一切皆是徒劳。

为了说透问题,我用国内最高端的白酒品牌——贵州茅台来做举例说明。贵州茅台历来都是价值投资者的最爱。市场给予茅台的估值水平，大概总是会在 30 倍 PE 上下浮动。于是，很多人就会参照其历史估值，在茅台进入低估的状态下，进行买入操作，并坚持长期持有——几乎所有价值投资人的操作模式皆是如此，当然也并不局限于操作茅台。

我想说的是，当你看明白了我对价值的更深入的理解，就一定能想明白，市场之所以能让茅台长期保持 30 倍 PE 的估值，其实是有隐藏条件的。那就是茅台从过去十多年至今，股价之所以能上涨几十倍，是由于茅台的持续扩张能力始终具有足够大的想象空间。至少从十年前往后看，能一直看到十年后的今天。但是到了今天，茅台的市值扩张已然受到了阻碍。当企业未来的想象空间被抹杀殆尽，那么再继续 30 倍 PE 的底层逻辑和价值预期也就不存在了。茅台的估值，本来就比国外酒企的估值高。当支撑它 30 倍 PE 的底层逻辑消失后，如果那么多价值投资人还是按照过去的方法（只注重绝对价值）去价投茅台，那他们未来的命运可想而知。

尽管我从不怀疑茅台是一只好股票，可真正令我忧心的是，很多人之所以选择做价投，他们的骨子里其实是有"暴利"倾向的。简而言之，他们单纯地以为，只要是做了价值投资，就能靠模仿投资大师出现奇迹，也能靠股票换回 N 多倍的收益，以助他们实现财务自由。

然而，要想做出这样的一份成绩单，确实离不开"天时地利人和"。还是以茅台为例，它始终拥有超高的毛利率，以及非常稳定的 ROE——对茅台不利的因素，我们绝不能避而不谈；关于茅台的优点，我们亦不能视而不见。

经过一番思量和对比，我认为茅台未来可能出现的最好的结局，就如同巴菲特持有可口可乐那样。众所周知，虽然巴菲特持有可口可乐超过 30 年，可是可口可乐也曾从 20 世纪 90 年代后期开始，股价停滞十余年都不涨。在此期间，百事可乐的市值却从仅为可口可乐的一半直至反超了可口可乐。但是，这一切并不妨碍可口可乐成为一家伟大的公司。

可口可乐股价的持续性走牛，离不开其永续经营的特征，以及稳定的 ROE。若是拿茅台跟可口可乐相比，茅台的超高价战略与可口可乐的超低价战略刚好相反，但是可口可乐已经打入了全球市场，茅台在这方面仍是个未知数。所以我才就此认定，投资者长期持有茅台的结局，就如巴菲特长期持有可口可乐一样，有可能还能赚到一些利润（长期来看年化收益率会与 ROE 保持高度一致），但是还想像过去那样赚钱，恐怕是很悬了。

即便茅台还是搞出了一系列创新，如推出自家 APP "i 茅台"实行线上抢购、与蒙牛合作推出茅台冰淇淋等，都在市场上成功激起千层浪。然而，这些都是量变的小手段，还远达不到引发质变的门槛。如茅台是否能成为全球大品牌，是否会推出其他品类的酒，是否能全面实现自产自销，这些才是引发茅台质变的关键要素。

且不谈此类因素对茅台均具有两面性影响，单就说茅台的金融属性，就已是有十足的不确定性在里面了。也许在如今看来，收藏茅台酒仍具有投资价值，但是在未来某些时候，一旦酱香酒不再在市场上受宠，继而引发茅台酒的收藏市场萎缩，这些潜在弊端，都有可能让茅台股价一蹶不振，需要很久的时间来缓冲。

不仅是针对茅台，对于任何股票其实都是一样的。哪怕你业绩一直都很好，但是一旦股民对这只股票的未来失去了想象力，那你在这只股票上就很难再获得超额收益了。就我们所熟知的银行股，也包括其他一些大金融类的股票，为什么业绩始终不错，但股价就是很难获得持续性大涨，其实就是这个原因。

很多价值投资者一经简单对比，就认定银行股的市净率和市盈率双低，业绩又非常稳定，是不可多得的投资机会，然后一头扎进了银行股的投资怀抱，结果死守一年半载下来，发现并无所获，这其实是犯下了拿现实结果当投资之因的形而上学的典型错误。银行证券保险这一众金融股，通常喜欢在适当的时机频繁进行配股和定增，此类做法令众多投资人感到不悦。但是大家恰恰忽略了，配股和定增特别轻易就推高了股票的净资产。

不喜欢这一行径却又对由此产生的结果着迷，这是充满矛盾的投资心理。当然，有一个不容忽视的前提是，大众可能对金融的行业属性并不了解。但是，只要我们能找对症结，在认真分析过银行业（或证券保险类）的盈利模式和成长空间之后，照样能得出正确的结论。

只要观察过近年来 A 股的整体利润结构，我们不难发现，金融业整体利润占比达到了 A 股所有上市公司年利润的 1/3，这可以说是银行据其行业对资金的垄断属性，过度压榨了实体经济的利润空间才得来的。除了银行，证券和保险也均各自存在类似的行业弊端，并严重缺乏商业模式创新。这就造成了大金融难以被投资人普遍拿来当作价值投资标的而愿长期持有的现状。

不过总体上来说，在市场低迷的时候，大金融的投资价值毋庸置疑，一般采取逆向思维或定投的方式，在若干年内获得超越同期银行理财的收益率还是不难做到的。

回到投资者对市场波动价值的论述上——连续性（而非跳跃式）的市场波动也是一种价值体现。如果你总喜欢在股市中一把梭哈，然后持股待涨，那么你跟在赌场上猜大小没有分别，也就没有充分利用到股市的波动价值。然而，在股市中把握波动价值的有效性，以助你完成低买高卖，确实比赌场上猜大小要靠谱得多。你可以这样理解，在赌场赌一局，赌完了，输赢跟下一场就没任何关联了。但是在股市中对同一只股票，你可以出手无数次，前面无论多少次操作，都可以跟你的最后一次出手继续相关联，你当然有机会挽回此前所有的损失。

假如你在股价十元钱时出手过一次，股票则继续跌，在九元钱时又出手了一次，虽然你不确定该股票的价值具体是多少，不过在一定时期内，股价越跌，股票越被低估是确定的；股票越涨，股票越被高估也是确定的。你在同一只股票上的布局，浮亏的部分在未来都还可以再涨回来，你的每一次操作上下都会有相对确定的关联，这些才是你做价值投资应该充分理解并掌握的核心密码。

最错误的价值投资就是在有限且偏狭的历史经验中寻求信仰。由于经验是主观的，你的信仰也必定是主观的，主观经验一旦触碰到认知盲区，就会在自我强化认同感的错误引领下，义无反顾且更加决绝地挥洒人性，所以这绝不是做投资的核心竞争力之所在。我所认知的核心竞争力，势必要打破对认知盲区的限制，那就要在贴合投资大道方面下够苦功夫。于是，当面对客观投资规律之时，谁能将自己的投资逻辑的最终解释权交给天道，谁顺应客观规律的能力越强，谁就越是具有核心竞争力。

价值投资的发展路径

在本杰明·格雷厄姆时代，价值投资就是挑拣大幅跌破净资产的上市企业。一方面，于20世纪二三十年代，由美国引发的金融危机席卷全球，美股最大跌幅超过了90%，因此跌破净资产的上市企业比比皆是；另一方面，价值投资那时才刚被巴菲特的老师格雷厄姆发现，并运用于投资实践——当时的市场环境决定了，这种玩法最好使、最赚钱。

格雷厄姆非常注重各项财务指标，选择的都是些股价远低于企业内在价值的投资机会。他的做法通常是，先把整个公司买下来，然后分拆卖掉公司资产，在化整为零大赚一笔之后，再寻找下一个相似的目标。然而，这种最初级的价值投资在如今早已失去了生存的土壤。所幸的是，巴菲特并没有墨守成规、止步不前，他在格雷厄姆的基础上继续发扬光大了价值投资。

巴菲特的伟大之处在于，既传承了老师的衣钵，又紧随市场，对价值投资进行了越来越大胆的颠覆式创新。之所以这么说，是因为在巴菲特早期，市场情况与格雷厄姆时代还比较接近，就算随着美国经济复苏，寻找大幅跌破净资产的投资机会已经越来越少了，但还是有很多低估值的机会，是可以轻易被巴菲特抓住的。只需要低估值就好，不一定要跌破净资产，然后悉心等待或直接出手帮助企业完成价值修复。当迈向下一阶段，巴菲特终究是穿过了价值投资的层层迷雾，用长期复利思维诠释了他对价值投资的新的解读——与其用低价买入一大堆平庸的公司，不如花适当的高价买入少量伟大的公司。当然，巴菲特后期的价值投资思维之转变，离不开他的投资合伙人查理·芒格的帮助。

这里，有些重要的时代背景得先交代清楚。青年时期的巴菲特就已经很有钱了，他开了好几家合伙投资企业（类似于我国的私募证券基金），筹集了来自亲戚朋友的各路资金。因为当时的股市网络资讯非常不发达，导致其股票定价模式还处在混乱状态，所以拥有大量资金优势的巴菲特，总是能在大额股票的买方市场占据主导地位。我们现在的股价波动，都会在炒股软件上即时显示出来。对于亟须筹集资金续命的上市企业，巴菲特给予企业掌舵者的报价一般会要相当大的折扣，而且一般不给予对方讨价还价的时间。

20世纪80年代，格雷厄姆在接受《金融分析师杂志》采访时说："价值投资的适用范围越来越小。"查理·芒格也对巴菲特讲，显而易见的便宜公司已经消失了，仅寻找便宜公司的投资策略显然不再好用。当然，从巴菲特对喜诗糖果（1972年投资）和《华盛顿邮报》（1973年投资）等多家知名企业的投资中，我们便可窥见一斑，巴菲特已经迎来了他对于新价投主义的华丽转身。

拒绝以低价买入平庸的公司，宁肯花高价拥抱伟大的公司，不仅是因为巴菲特在买入低价平庸公司时也像我们一样吃过很多亏，而是从长期的投资实践中，巴菲特悟出了一个投资的真理——企业成长性固然被大家推崇和喜爱，但是想要获得真正的、长久的成长性太难太难了，所以成长性特别容易被证伪。成长性的"黑马股"不好抓，抓到手了也容易变成一颗雷，与其如此，不如选择ROE持续稳定的

"白马股"。堪称伟大的公司皆是如此，只要 ROE 常年保持稳定，投资收益率便能常年稳定下来，那么长期复利效应就能胜券在握。

在高瓴创始人兼首席执行官张磊所著的《价值》一书中，他通过总结巴菲特在不同阶段对价值投资理念的完善和丰富，继以其个人对新时代价值投资的成功探索，最后总结出了价值投资的演进路线图（详见《价值》一书第 144 页，如图 9-1 所示）。

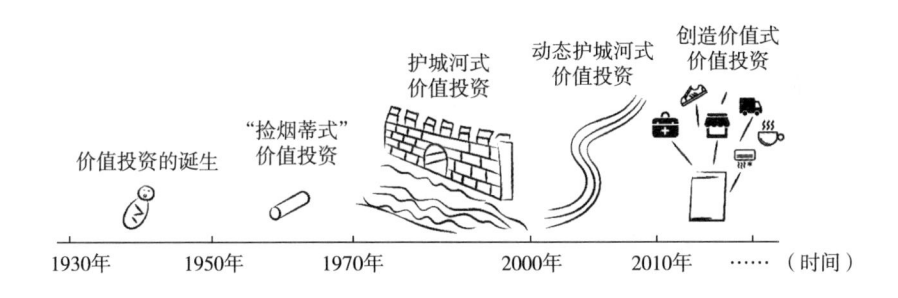

图 9-1　价值投资的演进路线

资料来源：张磊：《价值》，浙江教育出版社 2020 年版，第 144 页。

张磊在书中明确表达了自己的态度：传统的价值投资永远有其长远的意义，但世界在不断地变化，无论是格雷厄姆还是巴菲特式的价值投资者，都面临着一些困境，价值投资需要结合时代背景来不断地创新和发展。

我完全赞同张磊对价值投资的解读，价值投资自 20 世纪诞生以来，最早从关注市净率，发展到关注企业的内在价值阶段，从寻找市场低估机会发展到寻求合理估值，如今又愿意为高成长付出高溢价——如果说在 20 世纪，价值投资的出发点是为了完成价值发现，那么在 21 世纪的头 20 年，张磊等价值投资者完善了价值投资之创造价值的功能。此之谓价值投资的新时代的落脚点。

由此，价值投资用了将近 100 年的时间，遂完成了从诞生、"捡烟蒂式"价值投资、护城河式价值投资，到动态护城河式价值投资，再到创造价值式价值投资的演进历程。值得一提的是，本人所理解的创造价值，并不是说投资机构单凭资金优势，在短期内推高了股价，就是创造了"价值"。而是投资机构应站在金融助力实业发展的高度，在商业模式、资源整合等方面，给上市企业的成长性带来了向上助推的加速度，从而改变了企业原有的成长曲线。

企业加速度成长，足以令其变成市场上的稀缺资源，于是在推高企业价值的同时，又进一步推高了企业的估值。本来，新经济企业的估值方法与传统企业就有着天壤之别，而当我们身处全球资金空前的大放水，又同时裹挟在全球资产荒的历史洪流中时，我们不可避免地赶上了一波投资上的新潮点——只要是"核心资产"，就可以卸下估值包袱，肆无忌惮地上涨。然而，真正的核心资产终究是极少数，很多鸡犬升天的股票，怎样涨上来又会怎样跌回去。

▪ 核心资产是炒作还是真实存在

当机构疯狂地炒作起"价值投资"，将大量"核心资产"纷纷炒至上百倍的市盈率时，我们一方面感慨价值投资的迭代速度，真的令人产生了类似于复利叠加复利的错觉；另一方面，我们必须得清醒认识到，这种超复利效应是真实存在的，但它不是一种普遍的存在。毕竟从客观来上分析，我们个人投资者及绝大部分机构的投资，并没有给企业带来"价值创造"；就企业自身而言，大多数企业也不可能长期处于新蓝海市场，而一般已上市企业，至少已经度过了五年的高速成长期。那么唯一合理的解释就是，企业的成长曲线没有发生改变，只是若干机构集中资金优势，推高了企业的股价和估值。

大众思维特别善于漠视真相，而且只愿意受最大噪声的引领，只要看到大家都买这一类股票，并且都在赚钱，他们便会纷纷涌入。于是，当相当一部分人都去做价值投资，并且都在大赚特赚，那么"价值投资"这一概念就值得一炒，可是人挤人的地方，是不可能长期爆炒下去的。

然而，总有些长牛股，被机构拿来充当"金字招牌"，以维持对"价值投资"的炒作。市场上的这些长牛股，以及每年都层出不穷的N倍股，其股价就像摆脱了地球引力那样，摆脱了市盈率对它们的束缚。不可否认的是，翻倍之后还能大涨的股票，没人不喜欢。只不过，有相当一部分人会恐高，也有相当多的翻倍票纯属恶意炒作。那到底该如何作区分，又该如何做买卖决定呢？

首先需要明确一点，股票自身的好坏，与市场人士是否给它戴上了"核心资产"的帽子无关。被划为核心资产的股票，不一定就真的无可替代，没被划在核心资产里的股票，却有可能是细分行业里的"隐形冠军"。我们不要将目光只停留在股票的外在光环上，还是要透过现象深入本质。其次要说明的是，涨到100倍PE的股票，炒作绝对占据了主流，在踏空风险面前，你必须要先对追高风险有足够深刻的认知。

做价值投资，特别是需要追高的价值投资，我们须打破"不可能跌"的幻象，先树立起输得起但也等得起的博弈姿态（据价值投资的"价值"新解，在股票内在价值上方存在巨大的博弈空间），你才有可能在应对策略上做到游刃有余。毕竟，找对股票且做对价格只是极小概率事件，我们若想增加胜算，不仅要深入了解关于投资标的的投资价值，而且需充分理解，所谓"炒股炒的是预期"到底指的是什么？

如果你们认为，预期的只是股票未来的业绩，那就大错特错了，实则预期跟价值博弈是相辅相成的。在我看来，预期股票业绩倒是其次，你对大众心理趋向的预期才是至关重要的。但我们又离不开对股票业绩（与股票基本面相关的变化皆可考虑在内）的预期，是因为股票的未来业绩是左右大众心理趋向的重要参考因素。

简而言之，预期股票业绩只是一个工具而非最终目的，你的最终目的是在股票外在价值的巨大空间内，借此工具来与其他参与者进行价值博弈。由于业绩预期是不定的个性化的预期，每个人理解的周期和预期结果都不一样,所以必然存在价值博弈。若吃不透有关于价值投资的这一根本目标,那你将永远沉浸在个人预期的道路上刻舟求剑。其结果就是,你自始至终忽略对手,忽略了客观情况的变化,价值投资之路将走得异常艰辛。

综上所述,当我们面对一只已然大幅上涨的股票时,如果你判断该股票仍具有投资价值,那么接下来要进行的是价值博弈,而不是像很多参与者(包括很多职业经理人)那样,直接跳过博弈阶段买满仓;如果你判断该股票不再具有投资价值,那就没参与的必要了。这时候,涨停板和主升浪反就成了最糟糕的"膜拜对象"。毫不客气地说,没有投资价值的股票至少占了整个市场的七八成以上,未来随着全面注册制的推进,这一比例还会水涨船高。

在讲述如何进行价值博弈之前,我们尚需明确一个问题,价值投资中是否允许出现"泡沫","泡沫"中是否也允许出现价值投资?对此,我认为可以这样来理解:如果人人都是完全理性的,都做的是真正的价值投资,那整个市场就很难再有泡沫出现了,价值投资中更不可能出现泡沫。但正是因为这一假定条件不存在,市场中遍地都充斥着非理性的参与者,所以价值投资允许接纳泡沫,亦相当于变相接纳了人性。因此,我们仍要跟人性做价值博弈。

否则,我们通常会遇到另一番景象,就是你心中的理性价投标的只因股价暂时高企,让你觉得有"泡沫"存在,于是在清仓后你试图等跌至心理价位然后接回筹码,然而其股价却大有愈涨愈高之势,甚至一举突破了100倍市盈率。事实胜于雄辩,这说明我们对该股票的泡沫或对人性的博弈总有一样没有认知到位。当然,因为没有人可以永远认知到位,所以我们同样允许在价值投资中留有遗憾。坦白地讲,好的价值投资既不会被人性同化,又坚持对人性守正出奇,这正是价值投资的伟大和成功之处。

第九章　价值投资之道

100 倍 PE 如何存在价值投资

100 倍市盈率意味着什么？我们把钱投到该企业，要 100 年才能收回投资本金。这数据够惊人，但唯独不够准确。因为市盈率计算的只是当下阶段企业盈利数额与股价的静态关系，从而忽略了企业的成长变化。不过也有聪明的投资者，就算他从未接触过关于动态市盈率的计算，也能科学地对企业成长性要素进行统筹考虑。

如某股票 PE 高达 100 倍，假设该企业每年的净利润增长率能达到 100%，那在保持股价不变的条件下，第二年 PE 就降到了 50 倍，第三年便只有 25 倍了。这是非常理想化的企业增长速度，对于成熟的上市企业而言，这种增长率很难长期存在。但对于上市初期的企业，又或成功转型跨入新蓝海市场的上市企业，当企业产品或服务迎来了市场的风口，那么在阶段性周期中，这种增长曲线的确是存在的。

上述举例，几乎已揭晓了答案。市盈率跟价值投资之间有时存在周期不匹配的问题，在周期和股价错位的窗口，就是允许并坦然接纳泡沫存在的时刻，亦是价值博弈的着眼点。如眼下的储能行业，每年行业增长可达 50%~70%，行业龙头增长超过 100%。那么，就算相关龙头企业有 100 倍 PE，也算正常估值，你是可以适当进行价值博弈的。

价值博弈的过程，当然要先考虑价值，再考虑博弈。考虑价值，就得兼顾业绩预期和时间周期，以确定对长周期的最大容忍度，然后再考虑短时间内的人性博弈。还是拿上述例子来分析，只要企业每年业绩增长率保持住 100%，那么两年后若股价不变，PE 就从 100 倍降至了 25 倍。也就是说，如果第二年 50 倍的 PE 还是无法保证能赚钱的话，第三年 25 倍的 PE 肯定就没问题了，那么，我对亏钱周期的最大容忍度就可以设定为两年。

同时考虑到在此期间，业绩增长可能出现意外，股价也可能因各种因素而导致下跌。于是，在进入价值博弈的当下，各种可能出现的不利因素就需要我们用交易策略来加以应对。在我眼中，仓位和持仓成本可化解一切不利因素，无非就是在把握战略技术的前提下，用战术技术辅助投资规律，以盘活交易应对策略。

此处的战略技术重点是指，当我们站在投资新周期的前沿，必须要充分解读并掌握该周期的最大特点，即目前我们正处于全球资金大放水与全球资产荒并存的局面。好资产的价格可以被热钱吹起层层泡沫，没人炒的资产也可以一跌再跌，包括没人炒的好资产。明白了这点，我们就可以下这样一个结论：过分追求价值低估，在当今时代也是一种投机，因为能博到的概率实在是太小了。

你预期有多大的实现概率，就对应做多大的操作。同时，预期对手的预期跟你有多大出入，你就做多大的防备——这统统涉及对战术技术的灵活运用。而战术技术将不可避免地涉及博弈心理、概率统计，以及各种操作细节，由于前面已多有讲解，所以在此不再赘述。我只想着重强调一下博弈心理：

对高股价恐高的价值投资人，他对该股票不会有太大影响；但是对高股价不恐高的参与者，不管他是价值投资还是投机，都会进一步推高股价。若是死等传统意义上的低估值机会，可能会越等股价越高，然后逐渐让时间和业绩消化掉部分高估值，股价至少在可见的未来，怕是很难再跌回来了。既然从长期来看，股价上涨是确定性事件，那么眼下你要做的第一件事情，就是在该股票上占好你的位。然后一手握股、一手握钱，顺走势而为。

PEG 估值法

然而，每年净利增长 100% 的企业并不具有普适性，面对参差不齐的增长率及跨度相当之大的 PE，我们如果抛开 PE 这单一因素，又该如何界定一只股票是否值得买呢？其实也是有标准的，下面就介绍一下投资大师彼得·林奇的 PEG 估值法：

彼得·林奇有一个著名论断：任何一家公司股票如果定价合理的话，其市盈率就会与收益增长率相等。PEG 估值法就是在计算企业估值的时候，将其成长性因素也提前考虑了进去。PEG 估值法虽然不是彼得·林奇首创的，但是此法却被彼得·林奇带向了全世界。彼得·林奇用 PEG 估值法管理他的麦哲伦基金十余年，该基金最终取得举世瞩目的成绩，从而间接证明了 PEG 估值法的有效性。

PEG 估值法的局限在于，它只侧重评估成长型企业，非成长型和非营利企业请慎用。其计算方法非常简单：用股票的市盈率除以企业净利润增长率。公式为：PEG=PE/G。我们对 A 股高成长型企业的合理估值可设定为：PEG=1，并围绕着 1 上下波动。

回到我们最初提到的企业案例，该企业 PE 是 100 倍，增长率 G 是 100%，于是 PEG=100/100=1，该企业是正常估值。也就是说，对于高成长型企业，若 PEG 低于 1，该企业被低估；若 PEG 大于 1，那就是被高估了，如表 9-1 所示。

表 9-1　PEG 值与股票价值评估关系

PEG 值	股票价值评估
0~0.5	相对低估
0.5~1	相对合理
1~2	相对高估
大于 2	高风险区

我们平常看到的很多"明星白马股"，股价不算便宜，市盈率也不低，但就是能不断上涨创出新高，这里给出了相对合理（也可能有机构扎堆所带来的不合理成分）的解释。我相信，"泡沫"肯定是存在的，但可能没有我们传统预估的那么大。就此视角多观察、多思考，也许能帮助各位，做出更恰当的投资选择。

■ 遇上阶段性高点该不该卖出

什么是阶段性高点？用最通俗的话来讲，就是接下来要跌了，但是跌完之后，还能在可预见的未来涨回来。创新高就只是个时间问题。但凡股票界老手几乎都预测过个股的阶段性高点，就连价值投资者亦不能"免俗"，只是在应对策略上，不同的人会有不同的选择。

相信不少人都会浅显地认为，作为价值投资者，遇到阶段性高点是不应该抛出筹码的，因为偶像的光环太过强大，巴菲特投资成功的股票都是一拿很多年，才翻了很多倍。但问题在于，正是由于巴菲特成功了，他的成功模式才会被我们看到。还有无数人长期持股失败，只是并不引人关注。换言之，巴菲特长期持有的个股，是否存在"幸存者偏差"？其他模式是否也有机会走向成功？这都是引人深思的问题。更重要的是，我们该如何确保自己一定能获得成功？这才是问题的关键，毕竟将时间周期拉得很长，你纠错的机会就变得很小了。

我的解读与应对之策

要想无惧纠错，首先要不怕错。不怕错的第一要义，我在之前具体阐述过，即你的投资成本要足够的低。因此，即便是价值投资者，在遇上阶段性高点的时候，该不该卖不应统一而论，而是要用不同的操作手法和策略加以应对。

这就很有意思了，因为实际走势只有一个，是唯一客观存在的事实，然而很多人的不同操作，却都能达到使自己心安的状态，即在风险和利润之间，找到一个相对均衡的位置。就我个人而言，在投资初期利润尚未"奔跑"起来之前，我更倾向于在股票现价、持仓数量（对应的是资金存量）和持仓成本之间，寻求客观上的动态平衡。战术性技术，在此时只起到一些辅助性的作用。

也就是说，我运用技术技巧判断出来的阶段性高点，就不再主打以技术手段来解决了。如果在持仓股还没赚到钱的时候,我的操作准绳一般指向投资成本,而放眼于长远的话,只要是长期看好该股票,我必定会以择机加仓为主,此时判断出来的阶段性高点,恐怕会被我无视。而当利润"奔跑"起来了之后,再遇上自己判断出来的阶段性高点,同样是放眼于未来,我只会拿出一些小仓位,做高抛低吸。

小仓位对应的是小周期,在操作上,小周期是要服从大周期的,以免出错后无可挽回。高抛,对应的是判断出的阶段性高点;低吸,是因为大周期上继续看涨,不想弄丢筹码。如此操作,层次分明,不仅观点能得到验证,而且能进一步降低持仓成本。当然,如此操作有一个问题,就是一旦阶段性高点判断失误,高抛后没接回来怎么办?

我通常的做法是,没接回来就放弃,反正是小仓位操作,不影响大局。接不回筹码,反而让成本下降得更多。同时,卖出点可以被标记出来,这个位置也便成为后续回补仓位的基准点所在。而在接回筹码方面,我之前也是给过建议的,你想提高成功率的方法就是:少做判断,一旦有了差价机会,就尽快买回。

之所以如此操作,是因为你长期看涨该股票,那么你的卖出行为,相对于长期判断,其实就是逆势操作。长期看涨是自己判断出来的,短线看跌也是自己判断出来的,如果长短操作全靠自己的判断,想不出错太难、太难得。解决的方式,就是必然有一头要妥协。很多人始终都没明白这个道理,因为你用制造错误的判断思维根本解决不了这个错误。因此,我用技术判断出来的阶段性高点,便不再重点以技术手段来寻求解决。这是非常明智且讨巧的做法。

所谓阶段性高点,其实是股票在延绵不断的走势中,投资者阶段性遇到的较为关键的一些顶部位置区间。真正的阶段性高点是市场走出来的,判定它具有一定的滞后性,而不是靠人预测出来的。意即是说,你所预测的阶段性高点不一定成立。就算走势按照你预判的方式进行,但是也千万不要大意,因为你的判断逻辑不一定是正确的。

假使你预判准确,在多与空、买与卖之间,我认为也不该是完全的对应关系，不是说看跌了你就该清仓，这是大多数人的认知局限和最善于犯下的错误。因为行情具有不确定性，我们的预测也很可能出错，假如你在错误的基础上实行完全联动操作，就等于是自动放弃了以极小代价纠错的机会。

生命力最顽强的投资，就是要在多与空、买与卖的夹缝中求得不断生存壮大的机会，这就是对投资资产增值路径的最优选择，无关乎任何投资派别。如只针对价值投资发言，我认为任何单线思维也都不是价值投资，甚至连投资都算不上，但这却是价值投资者最容易陷入的认知盲区。

解读巴菲特模式

大家只是看到，巴菲特大获成功，于是想要简单地照葫芦画瓢，把全部身家都投到公认的价值股中。在快速上涨好几倍后，明知股票已被大幅高估，纵然预判出了遇到的很可能是阶段性高点，可是很多人还是心存侥幸，连100股都舍不得卖，最后又"一夜回到解放前"，失悔不已。

有多少人是失悔过后，不长记性，往后继续重复着同样的故事。究其原因，一是个人定性不足，无法战胜人性里的贪嗔痴；二是"画虎画皮难画骨"，忽略了巴菲特成功的核心要素。普通投资者把全部身家都投入进来，可是巴菲特始终都保持着充裕的现金流。以为巴菲特买股票一般都买到非常低估值的位置上，同时又保持着非常庞大的现金流，所以说，巴菲特为其投资做了充足的安全垫。巴菲特的追随者们却很可能连一点退路都没给自己留。

巴菲特当初买港股比亚迪的时候，只有几倍PE，后来涨十倍巴菲特都没卖；然后比亚迪又跌了回来，终于在大涨了30多倍之后，巴菲特才开始减持。对此，我们不如想象一下，如果巴菲特当初也是追高了好几倍买的比亚迪，他还能如此从容地静看比亚迪"花落又花开"吗？然而，多数所谓的价值投资人不都是在比亚迪涨起来之后，才追涨其 A 股的吗？

据实而论，巴菲特并非单线思维，他只是做投资的忍耐力超乎了常人。巴菲特如此操作比亚迪，大获成功了，这是他严格"做自己"所获得的成功。但这并不意味着，投资比亚迪只有巴菲特这一种成功模式。心细一点的做法也是有的，比如从港股比亚迪的第一个 10 倍高点（2009 年），观察至 2020 年 3 月，比亚迪的股价正是此时在新能源汽车的浪潮中开始飞跃的。比亚迪港股走势图如图 9-2 所示。

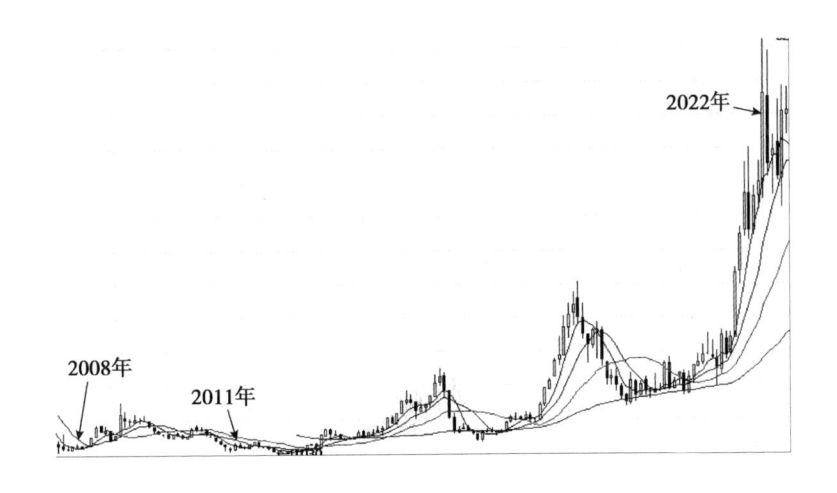

图 9-2　比亚迪港股走势

注：2008 年，巴菲特从 8 元左右开始买入港股比亚迪，2009 年涨到 88 元没有卖出，到 2011 年跌回 10 元附近，跌幅高达 85%；2022 年比亚迪涨到 310 元，巴菲特 14 年获得 37 倍收益。

在此期间，有超过 10 年的时间，港股比亚迪的股价都是相对平稳的。只要你相信比亚迪，相信新能源汽车的时代终究会到来，那么在此十余年间，只要你坚守比亚迪，在阶段性高点时稍微减点仓，在下跌之后再多加点仓（注意是多加仓，至少把赚到的差价也补进去），那么我相信，你最终能赚到的钱，不一定比巴菲特模式少。

实际上，做投资比人情世故难，可人情世故也不是单线思维就能搞定的。举此例，是想说明一点，做投资不是孤注一掷，孤注一掷的永远是投机行为。既然是做投资，投资者的脑子里就必须要同时存在多空两种思维，进行买与卖的多空互搏。

不同的投资风格，都需要对自己的投资提前做好安全垫防护，只是在方法上有所不同。传统的技术派可能更注重价格和走势的演变，价值投资者可能更注重企业的负债或经营模式等的突然转变。我认为，这世上并不存在固化的任何投资派别，只要个人条件达得到，比如做价值投资的人，就应该多学一学技术分析，数理逻辑也正是商业逻辑所需要的；擅长做技术分析的人，也应该多学一学价值挖掘，商业逻辑亦可以为数理逻辑提供更高的安全垫。

技术分析要谈论价格趋势和指数趋势，价值投资则要谈论基本面所指向的商业趋势和价值趋势。总之，逻辑分析是不分家的。只要符合自己的逻辑方针，在遇到阶段性高点的时候，价值投资者不一定就不能卖，技术派也不一定就必须卖。我们预测阶段性高点的目的，是想让走势更好地为我们的投资服务，而不是为了让涨跌反复折磨我们的操作和心绪。

■ 如何领悟投资这门艺术

在前文中，我提到的最多的就是"投资概率""策略""规律"等，只谈这些似乎还远达不到"投资艺术"的水平。那到底什么才是投资的艺术？

任何艺术都是你在课本里学不到的，课本仅能提供给你基础知识。就好比一位画家，画家一定不是绘画老师教出来的，而是自己通过勤学苦练领悟出了艺术的真谛。同理，炒股老师能教给你的，皆以基础知识为主。就连我自始至终强调的"投资之术"，也是以数理学科打头阵，而不将投资看作纯粹的社会学科。能如此看待投资，当然还算不上投资艺术，但这就是玩转投资的起点，也是我与其他财经人士的不同之处。

三境界：算术、技术和艺术

从起点到玩转投资，这其间的学习路径多有不同，但学习方法必然是渐进式的。要悟出投资的真谛，只能靠自己，其他任何人或学习资料都只能起到辅助的作用，因此个人的学习和领悟能力至关重要。依据每个人认知和学习程度的不同，这里粗略地将投资水平递进式地划分为三种境界：算术、技术和艺术。

此三层境界逐层递进，不能跳过，人们必须要从最初级开始学起，才有望达到艺术的境界。当然，如果你天生缺乏投资方面的"艺术细胞"（此处强调的是天生的性格和领悟力是否适合做投资），那学起来肯定会很吃力。我认为，很多知名的投资人自始至终都忽略了与投资相关的数学基础，所以任凭其如何高谈阔论，无非是披上了价值投资的光鲜外衣，努力在向技术境界靠近而已，但由于其基础认知是抱守残缺的，所以注定一生都将与投资艺术无缘。

投资艺术与其他艺术类型一样，都是通过无数的积累，进而由量变引发质变，于是不断在激发个人想象力和创造力的条件下，最终形成了超现实的成品创作，我们称之为艺术品。而对于整个创作过程，我们称之为艺术。艺术一定是出于现实而又高于现实的，是能够给人以启迪又令人惊叹不已的。除此之外，每个人的艺术还有不可复制性，是世上最为独特的存在。

孔子在《论语·为政篇》中留下的最广为人知的一句名言："吾十有五而志于学，三十而立，四十而不惑，五十而知天命，六十而耳顺，七十而从心所欲，不逾矩。"好一个"从心所欲，不逾矩"！但"矩"是什么？若以投资而论，就是常说的天定的规律和自定的规矩。如果对这些规律和规矩都不甚了解，又怎能做到在它们面前从心所欲且又保证无所逾越呢？因此，我们在学习投资的初级阶段一定要下尽苦功夫，将投资基础打牢。正所谓"兼听则明"，要相信存在即合理，宁愿盲人摸象般地去尽情试错，也不要主观地排斥一切你不喜欢或不相信的事物和方法。

不给自己设限，有助于打破认知闭环，也便拓宽了你未来成长的道路。唯其如此，在追求投资更高境界的道路上，我们能用上的工具才足够多，毕竟，想象力和创造力也都是要有载体的。载体多，组合、演变就多，创作和提升认知的机会也会相应增加；载体少，以致组合和演变的机会有限，想象力和创造力也会跟着匮乏。

算术和技术均局限于术的范畴，而投资艺术则成了有载体的道。艺术对技术存在破坏性创造，但是投资艺术绝"不逾矩"，因为"矩"和人性就是投资艺术需要追本溯源的现实。比如，顶背离就一定要卖股票吗？牛股可能存在一次又一次的顶背离，也可能从日线顶背离过渡到周线顶背离。然而，投资艺术既要用上技术，又要拥有丰富的想象力，既要有高于现实的预想和手段，又不能完全脱离现实。

给炒股技术增添想象力，以实现技术跃升，我最惯用的方法是，当看一张K线图进行涨跌预测，如果我预测后市看涨——重点来了，我的脑子里率先跳出的是下跌的画面。不得不说，这种思维模式已经成为我的思维常态，亦符合我此前描述的"空"的投资心理和对冲心理。然后就像沙盘推演那样，我先在脑海中测试一下接下来不涨反跌的可能性有多大，真跌了该怎么办？长期实践下来我发现，这种缜密的思维模式不仅能完善交易策略，而且还能提高判断准确度，因为发散性思维助你打开了思维空间，便在很大程度上避免了"第一眼判断"所带来的偏执。

"吾日三省吾身"，是教自己做人；"吾日三省吾股"，是教自己更好地做投资。当然，三省可能有些夸张，但至少说明了在"自省"这件事情上的不谋而合。从盲目到自信，又从自省到自律，只要你技术功底扎实，又肯为其插上想象的翅膀，那么当你在"不逾矩"的前提下，在构建自己的投资体系时，包括你为之所做的一切思考和行动，也包括你所取得的成绩在内，其实都是对投资艺术的展现。

投资艺术总结

最后做个总结，投资艺术就是"玩到炉火纯青的术"与"心中所熟知的道"之间的个性化的结合。只要从心所欲不逾矩，投资艺术既是追求风险和收益之间平衡的艺术，又是探索人性奥秘的思想艺术。

然而，投资终究是门带有遗憾的艺术，因为社会科学的发展无穷尽，投资复利必然要向自然科学进行妥协。任何人都无法将小到个人、大到整个社会进步都尽收眼底，分析透彻，因而没有人可以真正达到"天人合一"的最高境界，我们最多只能是在某一阶段努力做到接近而已。再退一步讲，技术只是分析股票，艺术却是剖析自己，这分明是高低悬殊的两种投资境界。

总之一句话，艺术与人性中所表现出的一切息息相关。在投资中，艺术不是逃避、忽略事实和真相，而是在与自己、与人性的现实世界的对抗中，完成对这个世界最深层次的理解、升华，与自我的救赎。

第十章 复利的秘密

复利，堪称"世界第八大奇迹"。本章先探索复利的起源，从复利公式中展示出其先天具有的劣根性。与之相对的是人性，那么想要在投资中做出持续复利，必定难上加难，但也不是完全做不到的事。

要想在投资中做出超长期复利，就必须严格遵循被数理化的复利公式，且源源不断地获取高确定的大于1的复利乘数。复利公式就是对自然规律最直观的表达。在遵循客观规律的同时，我们还要善于剖析自我，解构人性，时刻遵循以人文社科为代表的社会规律。

在此双重规律的指引下，投资才有可能努力接近于"天人合一"，复利公式才可能长期有效。然而，投资复利毕竟只是物质世界里的一种内循环。个人投资复利的终结在哪里？我相信，一般人还达不到受市场容量掣肘的程度，但所有人终究会败给自然和社会这两种规律。在长期投资中，有很多人尤其是对自然规律的坚持不够彻底，而再次倒向人性，回归了自我——这类投资人一般都会率先败下阵来。

探索复利的起源

按常理来说，这世上很多事情都存在复利趋势，但真实复利却极度受限。我们以动物产卵为例，一只青蛙一次可以产3000~6000粒卵，如果这些卵都能成功受精，并存活下来的话，那用不了多少年，青蛙就会多到连地球都无法承载。

实乃自然条件受限，阻止了"青蛙称霸地球"。因此，所有生物在有限的自然条件下，只能是物竞天择、适者生存。既然地球上的物质容量有限，青蛙产卵的复利效应便无法一直持续下去。

第十章 复利的秘密

复利存在于投资界，也将受到自然规律的种种限制。假定宋朝有家钱庄一直开到现在，那么当时存在钱庄的一锭银子，若是按照"利滚利"的方式，一直存到一千多年后的今天，哪怕年化利率水平低至1%，这锭银子也早已变成了一个天文数字。然而，全世界也未曾出现过这样的一锭银子。

复利之源

我们不得不深究复利之根本。其实资本复利，赚取的是金钱的时间价值。只要时间继续，财富便能滚滚而来，越积越多。在此基础上，我们感观股票之复利。表面来看，你买的股票是一张电子凭证，实则你买的是股票背后的上市公司。据此，我们可理解为，股票之复利，即资产之复利，它赚取的是资产的时间价值。

问题在于，资本的时间价值易被提前确定，并可完全量化。而资产有好坏之分，只有好资产才有时间价值，时间却是坏资产的天敌。好资产是没办法提前确定收益的，量化其收益更是无从谈起。更何况连是不是好资产，到底有多好，我们都无法统一判定。

讲至此，也许你会生疑，那如果不把股票看作资产，就当成用来投机的筹码，不就可以了吗？于是，问题又转化成了，投机可否获取复利？

我给出的答案是，可以参照青蛙的存活问题来思考。投机可能获取复利，但也仅限于个别人在某一特定阶段的投机。由于受到市场资金容量的限制，成功的投机只鲸吞市场容量，而不创造新的市场容量，所以投机不可能在大范围内获得长期性的成功。

而对于那些通过投机获得阶段性成功的人来说，一是存在"幸存者偏差"，二是未来成功的持续性存疑。既然无法保证未来继续成功，那获取复利的条件也就不存在了。"投机获取复利"就此可被证伪。

投机意为"钻营取巧"，从字面上解释，就是做事情违背了天之道，也就是违背了事物发展的正常规律。所以"搞投机"沦为"负利"是普遍现象，而唯有做真正的投资，才是获取复利的正道。"投机"与"投资"，虽有一字之差，却致使结果南辕北辙。这一正一负，问题的症结在于你对世间规律的作用力方向，是抓紧还是抛弃。总之就一句话，得规律者得复利。

复利和负利的规律都很简单，用三个公式就表达完了。为便于理解，我将其简化成两个式子，外加组合而成的第三个式子：

$1.01^{365} = 37.8$

$0.99^{365} = 0.03$

$1.01 \times 0.99 = 0.9999$

用 $1.01 \times 0.99 \times 1.01 \times 0.99 \times 1.01 \times 0.99 \times \cdots$ 无限循环下去的话，可想而知，其结果如同第二个式子。

以上三个式子，充分表达了人生哲学：每天哪怕只多努力一点点，积攒一年下来，也是非常可观的进步；但是，如果每天都偷一点懒的话，退步也是相当惊人的。我一度认为，人们认知生活中的复利比认知投资中的复利更简单。这一方面是因为，复利在生活中适用范围更广，比如你读了十年书，学了八年钢琴，画了五年画，从中你都能感受到复利般的收获——追求更好的生活符合人性，确实比逆人性的投资更容易做出复利效应。

复利的第三维——时间

复利是二维的理论、三维的体验。没有这第三维的体验、学习和总结，我们是无法掌握获取复利之精髓的。而这第三个维度，就是时间。我们在生活中真实感受复利效应，就是充分运用了第三维——时间。准确来讲，其实也包括空间，不过空间主要用以区分资本和资产，此处只是重点阐述理论掌握和实际掌控复利之间的差别。于是，为简化论述条件，此处可对资本和资产的区别不做计较，统一看作股票。

基于此，在学习投资的过程中，所有我们从别处学来的知识就正如上述三个式子，都是纸上的"二维理论"。就算理论能在我们脑海中尽情地演绎，也主要是出自想象，是无法逃脱你的认知局限的。换句话说，你不可能逃离第三维时间的限制，不靠长期领悟而仅凭听说读写，就试图窥探到复利的奥秘。

说到复利的起源，光有时间是不够的，正如我们讲到生活，人人都有生活的时间，但复利不是在每个人身上都能有所体现。复利只是在生活中更容易产生群众基础罢了，这不仅是因为追求更好的生活无须反人性，而且复利因子也更牢靠一些。

所谓复利因子，就是在上述三个式子中那些无限的乘数。乘数有可能小于1，也有可能大于1。当然，为了复利的持续效应，我们更需要大于1的乘数。上面讲到，在生活中复利因子更牢靠一些，说的就是在生活学习中更容易获得大于1的乘数。如果是做投资，你今天赚到的一点钱，可能明天又跌了回去，甚至还会伤及本金，因此想保证你的投资乘数始终大于1，是非常难做到的。

找寻复利的基因

难做到不代表永远做不到，第一章的标题是"认知决定未来"。据此，我们大于1的乘数，还得在个人认知的根源上找。这就涉及投资复利的起源。投资复利发生的先决条件，必然是你的综合认知水平要先跑出复利效应，即你的投资智慧是足以观照、驾驭投资获取复利这件事情的。

虽然这种说法比较笼统，但是细想一下，就会发现不无道理。为什么我们会有认知瓶颈？就是因为你的认知有局限，这一局限给你固有的认知曲线带来了极限值。你要想突破极限值，打破认知瓶颈，就必须改变你的认知曲线。如果你的认知存在复利效应，那么你的认知瓶颈轻易就能被突破。

因此在投资中，你的认知需要先成为一颗带有复利基因的活种，然后在时间的浇灌下，才能获得源源不断大于1的乘数。然而，任何人的复利基因都不是与生俱来的，而是在后天养成系的投资实战中，靠二维（理论）与三维（时间）不断演练进化得来的。那么显然，投资获取长期复利比单纯写公式要复杂太多了。

然而，数字经得起计算，人性却禁不起算计。在一切规律面前，只要有了人性的介入，事情就将变得错综复杂，规律也便隐藏得更深了。正所谓大道至简，去伪存真，我们在人性中探索大于1的无穷乘数，也就是要种下你认知里的复利活种，用一句话概括，就是要越简越好，越真越好。

于是，克服人性的弱点，即是去伪；将必要的规律留下，就是存真。这样做的目的，就是要让复杂多变的投资删繁化简，尽可能留下最确定的部分——越是确定，就越是偏向于客观，那么你投资的资产的时间价值，就会越来越接近于资本的时间价值。资本的时间价值的优势在于，其复利乘数与时间密切相关，只要时间继续进行，复利乘数大于1便具有极高的确定性，于是你的投资复利模型就简化成了一道复利公式。

真正的价值投资的践行者，就是充分利用了类似的复利公式，从而在克服人性的弱点上占尽了优势。他们以一种近乎什么都不做的方式，也就是老子主张的"无为而治"，尽量排除对复利公式运算的干扰。那么，只要他确认这一公式将长期有效，他只需让时间继续发挥作用。诚如此法，投资就能轻车熟路地不断积累复利。

▪ 如何获取高确定的复利乘数

复利本身也有与生俱来的劣根性，而且作为客观规律的一部分，是无可更改的。比如说，100万元股票在收获一个涨停板后，就变成了110万元，再来一个跌停板，则跌至99万元。假如倒过来，先跌停后涨停，结果还是一样的99万元。在同等涨跌幅条件下，跌永远比涨快，这说的就是复利的劣根性，所以做投资永如逆水行舟。

第十章 复利的秘密

投资获取复利的唯一出路，即对人性进行极限压制。换言之，你在对自我进行极限压制的同时，亦是你对客观规律的无限渴求，二者完全是相辅相成、缺一不可的。

复利乘数的偶然性与必然性

在纯粹的复利公式中，如果是完全自由、无序的数理乘数，则根本无法保证复利。原因显而易见，无论前面的乘数有多大，后续一个 0 就宣告了整个式子的终结。类比于股市，数理乘数代表的是投资者的各种主观认知、情绪、判断及操作等。

还记得上文中的第三个式子吗？在此处翻译过来，意即只要你拥有主观的认知、情绪、判断和操作，就算你预判市场的能力天下第一，你一定有对也会有错，因此投资于你而言仍是一连串的概率。只要你不遵从于最基本的客观规律，那么从长期来看，在涨涨跌跌之间，结果可能非常接近于 1，但我们将这些乘数统统合起来，看成大周期上的一个新的乘数，它的最终结果将无法抵御自然规律之劣根性的长期侵袭，所以是必小于 1 的。而且周期拉得越长，此乘数越小。

由此往回进行推论，我们一定有犯错的时候，所以一定会出现小于 1 的乘数，但是我们的补救措施、层层叠叠的安全垫策略，足以让我们在出现小于 1 的乘数之后，尽可能地做出若干大于 1 的乘数（即出现若干次低买高卖的赚钱操作），那么我们再将这些乘数跟前面那个小于 1 的乘数统算在一起，让合而为一的新乘数保证大于 1。据此，你再想象投资的一生被简单划分为若干个这样的投资周期，则终有做出长期复利效应的机会。

"设计"你的复利乘数

当复利难题被极大地简化之后，复利的玄机便仅剩下了"最后一层窗户纸"。与市场经济不同，假如我们将人性的投资操作比喻为市场经济的话，那么长期复利就只能是计划经济与投资客观规律相结合的产物。

大道至简，规律无形，所以才需要计划落实规律。又因计划周期各有不同，从而产生了不同的投资风格。克制住自己，最接近于一劳永逸的方法就是去伪存真。任何人的预测，在投资中其实是呈中性的，只因一切尚未发生，市场并未真实表现出该乘数的大小。然而"智者千虑，必有一失"，此话本身就代表了某种规律。因此，你的投资重点，从来都不该放在如何避免那"一失"上，因为这是不可能永远做到的，而更应专注于如何运用更多规律，来弥补自己的那"一失"，这样才能提高你的投资反脆弱属性。

在阐释清楚了高确定的大于1的复利乘数的重要意义之后，接下来本人再举一个例子，来重点说明高确定的复利乘数是如何找到的，复利计划又是怎么做出来的。当然，探索方法和角度还有很多，望大家能举一反三，切莫将思维局限于此。

在前面的章节中，我讲述过抓核心、找确定性原则的重要性，很多投资策略都是在此基础上衍生出来的。由于投资规律很抽象，有了具体的探索角度，投资规律便可在具体的投资情景中发挥应有的作用。

先说最粗犷的投资策略，巴菲特以一种"无为而治"的方式，在超长投资周期内遵循低估值买入、高估值卖出的高确定的方法，不断积累大于1的乘数，从而让复利公式持续生效。

此前我已数次提及，做真价投若长期持股不动，那么你的年化平均收益率大概与其平均ROE保持一致。今天我们基于此规律，探索如何保证高确定性的价值投资的框架不变，如何在最基础的客观规律面前做价值衍生，以增加操作频率的方式，非常高确定地增进收益率。

在展开叙述之前，我想问大家，通过频繁预测、高抛低吸，是增进收益率的正道吗？最终能高确定性地获取长期复利吗？我相信答案都是否定的，因为里面掺杂了太多人性的贪婪和恐惧，轻易就能将复利公式打破。

我心中的正确做法是，我们要在投资规律的基础上，衍生出确定性非常高的子规律，然后依据子规律来指导操作，以规避人性的弱点，同时稳固地提高年化收益率。低买高卖的基础规律在此无法直接使用，但又不能脱离规律的范畴。

于是，经适当演化，就变成了这样一条子规律：股价在很长一段时间内的涨幅若远高于平均 ROE，则股价被视为高估，此时适合高抛（全部或部分）；而当股价在很长一段时间内的涨幅又低于平均 ROE，则股价从长期来看存在补涨需求，此时适合买回股票。我很笃定的是，拿小仓位如此操作是很适合大部分价值投资人的。反之，如果小仓位变成全仓操作，则可能出现无法补救的错误——我们以股价被高估为例，假如你卖出了股票，可是后来你又发现，原来是 ROE 也随之上行，而且其涨幅更大，那你就等同于在低估中卖掉了股票。

也就是说，规律均无转变，只是你的判断出现了失误。出错的根源在于，当投资规律向下衍生时，高确定性会被弱化，它会随着规律由抽象衍生到具体，简单衍生到复杂而逐层走低。我们将投资真理、规律和规矩贯穿起来一比较，你就能发现确定性被弱化得相当明显。投资真理就是至简大道，投资规律是可适用于所有参与者的，而对投资规矩的设定则只属于你自己或某一类特定人群。

为与失误进行对抗，增强投资的确定性，不少人都总结出了自己的一套经验，比如利用股票的波动价值，进行分仓操作，甚或是为了维持住确定性不降，于是提前设定好，只在估值与 ROE 偏离到一定程度之后，才开启分仓操作。

究其根本，通过给自己立规矩的方式，以减少人为的干扰，使投资达到趋利避害的目的。尽管规律可以不断向下衍生，但是衍生得越复杂，不确定性就越高，随着衍生的次数增多，规律也就不再算是规律了。所有的投资人都很喜欢做各种总结，而且大都跟投资规律无甚关联。他们的失败之处，正是在于对各种"总结"痴心不改，却永远对投资的至简大道不屑一顾。因为需要设定的前提条件一箩筐，完全与"至简"相悖，就很容易沦为"歪理"。仅凭"歪理"炒股，负利也就成为一种必然。

投资复利的持续和终结

人们常说，炒股是零和博弈。在我看来，金钱上的零和博弈只是表面现象，人性的零和博弈才是炒股的真谛。股市其实就是人性的大合集，总体呈中性特征。这就意味着，个体的人性之弱点无法长期同中性的市场相抗衡。

由此可以看出，股市中存在人性的相对论：如果大部分人都在亏钱，说明市场已经充分暴露了人性中的恐惧，市场是迟早会回归中性的；如果大部分人都在赚钱，说明市场一定充分暴露了人性中的贪婪，市场也是迟早会回归中性的。

由于人性的大合集在股市中占据绝对的主导作用，所以当绝大部分人都亏钱的时候，就是股市中最大的利好，当绝大部分人都赚钱的时候，就是股市中最大的利空。从人性的角度出发，我们当然能从浩瀚的人性大合集中，提取出炒股持续赚钱的规律，但是这一类规律只适合定性分析，尚不够具体。只有定性分析再加上客观的定量分析，才能真正炒出复利的效果。大自然敬畏复利，而人类追寻复利。在数理学科为代表的自然规律及人文社科为代表的社会规律的双重引领下，投资人才有可能接近于天人合一的至高境界，从而持续创造出复利效应。

然而，复利的终点是在哪里？人最终还是要遵循天地间的客观规律，就连社会规律也得服从自然规律。就像意识服从物质那样，投资复利始终是物质世界里的一种内循环。此消彼长，总有尽头。不过，在渺小的个人面前，物质世界一般还影响不到个人的投资复利上限。何况我们的投资市场如此之大，大家普遍赚不来复利的结果，并非是市场吝惜复利机会，而根源在于大众的复利思维严重匮乏。

换言之，复利思维就像金字塔塔尖，对个人来说越聚集越好。如果大家都拥有了复利思维，那在赚取复利的过程中，就会像买矿机挖比特币那样，算力被平均得越多，个人挖得比特币的数量越少，挖取的难度就会增大。久而久之，大众思维在还未能赚取过复利的时候，却普遍对复利产生了严重的怀疑。没赚取过复利，只是由于认知水平未达到相应的高度。对复利产生怀疑的根源，是看到身边太多人炒股根本就赚不到钱。既然连钱都赚不到，再谈复利那就是天方夜谭了。

于是，不知有多少人将股民炒股看作希腊神话中的西西弗斯。西西弗斯因触犯了众神，被惩罚推一块巨石上山顶，但是那巨石太重，每次未到山顶却又滚下山来。如此重复，永远前功尽弃，看不见未来。如果一个人炒股也是这样的话，那他力气总有被耗尽的时候，这是否意味着炒股最后必然是失败的？这也刚好印证了我在文章开头所讲述的，反复利（复利的劣根性所致）比复利的作用力还要大。

在我看来，这一悖论的确存在，但也是可以破解的。如果一个人推一块巨石上山，中间不知休息，也不知晓循序渐进，当然力气会被耗尽，石头也会加速滚下山。下山容易上山难，若想再将石头滚上山顶，那就更加不可能了。不过在将巨石滚上山的同时，我们自己且量力而行，要给自己留有"余地"，既要懂得因地制宜，巧借东风，也要学会适时休息，转变思维。

巴菲特曾在20世纪70年代末解散了自己所有的合伙企业，这就是善于休息的做法。当放眼于整个市场，在确定已找不到合适的投资机会后，无论当时的市场表现有多么疯狂，我们都要让自己赶紧停下来，排除杂念，静心整理自己对市场、人性以及对投资规律的最新体悟。

在推巨石上山的过程中，巴菲特身体力行地劝诫所有人，"鸡蛋不要放在一个篮子里"。这就是说，在搞清楚了巨石的用处之后，我们也可以将巨石在山脚下切割成若干块小石头，也可以在山上开辟出一些存放石头的空地。磨刀不误砍柴工，我始终认为，只要你做的投资是符合上层规律的，那么"慢就是快"，这样"搬起石头砸自己脚"的发生概率，就大大降低了。

常在河边走，哪有不湿鞋。"黑天鹅"、"灰犀牛"，及至全球金融危机，哪怕你投资风格再稳健，也是无法避开所有风险的。避不开的风险便只能靠自己有效化解。而化解风险的能力，体现了你的投资反脆弱属性。反脆弱其本质就是，对抗小于1且不确定的复利乘数的一把利器。

个人的认知和经验，在这种设定条件下，是完全有机会满足于自己一生的投资需求的。仅就投资而言，你只需结合上述两种规律，研究出一套轻车熟路的投资操作体系，然后采取相对保守的投资风格，继以严谨的概率统计的方式，将此生投资出现覆灭风险的概率降到足够低——实际上，通过大资产配置的手段，只将不会影响到生活品质的闲余资金投入权益市场，那么按照股市相对论的说法，即便市场遭遇再大的危机，我相信能最先做到转危为安、反败为胜的，一定是那群攻守兼备型的理性投资人。

不排除有些短线选手，做一段时间下来，复利累积得不错。这类选手往往易打破客观规律，而偏向于依照个人经验和心得，开创与之相应的一种投资手法。凭此等做法取得阶段性的成功不难，真正难的是，频繁打破客观规律就会增添克制人性的难度，那么在大变局或逆境之中时，特别是在个人经验受到不完备性攻击的时候，这样的选手还能确保自己不败给善变的人性吗？

在多重纷扰重压之下，只要哪一刻内心没绷住，展露了昏招，恐怕就会招致"兵败如山倒"那样的失败。既然连山都倒了，巨石还怎么滚上山呢？那么，"一夜回到解放前"，就是反复利的最终结局——而这一切的失败，终究归于你是选择了规律，还是站在了人性的那一边。

终章：中国股市发展预测和展望[①]

回顾过去三年，我反复在各个自媒体上强调，这不是牛市特征，说结构性牛市的也不过是自欺欺人。因为结构性牛市就意味着，它必然也是结构性熊市，那就一定不是传统的大牛市，在量能上也并没有像过去的牛市那样再向上迈一个台阶，所以将其看成结构性机会就足够了。这种看法跟市场主流观点的冲突意义非同凡响。自2019年初开始，几乎所有人都开始看牛市，有了钱就喜欢加仓买股票，追逐做价值投资，甚至一度喊出了做价值投资不需要看估值的口号。结果可想而知，舍不得卖的后果就是多少价值股最终被腰斩了两三次。但是对于我来说，因为根本就不是牛市，所以我才敢一次次在赚到不菲的利润后敢于兑现筹码，最终保全了自己。

然而，三年来被证伪的牛市，在所有人如今的不再期待中，即将迎来新的周期、新的起点和新的征程。在我眼中，这是新经济自崛起之后与传统经济的第一次正面碰撞，新经济要在中美贸易摩擦笼罩的阴影下寻求突围，是不可能一帆风顺的。但是，工业社会发展的第六次浪潮由此开启，并且随时可能被引向高潮，从而人类社会在未来三到五十年内共同迈入崭新的智能科技时代。新经济必将被打上的时代烙印，也一定会愈加强烈地作用于我们日臻完善的资本市场。

人类社会的发展趋势是不可逆的，我们的目标就是尽快让中国科技从"跟跑"变成"领跑"。与此同时，新经济紧随科技产业化的步伐，必将占据整个社会经济的核心地位。因此，若拿新经济和传统经济做比较，我们十分清楚新经济必胜，当然传统经济也不会就此倒

[①] 本章于2023年1月19日首发于作者个人微信公众号"姚忠震"，有删节。

下。我们将新经济和传统经济看成中国经济的一个整体,然后被动地接受来自世界的"碰撞"。

2018年,我们启动了新型城镇化战略目标,随后有多达19个城市群规划相继出台。至此,京津冀协同发展、长三角一体化、粤港澳大湾区建设陆续上升为国家战略。随着全国结构化改革拉开序幕,尽管近年来中美贸易摩擦频发,但我们很快就发现,在《财富》杂志2019年公布的"世界500强"名单中,中国企业上榜数量为129家,首次超过美国(121家)。这可被看作我们胜出的第一个回合。

那么,下次的牛市将会是怎样的呢?我们的下一轮长牛,应属于是全面超越自己,同时也是奋力赶超世界第一的一次由科技领衔的、准备走向国际化的"21世纪中国牛"。

承载着别样历史使命的新一轮大牛市,同样也具有反身性,它将为我们参与超级大国之间的角逐提供有利条件。毕竟金融是实体经济的粮草,我们必须要先行一步,并进行大刀阔斧式的改革,才能助力于人民币和A股双双迈向国际化。我相信股市基本制度会越改越成熟、越改越完善。

保守估计,沪指在未来3~5年,应该会快速升至10000点以上。这就是我心中的大局观,也是我对中国股市的基本预测。在可预见的未来十年,相信中国股市会一路稳扎稳打,披荆斩棘,迎来质变的黄金十年。接下来,我从民众意识、重大政策、技术面、经济面和基本面等几个大方向,寻求可作参照的中外股市的某些历史,进而总结中国股市的过去,解构中国股市的现在,推导并勾勒出中国股市的未来。

中国股市的民众意识

民众意识的影响可大可小,小到关于某股票一天的涨跌之见,众说纷纭;大到股市对股民的群体性影响,其反身性足以扼制住中国经

终章：中国股市发展预测和展望

济的咽喉。而无论意识影响大小，都是看不见摸不着的。从个人意识上升至民众意识，这个过程用法国著名心理学家古斯塔夫·勒庞所写的《乌合之众》中的一句名言来说，就是"人一到群体中，智商就严重降低，为了获得认同，个体愿意抛弃是非，用智商去换取那份让人备感安全的归属感"。如果你一味责怪股市太残忍，则说明你的个人意识只是充满了弱势文化属性。凡是弱意识（弱势文化）群体，在任何资本市场内，都不可能获得成功。

从民众意识再度上升到国家意志，我能明显感觉到，其文化属性始终都在经历由弱转强的变化。这就是说，虽然中国股市的文化属性暂时是偏弱的，但关于股市的国家意志则属于强势文化属性，这表现在中国经济自改革开放以来，在40多年里始终保持着坚韧。虽然我们的经济结构有待调整，在早些年存在经济发展质量上的参差不齐，甚至有过以牺牲环境为代价来换取经济的飞速发展的相当长的一段时期，但是强势文化属性是可以做到促进经济均衡发展的。至少从目前来看，在中国经济取得举世瞩目成绩的同时，我们已经看到了中国科技的进步，与发达国家的差距正在逐步缩小。之所以中国股市的文化属性偏弱，这其中既有历史局限性的因素，也有诸多现实问题亟待解决。毕竟，中国股市起步较晚，又是摸着石头过河，所以少不了走弯路。

总之，增长和平等不能兼得，在经济急速增长的时期，必然会产生阶段性不平等。经济建设问题如是，股市建设问题亦如是。的确是由于股市制度落后于时代了，更落后于中国经济的发展，这才导致了"多米诺骨牌效应"。比如，亏损企业早前不可以在A股上市，直接导致了百度、阿里巴巴、腾讯、京东等一大批优秀的互联网企业远赴海外敲钟，而我们中国的投资者无从分享中国互联网的时代发展所带来的巨大红利。中国股市也是一样，平白损失了许多好的标的股。

◼ 中国股市的重大政策

自 1998 年我国首部《证券法》问世以来,《证券法》经历了两次修订和三次修正。每一次的修订或修正[①],其实都带着重大历史使命,从而助推了新一轮牛市的到来。2005 年 10 月进行第一次修订,其中最重要的任务就是完成股权分置改革,随后爆发了 A 股历史上最波澜壮阔的大牛市;2013 年 6 月和 2014 年 8 月连续两次修正(2004 年 8 月第一次修正),在此期间,暂停了 15 个月的 IPO 被重启,A 股再度牛市崛起。2019 年 12 月 28 日《证券法》进行了第二次修订,并于 2020 年 3 月 1 日开始正式施行。此次重点修订内容包括全面推行注册制,大幅度提高违法成本,而且将保护投资者制度推向了前所未有的高度。

每一次重大政策的出台,牛市都是最好的催化剂,当年股权分置改革是这样,此次完成全面推行注册制也是同样的情况。诚然,A 股既为政策市,牛市就必然带有政策的"味道"。用提出问题的方式,解决不了问题本身。如果所有人都像这样:买股票不仅注重基本面,而且还非常在意估值和成长性,那么 IPO 泛滥的问题立刻就迎刃而解。没有人再为高估值的差股票埋单了,很多新股都发不出来,市场自然就完成了"良币驱逐劣币"。

但是,如果现实根本做不到这一点的话,还不如直面问题。那么问题来了,全面注册制好推出吗?答案是只需要"一场牛市的盛宴",不仅全面注册制得以解决,就连国际板也能顺势推出。发动一轮牛市需要巨量的场外资金,可市场从来都不缺钱,缺的只是信心。就在写这篇文字的当口,国家第四次提出了扩大内需战略,而在此前,每一

[①] 法律的修正是指法定机关对法律的部分条款进行的修改,是局部的或者个别的修改。法律的修订则是指法定机关对法律进行全面的修改,是整体的修改。

次提出"扩大内需",毫无疑问地均发动了一轮牛市,只是级别有所不同。

种种迹象表明,资金都在往股市里堆。前有债券及以债券为主的银行理财产品纷纷"爆雷",宣告了净值化理财时代的正式到来。既然买理财也可能出现亏损,综合考虑风险收益比,可见股市相对更具有吸引力。而在提出扩大内需战略的同时,我们如今所走的路线是国内国际双循环,战略格局注定了这是一轮非同寻常的"21世纪中国牛"。

在空前的历史新局面被打开之前,我们必须得承认,国外发达的股市已经历经了数百年之久,制度建设已足够完善。在这类资本市场面前,我们的股市还不够成熟。我们用了短短八年时间,就从股市直接融资了相当于美股100多年的融资额,上市企业数量也一举超过了美股。我们的强势文化属性,就决定了中国股市也能像"中国制造"那样,终有一天被贴上"中国智造"的标签。

人民币国际化,配合"一带一路"倡议的布局;A股国际化,配合人民币的国际化,国际板也必将在适当之时横空出世。在此之前,中国股市的天平将逐步还原到均衡稳定的状态,以便摆正保护投资者权益的姿态,吸引源源不断的外资。近两年来,美元作为国际货币的全球交易份额已成稳步下降势态,而人民币的交易占比仅占全球交易份额的不到3%。

发展军事和科技非常重要,毫无疑问,资金越多,军事和科技才有条件发展得越好。如何集中全国力量办大事?中华人民共和国成立以来,中国从贫穷落后的农业大国,变成了世界级工业大国,而未来如何继续举全国之力,坚定不移地发展好应运而生的新经济呢?唯有顺应历史,顺应时代,将金融发展提高到前所未有的新高度。纵观发达国家的发展史,皆由金融率先变革,继而发展出了强大的军事和科技力量,引领着每一个当下的时代潮流。

▪ 技术层面的分析

毫无疑问，在更好的融资体系和融资工具被创新出来之前，我们必须要将中国股市当成国之重器，以促进国内资本（特别是民间资本）与国际资本的相互融合、共同发展。既是如此，国家金融"搭台"，中国股市就务必要"唱一出好戏"。

好在中国股市的发展路径始终有现成的样本可依，本就该进入青少年阶段的股市，便有条件站在"巨人的肩膀"上大胆尝试创新，此乃开拓未来的不二法则。而中国股市有条件革故鼎新，向后金融时代进行过渡，这既有世界经济发展史作为依托，又有我们的国家意志在暗中襄助。

就我的长期观察而论，尽管IPO超发在每一轮行情暴跌之后，总是会甚嚣尘上，引来一片喧嚣。但是我不得不客观地说，在A股上市公司2021年年报悉数"亮相"之后，ST退市股就高达45家，而A股至今历年退市股票总和也才100多家。2021年末已完成现金分红总额1.84万亿元，这是A股市场连续第五年分红超万亿元。数据显示，从2017年到2020年，分红总额分别为1.04万亿元、1.14万亿元、1.18万亿元、1.33万亿元。短短五年时间，分红总额从1.04万亿元提升至1.84万亿元，增长速度是惊人的，2021年的分红总额占同期A股净利润总额（5.3万亿元）比例超过30%，达到了历年以来的最高值，分红总额占总市值的比例亦达到了历年之最……这些隐藏在A股"大而不强"背后的一系列深刻变革，以及在数据上由量变即将引发的质变，并不像行情暴涨暴跌那般来得风风火火，但是润物细无声久了，总能蓄积足够的能量，然后在某一重大事件来临之际，突然爆发出令所有人惊叹的潜力，并且一路上涨，势不可当！

这需要巨大的想象力吗？抛开理性分析的成分，其实早就写进了历史。诸如此类的绩优股一晃又发展了10余年，站在价值投资的角度，这些股票理论上应该更值钱了，可是股价为什么迟迟涨不上去？一切问题的矛头，均指向了市场机制。既然不是个人意识的错，当市场机制的漏洞被一一填补完之后，人们对A股市场应该是会更有信心的，那么个人意识曾给予过的股价肯定，不仅将重现市场，甚至将大幅度超越过去才对。夹在国家意志和个人意识中间的市场意志，肯定无法决定今天和明天的股市怎么走，但它可以决定下一轮牛市大致什么时候开始，走到什么程度。

先从什么是"市场意志"说起。市场意志就是市场所有参与者意识和行为的总称，它包含了过去和现在的所有参与者所导致的一切结果，因为是超越了任何个人的意识和行为的存在，所以市场意志是不以任何人的意志为转移的，逻辑通畅的技术分析对它是有效的。

针对市场意志的分析，可以有无穷多个因素和角度。接下来，我们需要站在一个足够宏观的视角，以针对市场表现最显著的一些矛盾点，从而合理地推测出中国股市的未来。从K线技术层面上来说，我们可以先为这一视角开一道相当大的口子。至于到底有多大，完全可被定性分析一番。

基于上一轮杠杆牛，就是牛市的典型，这是通过周K线和月K线（只要图缩得足够小）就能看得出来的，而由2019年开启的那一拨月级别反弹，在整个图形中，却有些相形见绌，不能一眼看出牛市的味道。于是，如果我们放大K线周期，直接去看季度K线的话，2019年开启的所谓"结构性牛市"，也就荡然无存了。然而，你可以清晰地观测到，自2005年开始，中国股市就处在一个超级大震荡之中。这是季度级别的震荡，至今已震荡走过了18个春秋，以致让人觉得，股市已经无法摆脱3000点的宿命了（见图1）。

法国哲学家阿兰有一句名言："悲观主义是情绪的产物，乐观主义是意志的产物。"持有这种悲观论的股民，几乎占满了整个A股，这与中国经济轰轰烈烈发展40余年所取得的举世瞩目的成绩是极不相称的。可是，我们仍要客观理性地来看待这个问题。中国股市实际

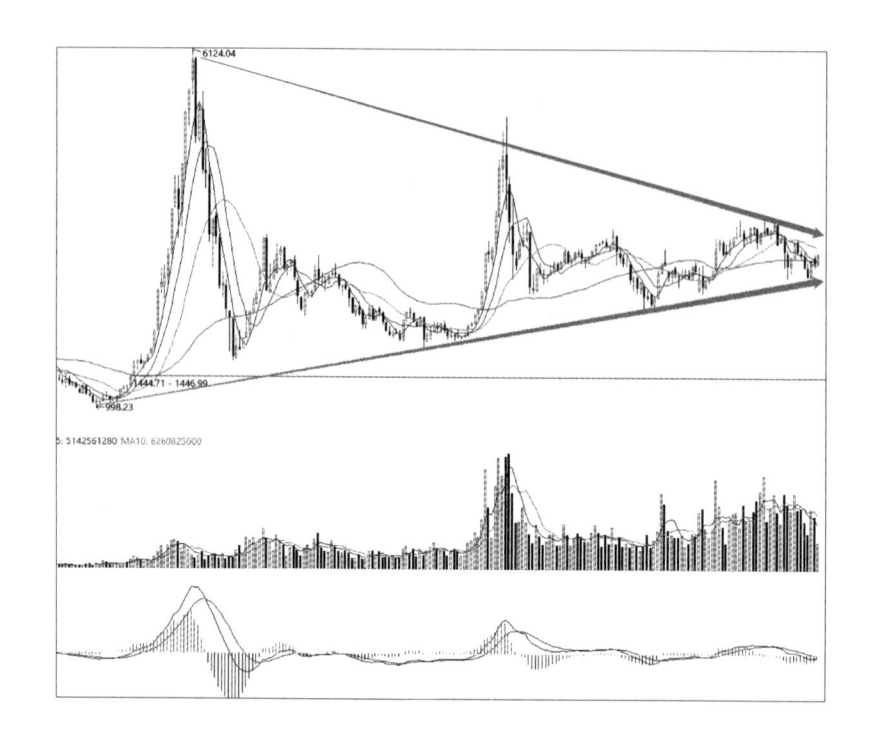

图 1　A 股沪指月线

上也轰轰烈烈发展了 30 余年，只是其发展重点落在了上市公司家数和市值规模上，这是特殊时代下的历史原因造成的。

过去的事，可以被"盖棺定论"，而一旦涉及未来，过去的意识形态可能就会形成偏差。种种迹象表明，此季度 K 线图上预示的三角震荡末期之后，指数将一举突破 6124 点。如此，按照股市规律及传统的牛市规律，沪指依照纠偏后的市场意志再翻上一番，也就指日可待了，这同时也是无比符合国家意志的。届时，无论现在的你有多么觉得不可能或不可思议，你的个人意识都将随着市场意志的转移和国家意志的坚定，从此跟上新的时代，你也便只会再去讲符合时下潮流的一些观点了。阿兰名言的后半句——乐观主义是意志的产物，在此将被体现得淋漓尽致。

K 线图上的预示是市场意志的延伸，因为有国家意志做保，所以我们可以观测得更准确一些。实际上抛开 K 线图，仍有诸多迹象预示着市场将发生一轮新的变革。2014 年初，我就是运用类似的方法，在沪指还未突破 2000 点的时候，就提前锁定住了即将突破 4000 点的这一宏大目标。如今，在沪指突破 12000 点的更宏大的目标面前，已然出现了一系列即将由量变引发质变的蛛丝马迹，我唯有对其进行一一解析，并且越详尽越好，才有机会为大家带来实质性的启发和帮助。

从股票和房子看金融和经济

国家经济的发展离不开金融，金融的大发展又离不开货币。我们就从人民币开始说起。看历年 M2 增量，我们多年来一直保持着两位数的年增长速度（见表1）。从 2007 年底大牛市结束开始算起，至今 15 年过去了，沪指只有 6124 点时的一半，M2 却是当初的 15 倍之多。而在 2007 年最高峰时，A 股的整个市值大概在 42 万亿元人民币。如今是不到 80 万亿元人民币，只是翻了一倍，跟 M2 的增幅相比，处于完全失衡的状态。

表1　2005~2022 年我国 M2 数据一览

时间	M2 指标值（亿元）	GDP 绝对额（亿元）	M2/GDP
2005 年末	298755.7	187318.9	1.59
2006 年末	345577.9	219438.5	1.57
2007 年末	403442.21	270092.3	1.49
2008 年末	475166.6	319244.59	1.48
2009 年末	610224.5	348517.7	1.75
2010 年末	725851.8	412119.3	1.76
2011 年末	851590.9	487940.2	1.74
2012 年末	974148.8	538580	1.80
2013 年末	1106524.98	592963.19	1.86

续表

时间	M2指标值（亿元）	GDP绝对额（亿元）	M2/GDP
2014年末	1228374.81	643563.1	1.90
2015年末	1392278.11	688858.2	2.02
2016年末	1550066.67	746395.1	2.07
2017年末	1690235.31	832035.9	2.03
2018年末	1826744.2	919281.1	1.98
2019年末	1986488.82	986515.2	2.01
2020年末	2186795.89	1013567	2.15
2021年末	2382899.56	1149237	2.07
2022年末	2664320.84	1210207.2	2.20

资料来源：中国人民银行和国家统计局公开数据。

我国的资产证券化率始终维持在相对较低的水平，还有那么多钱跑哪里去了？显而易见，这些年绝大部分资金都被房地产吸纳，这才成就了中国整个房地产500多万亿元的总市值。如果我们分开解读股票和房地产，恐怕都不太好理解。不如将其合为一体，将房子看成实体经济的代表，而将股票看成虚拟经济的代表，虚实相结合，便得以窥探出中国经济的全貌。

超发如此之多的货币，必然要选择一个超大的蓄水池。这个蓄水池体量要够大，还要足够稳定，那么人人都要住的房子，因贵而稳定且是必需品，于是便成了首选。股票却不是必需品，流动性太强，稳定性也不足。锚定思维根深蒂固后，导致某些常识性的错误广泛扎根于人们心中。这世界上不存在只涨不跌的商品，前面很多靠房子发了大财的人，也一定会再因房子而蒙受巨额损失。

蓄水池仍在不断变大，房子和股票这两个极端又必然面临双向回归。当"房住不炒"的主基调被定下，房产税试点工作得以正式开展，房子的投资功能必将面临大幅衰退，乃至完全终结。既然房地产已经出色完成了历史使命，蓄积了超量的水，那么未来如何疏导引流，以及建立、完善一个更大更多功能的蓄水池，这就得发挥资本市场独一无二的功用了。由于资本市场可不受"一人住不了多套房子"的制约，曾经的那些弊端，在国家意志的刻意引导下，就会逐步转化成优点，来进行扬长避短、发光发热。

这不单单是构想，而是国家意志必须如此作为。金融领先，才是经济、军事、科技领先的先决条件。当然，我们的金融市场日臻成熟，也为金融迈步大发展提供了有利条件。"势"到如今，我们有必要了解一下"竹子定律"：竹子最初用四年的时间仅仅长了3厘米，从第五年开始，则会以每天30厘米的速度疯狂生长，仅用六周时间，就可以长15米之高。我们的股市亦符合此定律，在不完善的基础制度下，股市用了18年的时间原地踏步，修正自我，完善自我。然后，会在某一时刻突然迎来巨变。

当下，我认为有必要对中美金融资产进行一番对比，彼此差距有多大，我们未来的能见度就会有多大。这还是最保守的估计，若用特斯拉CEO马斯克的话来说，中国的经济规模未来可能会是美国的2~3倍，那我们金融领域的未来就更加不可估量了。

据现有数据分析，2020年美国国家总资产大约410万亿美元，而美股总市值可达60多万亿美元，占到了总资产的15%左右，其整个金融资产占到总资产的一大半。我们国内的总资产大概有1300万亿元人民币，近两年A股总市值始终在70万亿~80万亿元市值徘徊，我们暂且取中间值75万亿元。算下来，只占到了总资产的不到6%。即便将债券、银行理财等金融资产都算在内，大概也只有200万亿元，仅占15%多一点，而房地产的500万亿元资产占比是整个金融资产的两倍多（约38%）。将此两者相加，占比才能过半。

我们的金融加房地产的总占比，还没有美国金融的占比多，这说明房地产确如前文论述的那般，抢占了不少蓄水池里的水，在经历了野蛮生长阶段后，必然走向价值回归，只有金融才能接过房地产的大棒，激活中国经济野蛮生长的基因。只要继续走金融加载实体经济、打造全产业链生态的路线就可以了，以避免像美国那样，有陷入产业空心化之虞——自美国前总统克林顿推出监管改革绿皮书以来，重拾金融混业经营，在提高资金周转效率的同时，却带来了经济易脱实向虚、过度投机的后遗症，另一部分原因是美国前总统尼克松成就的石油美元体系，其向全世界输出美元的必然代价是，大量进口国外物美价廉的商品严重影响了美国国内的制造业。由于我国是金融分业经营体系，步子迈得小一些，但只要路线走得对且稳，是早晚能迎头赶上来的。

金融既然是围绕信用体系而展开的一系列的资金融通的行为，而恰恰是由于我们的信用体系还不够完善，阻碍了这些年来金融业的发展。美国是一个信用体系高度发达的国家，其金融业的发展极大地受益于此，中小企业的融资制度也很完善，这就是我们在未来还能发挥出巨大潜力的地方。与此同时，在互联网支付领域，我们已经实现了对欧美等发达国家的反超，因为我们拥有全世界消费潜力最大的市场，便拥有了对科技研究最有利的应用场景。

我们的企业效率在提升，市场效率也在稳步提升，股市的运营效率在前些年改进缓慢，近年来也在以指数级的速度进行扩充和改制。金融领域如此，无数中小企业将在很大程度上解决融资难的问题。中国本土的优秀企业终将破土，如雨后春笋般走向全世界，与优秀的企业家一起创造新的时代。归根结底，这是技术、制度和文化最终所导向的国家经济问题。

牛市即将到来的确定性特征

"经济"一词，说起来包罗万象，涵盖了人类的一切生产关系，其实它就是"济世经邦，经世济民"的简称。经济最能代表结果，金融更像是实现结果的手段。金融的创新与发展重点就看最有力量的手腕——资本市场的改革和未来。经济市场化改革已经为资本市场开了个好头，在昌盛国运和国家意志面前，资本市场已经被一些先知先觉的人感知到了，正在渐渐苏醒，这是不以任何意志为转移的，也不会为外部力量所扭曲。作为足够资深的市场参与者和观察者，除了前面所讲述的市场意志之精髓外，下面我还将从"价量时空"这四个方面来阐述万点全面大牛市即将到来的确定性特征。

首先说"价"。这么多年来，经济体制改革快于金融之改革的步伐，如果说中国市场经济是妥妥的"70后"的话，相较之下，大A股还是个"90后"，与欧美股市动辄数百年的历史积淀没法比，所以我们的股市发展没跟上经济的脚步，是事出有因的，具有一定的历史局限性。当然，按照经济发展规律来说，未来发展的潜力也是无比巨大的。毕竟，美国的道琼斯指数在20世纪七八十年代，也有过17年没能创新高的历史，但这并不妨碍美股于此后开启了长达半个世纪的大牛市。这就是物极必反的道理，两个极端均合理存在，并不冲突。只是这个过程令人难熬亦难以接受。

个人由于固化的思维模式，并且受到意识形态的干扰，对于处在熊市中的股价，将很难再像牛市那样对股价展开乐观一些的联想。比如，谁还敢去想，让中国石油和中国平安等一众蓝筹股的股价，再次回到2007年的高点呢？站在理性客观的角度来分析，股价难道不该逾越2007年形成的那道"高压线"吗？企业又经过了15年的发展，在持续稳定的ROE的助力下，若在2007年股价高点的基础上，就是再翻上一番又如何？我们假设未来站上了这个新设的高点，当所有人习惯于在这条基准线上交易了之后，这个所谓的"极端"，便又"存在即合理"了。个人意识，又将再被市场意志牵着走，并认为那时的市场已变成香饽饽了。

当这类蓝筹股的股价可以在2007年高点的基础上，再翻上一番的话，指数就必将从6000点翻上12000点。这还是基于最保守的估计。因为其他"明星股"不用多看，就看中国石油和中国平安的股价，现在也都只跌剩了当年高点的零头。要是这个翻倍法，我们以2007年的6000点为基准，中国石油（最高48元）和中国平安（最高148元）就应该分别对应的是96元和296元了。可事实上，如果这一批大蓝筹股要从现价"驴打滚"到那种程度的话，指数简直大到不敢想象。毕竟，当你望着4元的中国石油和不到40元的中国平安的时候，你就一定能想得到，它们的股价都不用创下2007年的新高点，沪指就已拥有了超越12000点的实力。

这么说，一方面是基于传统经济的持续战斗力，另一方面是基于新经济于近年来已飞速发展成了可以与传统经济并驾齐驱的新势力，甚至很快就将大幅赶超传统经济，它们对指数的贡献将非常大。在过去，它们顶住了传统蓝筹股持续低迷的压力；在未来，它们又将继续扛起中国经济和股市的大半江山。它们的发展是肉眼可见的，也是确定性无疑的。这就类似于价值股（传统蓝筹股）和成长股（新经济代表）并驾齐驱，一起拉涨指数，于是沪指的12000点只可能是未来的一个重要底部，而绝非顶部。

股市就是一个斗智斗勇的江湖。上述的意识问题，可能一时半会儿很难理解，如果从先行的粮草——"量能"着手，也许可略窥一二。经历过2018年低迷行情的股民们，还记得当时沪市的平均日成交额是多少吗？答案是在1000亿元左右，到了2019年，市场行情迎来转机，"大蓝筹股""大白马股"纷纷开启翻倍行情，沪市日成交额迅速放大到4000亿元以上。这就是令人琢磨不透的市场，它既说明了市场的潜力，又令人感到差异——指数也只是上涨了几百点而已，日成交额竟快速放大到了4倍以上，这一切说明了什么？

我们先回顾这十多年来，行情走牛前后的量能之演变情况，仅以沪市为例（见表2）：

表2 2004~2018年沪市演变情况　　　　　单位：元

时期	沪市成交额演变
2004~2005年低谷	日成交300亿左右

终章：中国股市发展预测和展望

续表

时期	沪市成交额演变
2007 年顶峰	日成交 1000 亿左右
2008 年低谷	日成交 300 亿左右
2009 年顶峰	日成交 3000 亿左右
2012~2013 年低谷	日成交 300 亿左右
2015 年顶峰	日成交 10000 亿左右
2017~2018 年低谷	日成交 1000 亿左右

从中可以看出，重要量能之量级的跃升，发挥的大约是 3.3 倍的乘数效应。每一轮牛市走到终点之后，量能便会在低潮中往回退两级，然后在新的牛市高潮中，将再攀上新一级的高峰。因此，成交额在 2015 年的杠杆牛攀上 1 万亿元新高峰之后，于 2018 年退两级至 1000 亿元的水平，然后在下一轮牛市又会攀上 3 万亿元的新高峰。届时，对应的指数至少也应该是 12000 点打底，由新老权重股带头发力。鉴于新经济的大幅扩张，以及传统经济的持续性强化助力，于是在新的国家意志的引领下，沪指也是会在 12000 点附近筑底成功后，再次迈向 36000 点的新高峰。

最后说"时空"，其实从本章给出的季度 K 线图中，大概可以模拟出，A 股要不了几个季度，就将迎来更大级别的主升浪。也就是说，在充满了机遇和挑战的未来 3~5 年之内，中国股市的黄金十年将极有可能以登上 12000 点的姿态结束上半场。而它开启的形式，非常可能是出乎所有人意料之外的全面大牛市。我之所以敢如此断定，是因为当所有"白马股""蓝筹股"翻上好几倍之后，其余股票将会在人性和主力的双重驱动下，同时又因股民历来被固化的"捡便宜"思维，而迎来被动上涨。

我始终都信奉巴菲特的名言，即"没有任何一个人能依靠做空自己的祖国而发财"。因此，本人因为预见，所以相信；又因为相信，所以坚定做多中国。我无比看好祖国的未来，看好人民币和中国股市一齐走向国际化。假如我的纯理性分析的起点是 12000 点打底，那么请放心，核心技术的成长一定比想象来得更快，人性对于资本市场的贪婪又必将快于技术进步——这既是对于人性的把握，也是对于投资规律的掌握。

回顾了关于中国股市的"价量时空"，我认为眼下最大的股市困境，不在于经济本身如何，而在于人们把股市和经济的关系想象得太亲密，又把经济问题揣摩得太悲观。人们在思考经济问题的时候，总习惯于表达当下的直观感受，而往往忽略了经济周期，忽略了个人感受的局限性及滞后性。由于股市和经济之间并不存在一一对应的绝对关系，不仅如此，就连股市运行周期跟经济周期也都是不一致的，所以只一味反馈经济困难，而不加以权衡经济和股市之间的相对关系，那么，在此基础上所进行的一切判断都是不科学的。

股市其实讲究的是相对论，其涨跌可以有很多相对的标准。相对则意味着比较，只要我们充分发挥出比较优势，就能更客观地看待股市的涨跌。比如说，美债的发行规模如今已远超美国 GDP，美国的经济以外债为主，很快连利息都要还不起了，要说困难，美国经济比我们困难得多，但是美股仍在一如既往地走牛市。这既说明了股市的金融属性不同于实体经济，又说明了我们所谓的经济困难定然不是 A 股无法走牛的充分条件。从某种程度上来说，股市走牛实则是解决经济困难的一种有效手段，而牛市与经济从来都是相背离的。因为牛市更具有财富的乘数效应，亦充斥着更多人性的欲望。

最后，一言以蔽之，财富膨胀的速度可以快过绝大多数人的想象力，这就是投资复利的魅力体现。而十年之期，足以在一轮大牛市中，展示出复利的惊人效力和魅力。中国股市从 3000 多点走向 30000 多点，也就是 10 倍的涨幅。中国股市从诞生之日起至 2001 年牛市最高点，10 年间就涨了 20 多倍。这是事实，我们不得不信。但是，现在当我跟各位郑重其事地说，中国股市将在未来 10 年只涨 10 倍，反而几乎没人敢相信了。这又是为什么?

我们必须要深刻认识到,人类的意识形态永远是处在随行就市之中的,且是落后于事物发展之规律呈现的。既然我们高估了中国股市前十年的发展,未来十年就很容易低估其发展。就让我们共同为中国股市的第一个目标——12000点的到来,而开启倒计时吧……

后　记

　　关于这本书的构思，早于我做基金之前。最初，是有感于大众投资人对技术分析普遍存在误解，想写一篇迄今为止最全面解析技术的文章。后来内容得以扩展，针对能想到的每一个投资痛点，我均抽空写上一大篇，最终过渡到了"百问百答"环节，打算回答关于投资的一百个问题。

　　但是，这样写面临的最大问题是不够系统。成书最好的方式是，统一编排成篇章节。于是，我在那早已写就的七八十篇文章里修修改改，中间又时断时续。不过在此其间，我从没有一天停止过对本书的思索和感悟。抱着"不疯魔不成活"的精神，我不愿放过任何一个可能使本书变得更好的细节。

　　可以说，是我成就了此书，同样也是此书成就了现在的我。因为有很多投资感悟，都是我在写作的过程中领悟出来的，然后在做基金事业的过程中不断进行实践和修正，以达到更佳的投资水准。所以，我劝各位在平时也要多做投资札记，真的是非常有用。

　　时至今日，我依然记得从动笔写第一篇文章直至写到第八十篇文章时内心的波动起伏。站在投资的角度来说，就是写到最后写出了投资复利的感觉。每天努力写一点是不知不觉的过程，但是只要回顾过去哪怕一个月的时间，感觉都会很不一样。

　　虽然当书写成之后，跟最初设定的样子相去甚远——显然，写出的高度是我未曾想到的，也是过去我未曾企及的，不过有一点自始至终都未曾改变，即我把自己想象成了普罗米修斯，我写下的所有关于投资的"道"与"术"，都是我特别希望给股民朋友们带来的投资火种，毕竟中国股民普遍过的是惨淡的光景，因此都非常需要看到投资

后 记

胜利的希望与曙光。

投资市场的现状却是，市场加速在演变、在深化，投资人的学习需求理应是要跟上深入时代的发展与变革的，但是却与匮乏的学习资料形成了巨大的反差。虽然市面上研究股票投资的书籍汗牛充栋，可是我认为真正能触及投资灵魂的书却寥寥无几。大都是些较为感性的投资所悟，真正赋予读者的投资实用性并不强。

相信读者朋友们都有同感，很多投资书看起来写得都很有道理，但是一到股市中实践就不灵了，包括很多作者的亲身炒股体验也是如此。这并不是我想要的结果。正是由于这一现象激发了我的写作欲望，我是个只要脑子里反复出现同一个念头就一定会付诸实践的人。然而，我又希望我写出来的东西会跟其他人很不一样。我写的书要同我的基金那样，要经得起跟时间摔跤！

就算我洋洋洒洒写下了一本30多万字的书，我想也无法对人性或市场下一个准确的定义，但是我很兴奋的点在于，我在书中尽个人所能地重新定义了"投资"，特别是"价值投资"，进而重新定义了我们所处的"投资新时代"。

既然我们有机会站在巨人的肩膀上，就应该写出现代投资别样的风采。我愿意当一名先行者，将投资的本质都原原本本地剖析出来。我要向伟大的投资前辈们致敬，但是转过身来，我首先要征服的就是同行。一本能令同行从业者尖叫的书，才是具有普世智慧的书。

我本就是个很有傲骨的人，一向秉持的写书原则就是，一定要向国学大师陈寅恪那样，别人讲过的我不讲，别人写过的我不写，我就专挑别人想不到写不出的写。我追求的是自性圆融、思辨畅达。然而，求道如攀岩，巨人的肩膀上没有成型的路，我只能一边倚仗规律，一边踩实脚下的每一步，方可化险为夷。

有朋友劝我，像我最后一章这种写法，是非常危险的，稍有不慎，就将满盘皆输。好歹我的人生信条是，先要保证自己输得起，然后你才赢得起。我不怕写下大胆的豪言壮志，因为这都是符合社会发展规律的人性使然，所以只会在具体细节上有偏差，大体上很难出错。

要说怕，我只是怕技术易教，教训难传。这就得靠各位的具体实践和感悟了，而且只能靠你们自己。最后我想说的是，在本书中我大概写出了自己的八成功力，保留两成倒不是因为自己小心眼，我只是觉得，自上而下的投资逻辑将大的方面都讲透了，目的也就达到了。至于说在最细节处着手，如果要大家都得跟我一个样，那我不禁想起了齐白石的一句话——学我者生，似我者死。

只要掌握了投资之道，将投资之术变成个人专属的投资艺术，这是每个投资人毕生都要完成的功课，靠别人是画不出能填饱肚子的饼来的。最后，我要感谢这个弱有效市场，市场有效性弱，也不全然是坏事，我们有机会赚取比成熟市场更多的超额利润，因此没必要一味抱怨。如果你没能赚到钱，最根本的原因一定是出在你自己身上。我还要感谢自己的不懈努力，感谢家人对我的包容和照顾，感谢所有曾经帮助过我的人……

若得机缘，我们下本书再见！

姚忠震
2022 年 12 月 16 日晚